2018年湖北省社科基金一般项目后期资助项目成果（立项号：2018144）

晚清官办学校外语人才培养研究

——基于社会转型的人才需求视角

夏军 著

WUHAN UNIVERSITY PRESS

武汉大学出版社

图书在版编目(CIP)数据

晚清官办学校外语人才培养研究:基于社会转型的人才需求视角/夏军著.—武汉:武汉大学出版社,2021.1(2022.4 重印)
ISBN 978-7-307-21746-1

Ⅰ.晚… Ⅱ.夏… Ⅲ. 外语—人才培养—教育史—研究—中国—清后期 Ⅳ.①H3-4 ②G529.52

中国版本图书馆 CIP 数据核字(2020)第 161774 号

责任编辑:罗晓华 邓 喆 责任校对:李孟潇 版式设计:韩闻锦

出版发行:**武汉大学出版社** (430072 武昌 珞珈山)
(电子邮箱:cbs22@ whu.edu.cn 网址:www.wdp.com.cn)
印刷:武汉邮科印务有限公司
开本:720×1000 1/16 印张:20.5 字数:293 千字 插页:1
版次:2021 年 1 月第 1 版 2022 年 4 月第 2 次印刷
ISBN 978-7-307-21746-1 定价:60.00 元

前　言

伴随晚清中国由封建社会逐步向半封建半殖民地社会过渡，社会经济形式亦由自给自足的小农经济开始向工商经济转型，中国传统文化教育在与外来因子的不断碰撞、融合中走向现代化。传统科举制度及以官办学校教育为主体框架构建起的人才培养理念、目标和模式日渐保守与僵化，其所造人才知识结构单一，无法再满足晚清社会多元化的发展需求。“为了适应社会转型提出的时代需求，晚清中国的教育事业必须相应同步地发生变化，从传统封建时代教育中蜕变出来，使那种旨在维护封建统治秩序的‘治人之教’，让位于适应于工商社会变化发展、注重实证实用的‘治事之教’，逐步实现教育的国际化、教育的专业化、教育的世俗化以及相对的教育普及化”①，于是，晚清政府发起了包括洋务运动、戊戌变法、清末新政在内的几次重大改革运动，走上一条以西方社会为参照，通过学习西方文明中的积极成分来调适封建王朝统治，以实现救亡图强的近代化之路。

本书共分六章，旨在探讨与分析晚清社会转型历史背景下，为破解中外政治、经济、科技、文化、教育等领域所面临的语言障碍，清廷是如何在新式官办学校中培养各类外语人才以适应社会转型的需要。

第一章主要描述和分析晚清官办学校外语人才培养的历史背景，主要从晚清社会转型与旧式官办外语学校人才培养两个方面展开讨论。俄罗斯文馆作为旧式官办外语学校，主要以培养俄语人才为目标，办学历

① 余子侠．晚清社会转型的教育需求与教会教育的演变[J]．华中师范大学学报，1997(3)．

经154年，然步入晚清后几近闲置，象征性意义多于其人才培养的实质功效，但其官方培养外语人才的先例为近代第一所新式外语学堂——京师同文馆的成立开辟了道路，也为其后洋务派反击顽固派攻讦提供了依据。晚清社会的全方位转型对人才培养提出了新的规格要求，旧式官办俄罗斯文馆已经无法满足晚清社会新的政治、经济、科技、文化、教育事业的发展需求，为此，重新开设培养新式外语人才的教育机构应运而生。

第二章主要探索与阐释晚清新式官办学校外语人才培养理念的产生与嬗变。人才培养总是在一定人才培养理念指引下展开，但人才培养理念并非一成不变，随着历史的变迁，社会对人才培养规格提出新的要求，人才培养理念也相应发生变化。晚清官办学校外语人才培养历经半个世纪之久，人才培养理念也从明清倡导的“经世致用”人才观，转至洋务运动初期提出的外语专门人才培养思想，进而发展到洋务运动中期，洋务派进一步提出在“中体西用”思想观指导下培养复合型外语人才，最后，在近代西方大学通识(才)教育传入中国的历史背景下，京师大学堂译学馆开始推行外语“通才”教育。

第三章主要分析和展现晚清新式官办学校外语专门人才培养实践。早期“同文三馆”办学目的主要是培养外交急需的翻译专才，由“专才”培养目标所决定，该模式在教学内容设置上，忽视基础学科、忽略人文知识的传授，课程与教学均围绕特定的专业运行，文化基础课与专业基础课均服务于专业课。由于这种模式可操作性强、见效快，因此很快成为一种可以使人照着做的标准样式，在洋务学堂办学初期成为清政府培养外交翻译人才的不二选择，在短短数年内，全国各地开办了多所以京师同文馆为模板、以培养外交翻译人才为目的的新式学堂。

第四章主要分析和展现晚清新式官办学校复合型外语人才培养实践。随着洋务运动的逐步深入，洋务企业的进一步发展对新式人才的知识结构和能力素养提出了更高要求。洋务派开始意识到“西文并非西学，西学也不只是算学”，要达到自强求富的目的，所培养人才仅仅精通外国语言文字和算学是远远不够的，他们还需要同时掌握西方现代科学技术及西方政治、经济等多方面的知识。本章主要探讨洋务运动发展中后期，京师同文馆、上海同文馆及湖北自强学堂三所主要外语学堂复合型外语人才培养实践。笔者试图从更为广厚的生源改善、师资队伍建设、课程教材及教法改进、留学欧洲深造等方面着手，梳理、总结三所外语学堂探索“外语+西学”的复合型人才培养模式，培养出外语兼西学的复合型外语人才的具体方式。

第五章主要分析和展现晚清新式官办学校“通才”性外语人才培养实践。本章回顾了“通才教育”在西方的提出以及中国传统教育所蕴含的通才教育思想，综合比较了通才教育与专才教育的差异与统一，进而引出京师大学堂译学馆在通才教育理念指导下的外语“通才”培养实践。从人才培养规格、课程设计、教学方法、课堂教育的延伸——留学教育等方面，探讨译学馆外语人才培养“通”与“专”的辩证统一关系。

第六章为本书的总结与评析部分。依循晚清官办学校外语人才培养的成效表现、办学特色、存在的不足以及历史反思，在前文基础上进行分析总结。囿于史料的分散及遗失，笔者无法统计每个毕业生的就业去向及成就，因此在成效分析上主要选用与外语人才密切相关的政治外交与文教事业两个领域来分析晚清官办学校外语人才培养的成效。在取得一定成效的同时，晚清政府近半个世纪的外语人才培养探索，也存在着许多不足及违背人才培养规律之处，这些均值得后人去认真梳理、总结和完善，从而为现今高校外语人才培养提供一定的历史借鉴。

本书的完成离不开导师余子侠教授细致入微的人文关怀和对本人学术的指导，同时在同门师兄高查清教授，张攀、黄欢、牛君霞、王海凤博士等同仁的不断鼓励与鞭策下，本人才能坚持完成本书的撰写，在此一并感谢。“路漫漫其修远兮，吾将上下而求索”，笔者深信在学术的道路上唯有笔耕不辍，在人生的旅程中奋勇直前，才能不枉费国家和社会对自己的培养，不辜负父母、恩师、同仁对自己的殷切期望。

作　者

2020 年 7 月

目 录

表 目 录

第一章　晚清社会转型与旧式官办学校外语人才培养

晚清中国，面对“数千年未有之变局”，社会诸多领域在不同程度上都发生着前所未有的变化，这种变化主要来自外部因素的催化。随着西方势力的日益进逼以及西方文明的不断浸染，晚清中国社会逐渐产生了离异于传统的趋向与因子。在这场变异与转型的历程中，影响中国社会历史发展进程最为深刻的因素当属新的国际外交格局的形成，新型工商经济的产生与发展，以及由新的政治、经济因素出现所引发的新式人才需求与变革。晚清官办学校外语人才培养即在这种深刻的社会转型历史背景下应时而生。

第一节　旧式官办学校俄语人才培养

自顺治元年(1644 年)清统一中国，中、俄边境事务频繁，交涉渐多，人员与文书往来不断，商贸需求日盛，但语言不通成为双方交涉的首要障碍。为应对双方语言隔阂，康熙帝于 1708 年创办俄罗斯文馆(以下简称“文馆”)，创办目的即为“八旗学生专习俄罗斯文字，以备翻译”①，该馆办学历时 154 年之久，进入晚清，随着西方列强的入侵，中国半殖民地社会日渐形成，鉴于新的政治外交需要，文馆于同治元年(1862 年)裁撤并入京师同文馆，从而开启近代俄语人才培养的新历程。作为我国官方培养俄语人才的滥觞，俄罗斯文馆不仅培养出了一批优秀

① 韩莉．中国俄语教育述评[J]．西伯利亚研究，2010(1)．

的俄语翻译人才，同时也为其后创办的京师同文馆奠定了一定的历史根基。本节主要回顾清代旧式官办学校俄语人才培养的历程及成效，以及在晚清社会转型大背景下，诸多领域对新式外语人才的急需与缺失，从而倒逼清政府采取应对之策，以满足日益扩大的外语人才需求。

一、俄罗斯文馆历史沿革

（一）俄罗斯文馆创办历史背景

18 世纪初设立的俄罗斯文馆，创办于中、俄之间错综复杂的政治、经济发展进程中。尽管中、俄两国的交往始于明朝万历年间，但真正让康熙帝下定决心开创这所专门培养俄语翻译人才学校的动因，主要出于以下几点。

1. 应军事谈判之需

直到 17 世纪中期，沙俄仍然以圣彼得堡为中心，属于内陆国家，经济发展缓慢，中、俄之间相距甚远，因此鲜有往来。17 世纪中期以降，俄国实行改革，社会生产力得到快速发展，急切向东方扩充以满足不断膨胀的市场需求。这种东扩行动不断加剧，到清朝康熙年间，已侵至中国黑龙江流域。面对沙俄日益嚣张的侵略气焰，康熙帝采取军事反击与外交谈判的策略与其斡旋。经过两次雅克萨战争和尼布楚谈判，清廷最终有效遏制了沙俄的军事扩充行动。

但在尼布楚谈判之际，两国竟找不到通晓双方语言的翻译人员，最后双方不得不约定采用当时通行欧洲的古罗马语——拉丁语。谈判期间，清政府使团聘请了两名欧洲传教士担任翻译，他们是法国传教士张诚和葡萄牙传教士徐日升。两人均在中国生活多年，既懂满文又知拉丁文。于是在此二人协助下，双方签订了《尼布楚条约》。此条约正式文本为拉丁文，另有满文和俄文文本。由于康熙年间的“礼仪之争”，耶稣会士在华处境每况愈下，在此情形下，张、徐二人对沙俄抱有幻想，希望借助沙俄来抑制清政府，打消中国人的高傲气焰，因此，在谈判期间，张、徐二人竟与俄国使团戈洛文等暗中勾结。他们不仅多次将清政府的机密战略计划用拉丁文告诉俄方，对清廷施加影响，严重损害了中国的国家利益，而且还向俄方陈荐自己的天文学著作，表示“乐意为俄国大君主效劳，就像为上帝效劳一样”①，这自然引起了清政府的警惕。

中、俄间的军事外交谈判缺少俄文翻译，不得不依靠在华传教士借助拉丁语作为传话媒介，如此被动的尴尬局面，使得清政府强烈意识到，依靠拉丁文和传教士开展外交谈判，不利于本国的根本利益，也不是长久之策，只有培养出自己的翻译人员才是根本之计、交涉之道，这为清廷日后开办学堂培养俄文翻译人员埋下了伏笔。

2. 双方经贸往来频繁

康熙二十八年(1689 年)《尼布楚条约》签订后，根据该条约有关“嗣后往来行旅，如有路票，准其交易”的规定，俄方多次派遣规模庞大的商队来华，在 1689 年至 1718 年间，“根据档案可以确定有十次国家商队到过北京”②。雍正五年(1727 年)《恰克图条约》的签订，结束了双方之间长期的紧张矛盾状态，为中、俄间的正常往来提供了法律保障，双方关系进入空前友好阶段，这使得俄国商队对华贸易得以恢复和发展，给俄国带来了巨大的经济利益。

《恰克图条约》签订前俄国商人只能以“使团”名义在中国境内开展贸易，但条约签订后，俄国商队来华贸易限制逐一被排除，双方也有了固定的贸易场所。18 世纪以前，中、俄双方贸易主要采取物物交换的方式进行，交易的货物，中国出口俄国的货物主要为各类丝织品，约占每年出口俄国商品总值 90%以上；18 世纪之后，茶叶贸易逐渐兴旺，占据对俄贸易主导地位。俄国对华输入的商品中，皮毛所占比重最大，这就是所谓的“彼以皮来，我以茶往”③的传统贸易。伴随两国边境贸易的日渐繁忙，为确保两国间互市贸易的顺利进行，及时处理好相关事宜，中、俄双方均配备有相应的负责官员和衙署，这样就从法律和机构

① 卡缅斯基．俄中两国外交文献汇编(1619—1792)[M]．中国人民大学俄语教研室，译．北京：商务印书馆，1982：53.

② 李明滨．中国与俄苏文化交流志[M]．上海：上海人民出版社，1998：48.

③ 王锡祺．小方壶斋舆地丛钞：第 3 卷[M]．杭州：杭州古籍书店，1985：169.

制度上为双方贸易的开展提供了保障。但语言的障碍依然存在，于是一种由汉语与外语杂交形成的畸形商业语言出现了，在缺乏正规学校训练的情况下，“夥友皆手一编”“几乎每家铺子都有手抄的小词典，这是商人用所谓汉化俄语自行编写的”。① 这种独特的“西帮”商业语言，无论是词序、变格还是时态，都十分不规范。这种被异化的语言变体显然不符合官方正规贸易的长期发展要求。语言的障碍和异化语言的局限性，必然导致不必要的贸易摩擦，因此培养俄语人才是根植于双方经济利益需求的，有如箭在弦上不得不发。

3. 使团派遣与文书往来不断

据俄国人尼古拉编著的《俄中两国中外文献汇编》记载，中、俄两国以国书形式通信，始于沙皇阿列克谢·米哈伊洛维奇时代。明万历四十七年(1619 年)，万历皇帝委托俄国使臣转交国书给俄国皇帝，表达了双方沟通的意愿。国书中谈道：“尔等既为通商而来，则通商可也。归去后仍可再来。而尔等即将归去，如再来，或大君主派人前来，应携带大君主之国书，届时朕亦将以国书作答”②，但遗憾的是，该国书到达俄国后，无奈缺乏俄文翻译人员，整整耽搁了 56 年，直到康熙十四年(1675 年)在使臣斯帕法里离开莫斯科前往中国前夕，寻助到一名略懂汉语的军役人员才得以翻译出这封国书。

顺治十七年(1660 年)俄国使臣别尔菲里耶夫到达北京，得到顺治帝亲自接见。别尔菲里耶夫离京返俄前夕，顺治帝交给他一封信，由他转交给俄国沙皇，但同样因中、俄双方均无精通两国语言的翻译人员，最后信件也因此而石沉大海。康熙九年(1670 年)，米洛瓦诺夫使团来华，带来的文书不仅表明他们没有和平谈判的意思，还把侵略说成合理之举，更要求康熙帝臣服于沙皇。可悲的是，由于清政府没能及时知晓俄国文书内容，俄国使团竟然受到优礼款待，康熙帝亲自接见后，还派

① 斯卡奇科夫．俄国汉学史纲[M]．国家清史编撰委员会，译．北京：社会科学文献出版社，2011：109.

② 卡缅斯基．俄中两国外交文献汇编(1619—1792)[M]．中国人民大学俄语教研室，译．北京：商务印书馆，1982：20.

人护送他们到尼布楚。

康熙十四年(1675 年)，斯帕法里到达中国，面对语言不通所带来的沟通之艰难，他在出使报告中如此描述：

> 阁老(内阁成员)用汉语讲，阿里哈昂邦(满语，即“尚书”)把他的话译成蒙语，要我们的通译为我们译成俄语。通译就用俄语转述了他们的下述观点和他们的话。使者看到通译不会翻译，就把自己的另外几名蒙语通译喊过来，但是他们也不能确切译出。使者看到他们所谈的事情关系重大，而我们的通译又不能确切理解，就请阁老把他们的话用中国话告诉耶稣会士，再请耶稣会士用拉丁语告诉使者，以便更好的理解。阁老就要求用拉丁语译出他的话。他把所有的事情都说明白了，但是使者为了更好地核实，又把耶稣会士用拉丁语对他说的话，用俄语告诉自己的通译，通译再用蒙语向阿里哈昂邦证实是否确切。①

如此繁琐的交流过程，尽管是为确保信息的准确无误，但还是无法避免多口传达的失误，以及假借他人之手的别有用心。

可见，语言文字的不通，不仅影响两国间的正常关系往来，费时费力，疑误和错译重重，甚至造成敌我不分的外交笑话。因此，培养本国俄语翻译人才既是发展两国外交关系、保证正常沟通的必要之举，也是维护本国国体及外交利益的必然之举，随着中、俄两国的密切往来，设学校、养人才已是刻不容缓、势在必行。

(二)俄罗斯文馆的创建

1. 创建时间的争议

美国学者、康奈尔大学中国史教授毕乃德在其著作《洋务学堂》(*The Earliest Modern Government Schools in China*)中提道：“俄罗斯文馆

---

① 苏联科学院远东研究所，等. 十七世纪俄中关系：第 1 卷第 3 册[M]. 北京：商务印书馆，1978：671.

建于 1757 年，在内阁领导下训练俄文翻译人员，学生全部从八旗抽来的，名额以 24 人为限。每五年考试一次，成绩优异的给予官阶，并分派到理藩院。”①光绪二十四年(1898 年)刊印的《同文馆题名录》也记载了俄罗斯文馆开设于乾隆二十二年，也就是毕乃德所说的 1757 年，同样在舒新城编写的《中国近代教育史资料》一书中，他对编入其中的《新设同文馆章程》作脚注，亦称“俄罗斯文馆设于乾隆二十二年(1757 年)”。然而，黎难秋在《中国口译史》中，援引乾隆二十二年(1757 年)、嘉庆八年(1803 年)、道光十九年(1839 年)俄罗斯文馆三次奏疏，其中谈及文馆学生考试办法及学生升迁途径条例，否定了“乾隆二十二年奏定”的说法，认为舒新城注脚有误。顾树森在《中国近代教育制度》一书中认为，俄罗斯文馆建立于乾隆六年(1741 年)，然而他并未给出充分的史料予以佐证。俄罗斯学者沃尔科娃在“中国学生的第一本俄语教科书”中写到，康熙四十四年(1705 年)清政府在北京创立了中国人学习俄语的学校，据满人俄语教师福拉赫所言，他依照康熙帝的命令，挑选了 68 人学习俄语。福拉赫与俄语教师罗索欣共同翻译《俄语语法》(又称《俄罗斯翻译捷要全书》)，在该书前言中提及俄罗斯文馆创立简史，从中得知，雍正三年(1725 年)，雍正皇帝颁布谕旨，要求审核俄罗斯文馆办学情况，经过认真检查，文馆最终保留 24 位俄语学习颇有天赋的学生继续留馆学习，由此得知，俄罗斯文馆在雍正三年(1725 年)之前就已经存在。

关于俄罗斯文馆创立的准确时间，直到 1979 年，高文风发表在《黑龙江大学学报》(外语版)第 2 期的《我国的第一所俄语学校——俄罗斯文馆》一文，才最终厘清，确定该馆创立于康熙四十七年(1708 年)的事实。高文风所据史料来源于清内阁大库满文档案中的《康熙四十七年三月，设立俄罗斯学之上谕奏事档》，该档案目前收藏在北京故宫博物院。高氏根据这一历史文献作出这样的梳理：

---

① 毕乃德．洋务学堂[M]．曾钜生，译．杭州：杭州大学出版社，1993：75-76.

康熙四十七年(1708年)三月初八，康熙皇帝顾及中俄交往之事日增，应该培养自己的俄语翻译人才，方可防止外国人从中捣鬼，于是在南苑召见大学士马齐，令其“询问蒙古旗内有愿习俄罗斯文者，具奏”……二十一日，吏部上报内阁典籍厅，称已征得“愿习俄罗斯文语之监生、闲散子弟等六十八名”，开列名册，“咨送到阁”。当日，马齐即赴畅春园面奏。康熙帝下令：均令习之，并令马齐立即着手选择教师和校址，确定管理体制……这样，第一所俄语学校终于在康熙四十七年三月二十四日(即康熙帝提议之后的第十六天)正式开学上课了。①

高文风通过清内阁满文档案所记载的俄罗斯文馆资料，最终确定了文馆开办时间，其依据应该翔实可靠，自后学术界也再无争议。本书沿用其观点，以康熙四十七年(1708年)为俄罗斯文馆的创建时间。

2. 俄罗斯文馆的筹办

自康熙帝决定创办，到学校正式运行，俄罗斯文馆的创立极其迅速。从学生选定、教师聘请、校舍选址到正式开学，历时仅半个月。可见康熙帝对这所学校的关切与厚望。

文馆创立之初，校址借用位于北京东直门以北胡家圈胡同的俄罗斯馆，此地为俄国商队住宿所在，不久迁至左翼马市西北大佛寺内，后又搬迁到东华门外北长街(俗称北池子的地方)，从此基本定下来。但清朝俄罗斯馆分为“国子监俄罗斯馆”和“内阁俄罗斯文馆”两处，据清代历史学者何秋涛所著《朔方备乘》卷十三记载：“俄罗斯学有二名虽同而职掌不同。国子监之俄罗斯学为俄罗斯来京读书子弟而设，所以柔远也。内阁理藩院之俄罗斯学为八旗习俄罗斯字学生而设，所以通象译也。”②这就是说，由于俄罗斯使团定期来华，同时会带来一批留学生学

① 高文风．我国的第一所俄语学校—俄罗斯文馆[J]．黑龙江大学学报(外语版)，1979(2)．

② 何秋涛：《朔方备乘》卷十三“俄罗斯学考叙”。

习汉语和满文，因此，清政府专门设置俄罗斯馆，供留学生学习和居住，由理藩院专管，此馆名为“国子监俄罗斯馆”。而由康熙帝亲自谕令开办，专供八旗子弟学习俄罗斯语的俄罗斯文馆，则归内阁管辖，因此又称“内阁俄罗斯文馆”。又因理藩院选派郎中或员外郎一人兼辖该馆，所以又有内阁理藩院俄罗斯学一说。

由于清代官方奏折中对俄罗斯馆、俄罗斯学的记载一般未加隶属称谓，且理藩院与内阁均参与其管辖，因此很容易将二者混淆为同一物。为了便于叙述，以下所指俄罗斯文馆即为康熙帝谕旨创立，用以培养俄罗斯语人才的学校，即“内阁俄罗斯文馆”。

俄罗斯文馆在清帝的亲自督励下，由大学士马齐着手操办，征集蒙古旗内愿意学习俄罗斯文者入馆学习。马齐又将此事交付给侍读学士鄂奇尔诺木奇办理，初次征得愿学者7人。因人数过少，马齐又通过内阁典籍厅行文吏部，令吏部负责调查、征集，征得愿意学习俄罗斯语监生68名，奉康熙旨令，全部学习俄语，至此，学生初步选定。对于教师人选，恰逢俄罗斯商队来京，鄂奇尔诺木奇前往接见商队委员彼得·胡佳科夫，询求：“上谕令我国子弟学习俄文，贵国所来人位中有善俄文者，请派一名教之。”①于是文馆第一任教师就选定了一名叫瓦西里的俄国商人，就这样在俄国商团驻地俄罗斯馆内“支搭棚席，开始教读”，俄罗斯文馆正式开始了办学育才的历史使命。

二、俄罗斯文馆的人才培养

(一)学生、教师及管理

1. 文馆的学生状况

康熙四十七年(1708年)三月二十一日，根据吏部上报，所征得愿意学习俄文人数为68人，且均来自八旗子弟的监生。经过三年的培养，68名入馆学生中“能学者三十余名，不能者三十余名”，通过进一步考试淘汰，只留下27名继续学习。雍正三年(1725年)举行第

① 张玉全．俄罗斯馆始末记[J]．文献专刊，1944(1)．

二次考试，结果“能学者”只有24名。此后，俄罗斯文馆学生人数基本保持在24名左右，此外文馆备有少数候补学员，遇有正式学员升迁、改途或病故等情况，即逐一递补。乾隆二十二年(1757年)，据大学士傅恒等人上奏制订的《俄罗斯文馆章程》，其中对学生来源及名额规定，“学生额二十四名，由八旗学生挑选”，且平均年龄为十五岁左右。乾隆三十八年(1773年)，据“稽查俄罗斯馆课程”条目称：“俄罗斯馆，专司翻译俄罗斯文字。选八旗馆学生二十四人入馆肄业。”道光二十年(1840年)，除悬缺三名学生外，文馆行走官学生21名，他们分别是：

副教习七品官	庆和	镶白旗汉军
副教习八品官	阿世善	正白旗汉军
副教习八品官	文政	正蓝旗蒙古
副教习九品官	舒贵	镶白旗蒙古
九品官	嗣祐	镶红旗满洲
九品官	庆荣	正白旗满洲
九品官	富青阿	镶蓝旗满洲
九品官	巴彦太	正白旗蒙古
学生	额葉勒德克图	正黄旗蒙古
学生	玉祥	正蓝旗满洲
学生	福杰	正黄旗满洲
学生	文成	镶白旗满洲
学生	王世禄	正蓝旗汉军
学生	德存	镶红旗汉军
学生	锡龄	镶黄旗汉军
学生	璟龄	镶黄旗汉军
学生	玉衡	镶红旗汉军
学生	双贵	正白旗蒙古
学生	崇绥	正蓝旗蒙古

学生	和色布	正蓝旗满洲
学生	英俊	镶黄旗满洲①

此外，还有数名以备填缺的候补学员，其如："本馆学生锡龄考中翻译官所出学生一缺，现由吏部将候补学生正蓝旗汉军姚喜春佐领下义学生先桂移送前来"；"本馆七品官庆和升授学习主事，所出学生一缺，由吏部将新中候补俄罗斯学生厢红旗蒙古保海佐领下闲散佛爾恭额移送前来"。② 到同治元年(1862 年)俄罗斯文馆并入京师同文馆时，"内额设学生名，除悬缺未补八名及临时不到三名外，实到学生十三名"。由此可知，俄罗斯文馆学生人数在数百年的人才培养历程中基本维持稳定。

2. 文馆教师队伍

从康熙四十七年(1708 年)创办，到同治二年(1863 年)并入京师同文馆，俄罗斯文馆在其存续的一个半世纪里，先后聘请多名俄罗斯人担任教习之职。这些人身份复杂，来京缘由多样，任教时间不一，所发挥的历史作用也不同。同时也有从馆内选拔中国人担任俄文教习的途径，为中国人担任外文教习开创了先例，也积累了师资培养经验。文馆内教师分为总教习、教习、副教习和助教四个不同等级。文馆每五年一次大考，根据考核成绩将学生分为若干等第，部分教习从中等及以上学生中择优选派，委以副教习一职，同时设助教两名，从副教习内挑选。

文馆创办伊始，大清满、汉官员中均无通晓俄文人才，因此，聘请俄国人担任教习一职是解决师资问题的唯一办法。即便如此，当时能精通满、汉文的俄国人也十分稀少，为了尽快开学，不管是文化层次较低的商人与战俘，还是常年定居北京的俄罗斯人后裔，只要能讲俄语及汉语的就被命为"教习"。正如前文所述，办学之初正值俄国商队来京，

① 第一历史档案馆馆藏档案：《内阁各房各馆(补遗)》，全宗号 2，编号房补 80。

② 第一历史档案馆馆藏档案：《内阁各房各馆(补遗)》，全宗号 2，编号房补 81。

清政府便直接在商队驻地“支搭席棚”，由一位名叫瓦西里的商队成员教授俄语，瓦西里也因此成为俄罗斯文馆史上第一位俄文教习。但很快，同年四月，俄国商队离京回国，瓦西里便辞职随队回国。而此时文馆学生学习俄语仅二月左右，还未来得及学完语音。无奈，马齐上奏康熙提议，从历年俄国俘虏所编成的镶黄旗满洲俄罗斯佐领中遴选“善于俄文者，派为教授”。康熙批准了这一建议，这才保证了文馆的继续办学。因此，身为俄罗斯佐领的库兹马、披甲伊凡，以及后来进馆的雅科夫这些雅克萨战俘后裔，即出生在北京的第二代俄国人，都曾任教文馆。他们口语虽然流畅，但并不熟悉俄语语法，仅能应对简单的公文翻译，远未达到精通的水平，教授俄罗斯文馆学生俄语入门知识尚可，但培养出翻译中、俄往来文牍的高水平译员，已经超出了这些“教师”的能力范围，因此任教三年后，他们自知已不能胜任更高水平的教学工作，便主动提出辞职，认为“俄国事件关系重大，倘再来文，诚恐难解之处不能成译”①。为补缺教习，文馆中书常度请旨准许在盛京、吉林和黑龙江等地招聘教师，因为这些与俄罗斯毗邻的省份可能有投降中国的俄罗斯人。此事获准半年后，当时主管大学士温达奏禀康熙：“吉林、黑龙江均无此类投降俄人”，唯盛京推荐来一名俄人名叫尼堪，但此人“言语甚佳，不通文理”，不拟采用，打算遣还盛京。康熙帝处理此事十分慎重，指示：“将此人交与兼办俄国事务人员考试”，以作定夺。在前任大学士马齐的主持下，库兹马和俄国商队商务专员胡佳科夫共同对尼堪给予测验。考试结果据库兹马奏报：“我等生于北京，尼堪系属俘虏，语言当比我强。”俄商商务专员则认为其“言语甚好，因不通文理，故精细之言不佳”②。康熙帝综合考虑决定“尼堪留京”，并改变其俘虏身份，编入镶黄旗俄罗斯佐领，这才勉强应付教学。

---

① 高文风．我国的第一所俄语学校——俄罗斯文馆[J]．黑龙江大学学报，1979(2)．

② 转引自高文风．我国的第一所俄语学校——俄罗斯文馆[J]．黑龙江大学学报，1979(2)．

俄罗斯文馆教师整体素质真正得到较大提高是在雍正时期。雍正三年(1725年)雍正谕令检查俄罗斯文馆办学状况后，理藩院延聘了2名俄国传教士团神职人员及3名来华留学生到俄罗斯文馆任教，采取中外教员合作教学模式。他们分别是第一届传教士团修士司祭拉夫连季·乌瓦罗夫，教堂下级服务人员约西费·季亚科诺夫和修士辅祭费里蒙，第二届传教士使团来京留学生伊·罗索欣于雍正十三年(1735年)到理藩院担任翻译，同时兼任俄罗斯文馆教习；伊·罗索欣离京回国后，另一留学生阿列克塞·弗拉迪金接替其职务，在文馆教授俄语，直到乾隆十一年(1746年)回国。俄国传教士和留学生在俄罗斯都曾接受过良好的教育，具有较高的俄语水平，同时来华目的明确，他们学习汉语和满语十分勤勉，对于文馆教学工作也十分得力，乐于施教。在文馆任职期间，俄国留学生伊·罗索欣成绩最为突出，他凭借自己的聪明与勤奋，在满、汉语学习上取得了不错成绩，完成了多部有关中国国情的编译手稿，并被理藩院委以翻译中、俄之间往来文书之重任。在文馆授课之余，他还与中国教习富勒赫等合作编译了《俄罗斯翻译捷要全书》前十章内容，一定程度上满足了文馆俄语教学教材所需。

到乾隆年间，文馆内的中国教习已经能够独立承担教学与翻译任务，因此暂停了对俄罗斯人的聘任。但到嘉庆朝后，随着清廷对文馆的重视度逐渐下降，文馆内管理松散，腐败滋生，中国教习教学与翻译水平明显下降，于是又不得不恢复聘任俄国人担任教习，以及协同翻译的制度。为此，传教士韦尼阿明·莫拉切维奇、留学生阿法纳西·波波夫先后受聘到馆“协同教授”。但此举对于已病入膏肓的俄罗斯文馆已无力回天。道光二十年(1840年)鸦片战争后，中、俄关系已经由历朝历代国家间的平等交往转变为俄国与西方列强对中国的瓜分与侵占。此时文馆内俄国教师对中、俄外交上的影响远胜其作为俄罗斯文馆教师所起的作用。他们已经不再单纯地教授俄语，更多的是服务于沙俄政府，为其更多侵占中国权益服务，因此不可能全心全意为中国培养高水平的翻译人员。到咸丰十年(1860年)中、俄签订《北京条约》之时，俄罗斯文馆师生竟无一人通俄文，只好“全凭俄罗斯翻译人员转述，境况非常被动”。①

3. 文馆的管理措施

为了确保教学工作的顺利展开，培养实用且急需的俄语人才，清政府在多年的办学实践中逐渐形成了较为系统的管理体制。首先，作为倡导者的康熙帝对这所学校办学极为重视，多次亲自询问学校的教学与管理，开办之初即派宰辅大学士马齐督办文馆所有事宜。由于马氏曾专司同沙俄交涉事务、深知俄语翻译人才培养的重要性，加上皇命在身，督办十分得力，使得文馆能够在短短半月时间内顺利开学。其次，由内阁和理藩院派出一名侍读学士担任提调，负责管理文馆一切大小日常事务。文馆教学、考试由教习负责主持，但由提调裁定名次和等级，同时另派中书常度负责监管学校教学，其职责按照马齐的要求：“派汝非为通晓俄文俄语”，而是“恐俄人等欺凌学生，不勤于教授；学生轻视俄人，怠于学习，故令汝监视”。② 中书常度起主要负责监督和协调等事宜，妥善处理教与学之间的关系，既要确保八旗子弟勤加学习，亦要维护俄语教师的尊严，相互配合，确保良好的学风和教风，及时核查，留档上报。这样，在管理上就形成了由最高统治者引领，大臣督办，教习与管理者既相互配合，又相互有监督和牵制的管理体制，从而确保了文馆人才培养工作系统而有序地进行。

为了使文馆内师生安心工作和学习，清政府采取措施保障师生生活需求，并允诺实官奖励，以此消除学生对生活的担忧和仕途的顾虑。首先，考虑到教师、学生“均无饭银”的生活困境，自康熙五十年(1711年)五月起师生均“按月每人给钱两千”的标准发放补贴，多一份钱粮，生活待遇得到较大提高。其次，鉴于“俄文学生无一正途，不肯勤学”，此后清廷授意文馆“每人授给一职，藉以勉其勤学，仍使按时学习，两处行走”,③ 同时免除学生补缺时依照惯例必须参加的考试。如此一来，

---

① 臧颖．俄文教育的开端与经验教训[J]．黑龙江教育学院学报，2004(4)．

② 高文凤．我国的第一所俄语学校——俄罗斯文馆[J]．黑龙江大学学报，1979(2)．

③ 张玉全．俄罗斯馆始末记[J]．俄语语言文学研究，2009(2)：53-54.

学生在校期间即可被授予官职，免除了前途之担忧。这项举措在文馆得到了认真地贯彻，规定实施当年，镶白旗蒙古，豪山佐领下俄文学生监生长禄和马甲六达子依此掣签补缺，六达子得补理藩院笔帖式一职。

进入19世纪，清王朝“康雍乾盛世”已经终结，俄罗斯文馆也同整个清王朝命运一样，陷入腐败的深渊，开始走向没落。由于管理瘫痪，平时教习不教，学生不学，五年大考试卷内容竟然与平时作业内容完全一样，“而评阅试卷的标准，只是依据满文书写的工整与否，至于学生的俄文如何则不加过问”①。道光二十七年(1847年)，俄国向清廷赠送的数百种书籍，仅存放文馆，无人问津，更不用说去翻译整理。随着中国迈入近代社会的门槛，新的国际关系和经济结构迫使清政府不得不裁撤早已形同虚设的俄罗斯文馆，取而代之的是新的现代外语人才培养学校。

(二)教材、教学与考试

1. 文馆的教材

俄罗斯文馆的第一本俄文教科书是引进当时俄罗斯最受欢迎的语言学著作《俄语语法》，并将其作为教科书。但是由于水平有限，无论是学生还是教师，都无法完全掌握原版教材的内容。雍正三年(1725年)，文馆开始尝试编撰更加适合中国学生的俄语教科书。在第二届俄罗斯传教士团留学生伊·罗索欣进入文馆任职后，清政府即委派他同富勒赫、马查等一起，着手将《俄语语法》翻译成满语。到乾隆十年(1745年)，他们已经成功翻译完该书的前10章，后来俄罗斯留华学生列昂季耶夫也被邀请至文馆教授俄语，该书的翻译工作继续进行，终于在雍正十一年(1746年)完成全部翻译编写工作，翻译文本被命名为《俄罗斯翻译捷要全书》。“该书共计14册，405页，内容分为3部分，第1部分‘导论’为第1册，包括富勒赫撰写的前言、语音入门、教堂用语及数词，第2部分‘语法’，包括第2册至第12册和第14册……第13册是第3

① 苏精．清季同文馆及其师生[M]．台北：上海印刷厂，1985：8-9.

部分，内容为‘学生须知’，作者为列昂季耶夫。”①翻译后的语法书充分考虑到中国学生的实际需要，除直接引进了一部分内容外，还补充了许多新的内容，如：俄语书写、造句规则；收录俄语基本词汇与会话的小词典；满语口语句式俄译等。

此后，文馆基本沿用该书作为教学用书，再没有出版过任何其他著名的教学用书。与此同时，文馆还一直采用俄国政府历年寄给清政府的信函作为学生学习材料，这些信函不失为一个好的翻译训练材料，但相对于科学系统的教科书而言，这些政府之间往来的文件材料似乎就零散陈旧许多，因此一定程度上影响了人才培养的质量。根据第十届俄罗斯传教士团监护官季姆科夫斯基回忆：“只要看一下这些满人所做的满译俄翻译就知道了，从最初的几行就能看到，他们的翻译根本没有遵循任何语法规则，所有的句子都是按照从俄国寄来的信件的陈旧模式翻译的”。②

2. 文馆的教学过程

语言教学是一个系统且循序渐进的过程，既有初级阶段的语音、词汇、语法、阅读等基本技能的讲授，也有爬高阶段的翻译练习，如此循序渐进才能保证系统讲解，使学生具备系统且全面的语言功底。但穷尽俄罗斯文馆延续 154 年的俄语教育，能够查询到的俄语教学用书只有《俄罗斯翻译捷要全书》这一孤本。开办之初的俄语教学，由于首任教习瓦西里的离职，学生语音学习阶段都未完成。根据俄罗斯学者考证，俄罗斯文馆一直将俄国寄给清政府的官方信函作为学生俄语学习的素材，如此单一的语料资源，显然无法成功地培养出优秀的译员。

为了提高文馆学生的俄语水平，雍正十三年(1735 年)镶蓝旗蒙古副都统提议派遣学生留学俄罗斯，认为让学生在身临其境的语言环境下学习外语，其效果才能更佳：“由俄罗斯学校内，拣选学习略懂者四

---

① 肖玉秋．清季俄罗斯文馆延聘俄人教习研究[J]．史学月刊，2008(12)．

② [俄]季姆科夫斯基·叶·费：《1820—1821 年穿越蒙古到中国旅行》，第 71 页，转引自[俄]拉宾·帕维尔：《清朝俄罗斯文馆(18 世纪初—19 世纪中叶)》，《历史档案》，2011 年第 1 期。

名，与今来之俄罗斯使臣同遣，勤习伊等语文三年而回，如此翻译由俄罗斯国来文，不至遗谬。”①遗憾的是，如此超前而有见识的奏议未获执行，嘉庆十年(1805年)，清政府试图选送留学生到俄罗斯学习语言，同时派遣学生到中、俄边境练习俄语口语，但这个计划最终也只停留在议论阶段而未能实施。

18世纪中期至19世纪20年代，文馆开始起用自己的毕业生任教员。这些中国教员将其所学的俄罗斯文进行讲习记诵，持续数十年之久，因其授课内容陈旧、方式呆板，最终导致“俄罗斯来文与本学抄记旧话日渐支离，遇有承翻事件，查照档案翻写，间有疑异无从询问”。②

3. 考试与升迁

俄罗斯文馆对学生学业检测有着严格考试规定，办学之初就设置有月课、季考、岁试三考制度。同时，每五年举行一次大考，根据考试结果授予官衔，具体实施程序即：“月课则每月初一日由该教习拟定文条，散给诸生翻译，该教习分别等第注册备查。季考则于二月、五月、八月、十月之初一日举行，出题、等第，均如月课，唯试卷则呈堂裁定，始行注册。至岁试则于每年十月初一日前堂定日期面试，考列一等者赏给笔墨纸张，以示奖励。”③如此系统、分阶段的测试方式，能及时地检查文馆教学效果，以便适时调整，也能督促学生学业。适当的物质奖励和官阶授予也能调动学生的学习积极性。举行毕业考试的总体方式，在乾隆二十二年(1757年)得以确立。在文馆提调主持下，“列一等者作八品，二等者作九品”。乾隆三十八年(1773年)，新的考试章程规定：“五年以后考试一次，一等授八品官，二等授九品官，三等不授官，皆留学。八品官再考列一等授七品官，九品官再考列一等授八品官。其不及原考等第者，各照现考等第，分别降级留学。七品官又考列

① 王智仁．清代内阁俄罗斯文馆之研究[D]．新北：台湾淡江大学俄罗斯研究所，2000：47.

② 韩莉．清代中国俄语教育述评[J]．西伯利亚研究，2010(1).

③ 朱有瓛．中国近代学制史料：第1辑：上册[M]．上海：华东师范大学出版社，1983：8.

一等，以主事即补。”①此时的考试升迁更加详细且合理，即使不出文馆也能得到较大的提升空间，为文馆保留了人才，这一举措特别对担任俄语教习、副教习的中国学生仕途升迁给予了考虑。到嘉庆八年(1803年)，文馆改由吏部奏请钦派阅卷大臣在上谕馆考试，并颁布补充法令，首次引入五年一度复考概念：“五年复考。八品官又居一等，升授七品，九品官考居一等，升授八品。若七品官又考居一等，始准授为主事，掣分各衙门学习行走，遇缺即补。”②道光十九年(1839年)，文馆最后一次对学生考试升迁体系做出调整，此后，“七品官考一等者需到部学习三年，期满后与各项候补主事替补”。③ 清政府原本希望通过考察方式的进一步严格来提升文馆学生的俄语水平，但实际上适得其反，此后“因升途不如从前优待，学生的学习情绪大减”④。

由上所述，俄罗斯文馆毕业生的考察升迁体系，是通过清政府颁布法令而形成。它在不断的人才培养实践中得到一些调整，但总的方向是变得越来越严格。一方面可能是因为清政府考虑到文馆毕业生们的俄语水平有限，想凭借考核奖励的方式激励他们学好俄语；另一方面则可能是历朝皇帝的重视程度不一，文馆学生水平也有所差别，皇帝的不定期抽查，如遇表现不佳，则可能引起龙颜大怒，从而整饬教学，以法令形式加强文馆的管理。

三、俄语人才的培养成效

(一)俄罗斯文馆人才培养的成就

俄罗斯文馆开办之初，在康熙帝的关怀下受到高度重视，管理严格，在师生的共同努力下适时调整、改进教学水平，取得了一定的成绩。发展至雍正末年，文馆已培养出一批较为优秀的俄语翻译人才，诸如员承宁、马查、富勒赫和乌米泰等人，他们都曾在中、俄交涉与文馆

①《清会典事例》卷三十九，北京：中华书局，1991：207.

②《清会典事例》卷三十九，北京：中华书局，1991：490.

③ 宝鋆．筹办夷务始末·同治朝：卷8[M]．北京：中华书局，1981：813.

④ 苏精．清季同文馆及其师生[M]．台北：上海印刷厂，1985：8.

俄文教学中发挥过重要作用，其中员承宁屡次受到乾隆帝的褒奖：“熟悉俄罗斯文字，向来俄罗斯事件，俱能悉心译妥”。①

俄罗斯文馆办学达154年之久，在这一百多年时间里，文馆究竟培养了多少俄语人才，已无从查考，但从现存档案资料来看，这些俄语翻译人员的成绩还是可圈可点的。存放在内阁大库内残存的乾隆、嘉庆、道光三朝的俄文档案，有19本之多，“多系该馆学员整理、译缮”，从“道光、咸丰、同治三朝的《筹办夷务始末》及《清季外交史料》所收录的俄国外交文件译文，当亦是出自该馆学员的手笔”。② 这些译文行文流畅通顺，基本忠实于原文，表达了原件的本意。可见当时翻译这些文件档案的译员有相当高的翻译水平，其译作想必多半是出自俄罗斯文馆学员及其毕业生之手，或是师生间的协作，这在当时历史条件下实属难得。

俄罗斯文馆办学半个世纪后，开始意识到培养本土俄语教师人才的重要性，于是在乾隆二十二年(1757年)的俄罗斯文馆章程中即规定：“教习缺出，即以考授八品官学生，奏请充补”。③ 乾隆末年，西北边境对俄交涉频繁，急需俄语翻译人才，伊犁将军保宁奏请设立“俄罗斯学”以培养本地俄语翻译人才，同时奏请从北京俄罗斯文馆中选派一名优秀学生赴伊犁，教授当地八旗子弟学习俄文。由此可见，俄罗斯文馆在俄语人才培养过程中，不仅满足了中央政府对俄交涉与俄语教学的一时之需，同时也惠及西北边疆地区，为边疆俄语教育提供所需俄语教师。

此外，俄罗斯文馆还在学员招生、教习聘用、考试规程、馆务管理等方面，为后来其他官办学校外语人才培养提供了可资借鉴之处，尤其

---

① 郝世昌，李亚晨．留苏教育史稿[M]．哈尔滨：黑龙江教育出版社，2001：3.

② 高文风．我国的第一所俄语学校——俄罗斯文馆[J]．黑龙江大学学报，1979(2).

③ 转引自：帕维尔．清朝俄罗斯文馆(18世纪初—19世纪中叶)[J]．历史档案，2011(1).

为同治元年(1862 年)京师同文馆的创办和发展，奠定了可资参考和先例示范的基础。

(二)俄罗斯文馆人才培养的不足

虽然俄罗斯文馆培养了一批优秀的俄语翻译人员，也储备了一定的俄语教师资源，但其俄语教学整体效果并不尽如人意。第十届俄罗斯传教士团监护官叶·季姆科夫斯基在 19 世纪 20 年代，由蒙古旅行至中国，目睹了俄罗斯文馆的办学过程，在他看来尽管俄罗斯文馆备受清政府的关怀和支持，但它未能实现其既定目标。

18 世纪末 19 世纪初，伴随清王朝“康雍乾盛世”的终结，俄罗斯文馆也日渐衰弱，几近沦为八旗子弟坐领粮饷的特设机构。毕乃德在《同文馆考》中指出：“当初成立的时候，它(指俄罗斯文馆)对于训练学生读解俄文的工作，也许果有成效，但是到了 19 世纪初，成绩便显然不很好了”。① 嘉庆十年(1805 年)，文馆派遣一批俄文学生前往库伦，在库伦办事大臣手下从事俄文翻译工作，然而这批学生中竟无一人能听懂俄国人所说的单词。可见，此时文馆人才培养已经处于十分糟糕的状态。

道光四年(1824 年)大学士托津奏折：“俄罗斯学官生诵习俄罗斯文字，乾隆二十九年以前，有在京学习满文俄罗斯协同教授，迨后仅用本学人员。迄今日久，俄罗斯来文颇有支离，承翻事件，无从查考。请仍于驻京学习满文俄罗斯内挑去一名，协同教授，以资校正”。② 很显然，俄罗斯文馆自乾隆二十九年(1764 年)采用本馆学员承担俄文翻译任务，然而他们全然没有独立翻译能力，不得不到俄罗斯馆借调俄国驻京布道团人员“协同教授，以资校正”。道光二十五年(1845 年)中、俄间图书交换之际，俄国回赠清政府各类图书 347 种，共计 700 余册，指定赠送“京城学习俄罗斯文艺学生”，结果奉旨交付理藩院后即无下文，最后

① 朱有瓛．中国近代学制史料：第 1 辑：上册[M]．上海：华东师范大学出版社，1983：198.

② 蔡鸿生．俄罗斯馆纪事[M]．北京：中华书局，2006：190.

俄罗斯文馆也只对该批图书目录进行了粗略翻译，原因是“馆中学生荒废日久，即使是翻译书名，也是强为设名”。① 及至光绪十一年(1885)御史赵尔巽奏请翻译该批图书，已是赠书之后40年的事了。

同治元年(1862年)，总理衙门获准在俄罗斯文馆基础上筹建京师同文馆，随即召集俄罗斯文馆助教、副教习、学生等到署考试。考核结果令人惊讶，全馆师生中除助教国世春一人“尚称稍通文义”外，其余师生“并不熟悉俄文”。因此，总理衙门当即决定除国世春一人咨送总理衙门，留任新设学堂教习，保留原俸外，其余16名师生“一并裁去，以节靡费”。② 至此，俄罗斯文馆正式结束其俄语人才使命，培养新式外语人才的历史使命转落到即将开办的京师同文馆肩上。

综上所述，作为旧式官办俄语人才培养学校，俄罗斯文馆在其存续的154年中，尽管受到官办旧学体制影响，浸染着封建管理制度和保守教学方法，加上师资奇缺、素质低下，以及生源有限等不利因素影响，整体办学效果欠佳。但其俄语教育与人才培养实践在中国外语教育史上具有一定的历史意义。首先，它作为近代中国第一所俄语学校，开创了正规外语教育的先河；其次，它培养出了一批具有较高水平的俄语翻译人员，储备了一定的俄语师资；再者，它的创立与办学为京师同文馆的成立与发展提供了可资借鉴的经验及教训，尤其在反击顽固派的攻讦过程中，为洋务派力主培养新式外语人才提供了有力的历史范例和法理依据。

第二节　两次鸦片战争期间外语人才的缺失与补缺

步入晚清，清政府一方面被迫允许外国人在中国有限的口岸城市开展国际贸易，另一方面又极力阻挠来华外国人学习汉语。与此同时，中

① 都淑霞．中国俄语教育的最早尝试——俄罗斯文馆[J]．中国俄语教学，2005(1)．

② 朱有瓛．中国近代学制史料：第1辑：上册[M]．上海：华东师范大学出版社，1983：3.

国人自己也很少被允许学习外语，清政府甚至刻意防止中国人学习外语和教授外国人汉语。于是，在第一鸦片战争到京师同文馆开办之前，中国政府并无经过正规学校培训的外语人才，大量的外交翻译及贸易往来任务不得不交给那些并不被清政府所信任的“通事”承担，以此弥补因外语人才缺失而造成的真空地带。这一奇怪现象现给咸丰七年(1857年)来华的日本人彬田成卿留下了深刻的印象：“容外藩通交易者有年……而本土却无出一人读洋文、译洋文”。① 著名洋务运动领袖人物郭嵩焘在19世纪50年代末也曾指出：“通市两百余年……始终无一人通知夷情、熟悉其语言文字者。”②清朝数百年，无一人读洋文、译洋文、知洋情的论断虽然过于绝对，不符合事实，但也从一定程度上证明，在19世纪50年代的晚清，绝大多数的中国人对于外部世界极其陌生，甚至处于完全闭塞的状态，其中很重要的根源即在于缺少能够读懂并引入外部世界信息的翻译人才。然而，晚清以降，新的中外政治格局的定格，复杂多变的外交环境，以及如洪水猛兽般涌入中国的西方商品，迫使清政府不得不主动与西方列强打交道，而其中的语言障碍如何得以破除，不平等条约又是如何在中西双方博弈之下逐个签订，自然十分值得探究。

一、外语人才缺失的历史成因

(一)清朝闭关政策——以语言障碍作为门闩

“康雍乾盛世”之后，王朝国力式微，反清起义不断，为防止外来力量与汉族反叛势力联合反清，清政府严格限制中外人员及贸易往来，加之历经中西“礼仪之争”后，清政府采取禁教政策，颁布了一系列限制外国人来华的禁令和管理政令，即闭关政策。这些政策既是有形的，也是无形的；既有明文规定的，也有依照惯例执行的；既有专门针对中

① 亨特．旧中国杂记[M]．沈正邦，译．广州：广东人民出版社，1992：8161.

② 张廷玉，等．明史·职官志[M]．北京：中华书局，1974：854-855.

外贸易设定的限制，也有对外国商人人身自由的限定。这类政策一个十分重要的环节即凭借中西语言障碍将外部世界限定在清王朝掌控的范围之内，对那些掌握中西语言变通的翻译人员，即通事，严格把控其来源及言行，防止泄露国情，且通事资格统一由清政府掌控发牌，由行商担保监控，逐步形成了一套系统的有关通事职位设定、职责范围、选用原则及行为规范的管理制度；而对来华外国人则严格禁止他们学习汉语，避免其掌握了中国语言后绕开行商及通事"与内地奸商往来交结""更滋弊窦"。语言不通还可以钳制外国人言论，剥夺其申诉反抗的机会。

随着航海技术的发展，中西之间的接触日趋频繁，茫茫大海不再也不可能成为阻碍外国人来华的障碍。西方国家急于与这个千年文明古国接触、沟通和贸易，而以"天朝上国"自居和以小农经济为根基的大清王朝对于外界的闯入更多地显示出不屑与不安。为了防止可能出现的中西之间冲突摩擦，继续维持其优势地位和"天朝上国"的优越感，清政府自乾隆以来颁布了一系列的防夷条令。其中以中外语言不通为门闩，试图拒夷人于大清国门之外。清政府同时也严禁中国人教授外国人学习汉语，严格把控中国书籍外流，竭力遏制可能出现排除双方语言障碍之类人才的情况。具体情状如下：

1. 禁止中国人教授外国人汉语

没有中国人教，外国人几乎不可能学会汉语。一方面是因为汉语语言文字的特殊性，"中文的方块字非常难学、难记"，且汉语语言结构复杂、言文不一、方言各异；另一方面清政府严令禁止中国人教授夷人汉语，在当时的中国要找到一个敢冒生命危险教外国人汉语的老师十分难。近代来华传教士马礼逊，曾对此评论："对于一个在欧洲的学生来说，没有中国人帮助，因不熟悉这些印刷品提供的一切而造成的困难总是难以解决的。因此，在某种程度上说，在欧洲还没有人成功地学会中文。"①中国政府正是看准了这一点，采取严厉措施，故意设置语言学习

① 转引自：季压西，陈伟民．中国近代通事［M］．北京：学苑出版社，2007：71.

障碍，防止“夷人”学会汉语。《南京条约》签订后来华的外国人，对清政府的禁令记忆犹新：“中国只容许外商们在广州居住很短的一段时间……更重要的是本地学者被禁止把文言文的秘密教给洋人”。① 而对于那些敢于违抗禁令教授“夷人”汉语的中国人，其惩罚相当严厉，道光二十二年(1842年)，官府抓到十余名被称为“汉奸”的人，其惩办理由即“贪夷人财贿，即行自投，教夷人书写汉字……实属罪无可逭……自应即行正法，枭首示众”。② 清代到底有多少人因为教外国人汉字而掉脑袋，已无法考证，但仅此一例即可看出，此时的晚清政府已经全然无当年康熙皇帝时对待外国人学汉语的豁达心态和优越待遇。在背负汉奸的法定罪名和道德谴责的舆论压力下，胆敢冒此风险教授外人汉语的国人自然是寥寥无几。鸦片战争后，西方的入侵更加加剧了中国人对西方人的憎恶与疑虑，国人耻于与之为伍，更耻于予其施教。

2. 防止外国人自学，禁止中国书籍外流

除了禁止外国人请中国老师教授汉语，另一项剥夺“夷人”学习汉语的方法就是不让“夷人”拿到中国书籍。这条规定最初是针对中国史书。“查例载：天朝史书，外夷使臣不准携带出洋。是史书出洋，有干例禁”。③ 在《钦定礼部则例》中还有一条规定，即将史书列为来京外国使臣不得在华购买的违禁物品。既然不让外国人购买，自然也不许中国人把史书卖给外国人：“违者将(卖)买之人，照代为收买违禁货物例，枷号一月，发近边充军”。④ 道光十二年(1842年)，江南司郎中汤鹏上奏《敬筹善后事宜》三十条，其中一条便是：“应请敕下海疆地方，严禁书坊，凡二十三史、三通，暨《大清通志》《通典》，通礼诸书，不可卖

① [美]马士．中华帝国对外关系史[M]．张汇文，等译．北京：商务印书馆，1963：5.

② [美]亨特．广州“番话”录[M]．冯树铁，等译．广州：广东人民出版社，1993：1708-1709.

③ 中国第一历史档案馆．鸦片战争档案史料[M]．天津：天津古籍出版社，1992：83.

④ 中国社会科学院近代史所翻译室．近代来华外国人名词典[M]．北京：中国社会科学出版社，1981：113.

向夷人，贪图重利违者，立予查拿，治以应得之罪”。① 汉语学习自然从读中国古籍开始，特别是那些圣人之言、经典之著，如果断了这些书籍来源，外国人学习汉语必然是“巧妇难为无米之炊”，学不好也学不透，这便是清政府颁布该法令的初衷。

在今天看来，晚清中国“汉夷言语不通，必然致其滋生是非”，按常理清政府应该采取措施努力排除这一语言障碍，让外国人学习汉语，或者让中国人学习外语，畅通语言交流，避免误会或冲突。然而，当时的中国官员则认为，既然汉夷语言不通必滋生是非，那么，就索性汉夷之间就不要接触，“夷人”就该老老实实待在夷馆或限定的行走范围之内。这样，语言的障碍就成为当时清朝官员们理所当然地阻止汉夷接触的最好借口。即使鸦片战争之后的道光二十八年(1848 年)，钦差大臣耆英仍然坚守这一观念。即使到了咸丰年间，中国官员在遇到中外冲突事件时，仍然以此理规劝“夷人”，对外国人明为防护，暗加钤束。咸丰八年(1859)，江西巡抚耆龄奏报英吉利夷船四只进入九江，命令其退回九江西门外停泊，九江知府程元瑞虽然以礼待之，但仍然以“该国语言不通，商民素非素见”，着令“该船水手等人，无事不必登岸，应买物件，开单道府代办，以免滋事”。② 可见其时上到钦差大臣，下到知县巡抚，排夷、防夷的观念极为根深蒂固，语言不通始终用为托词。

(二)停滞的俄罗斯文馆与被嫌弃的通事

创办于康熙四十七年(1708 年)的俄罗斯文馆，作为官方培养俄语人才的常设教育机构，由于康熙皇帝和清政府的高度重视，教师的严格选拔、学生的严密考核，加之积极有效的管理措施，文馆创办初期取得了一定成效，培养了一批翻译人才。进入 19 世纪以后的清王朝，政治腐败，经济、军事、文化等方面衰落，在此历史背景下，当时的俄罗斯

① 中国第一历史档案馆．鸦片战争档案史料[M]．天津：天津古籍出版社，1992：391.

② 中国第一历史档案馆，澳门基金会和暨南大学古籍研究所．明清时期澳门问题档案文献汇编[M]．北京：人民出版社，1992：1239.

文馆也随之跌入低谷，尤其在停止聘用俄罗斯教习后，其教学效果大不如前。进入晚清社会后，文馆已经处于形同虚设的境况，俄语人才培养基本停止。两次鸦片战争迫使中国国门洞开，西方各国列强纷纷进入中国，此时所涉及的语言障碍更为频繁且更加复杂，然而 1840—1862 年间清政府并未新开办其他培养外语人才的教育机构，在这 20 余年时间里，无论是中外间的政治博弈、不平等的条约签订、商贸之间的往来，还是文化教育的交流，所需要的外语人才都大大超过历朝历代任何一个时期，然而，如此巨大外语人才空白却一直都被清政府所忽视甚至排斥。

第一次鸦片战争后，清政府并没有因为语言的不通而考虑开办更多的学校培养外语人才，而是一如既往地遵循旧制，要求西方国家像朝贡国一样采用有利于中国政府的汉语语言进行交涉。历史的事实是，自明清之际西方人来华后，一批传教士在排除语言障碍方面做出了很大努力，也取得了一定成就，他们已经完全有能力使用汉语向清政府表达意愿。进入晚清，中国已经出现了一些活跃在社会诸多领域的"中国通"，成为解决中外语言障碍的先锋。与此同时，中国人中同样也有一小部分人努力尝试着解决中外语言的障碍，尽管他们中很少有人接受过正规学校的培养，素质良莠不齐，但他们一定程度上填补了闭关政策所造成的中外之间语言沟通的鸿沟，而这部分承担破除语言障碍任务的人，最通常的称谓就是"通事"。作为一种职业的通事在晚清中国极其遭受鄙视和压制，其社会地位十分低下，甚至被冠以"汉奸"之名。如果不是丰厚经济利润的刺激和进入条约时期清政府不得不依靠通事才能开展中外对话，想必从事此项职业的人寥寥无几。

进入条约期后，通事一职原本由清政府垄断任命的局面出现了松动，此时西方人可以自由雇佣通事等华人雇员，但通事的社会形象在晚清中国依然不佳。鸦片战争爆发前夕林则徐曾上奏道光皇帝，在《札澳门同知传谕义律准驳条款中》对"汉奸"一词做了相对明确的定义："乃有一种奸徒，不由商雇，私与夷人往来，勾串营私，无所不至，是以内地名曰'汉奸'"。①两次鸦片战争期间，清政府官吏常常将失利原因归咎于这类"汉奸"身上，"该夷火器而外，本无所能；一切主谋，皆汉奸从中布置"。② 因此，他们认为"海防之要，首在严办汉奸"，即对那些懂夷语、为外国人服务的中国人重加处罚。因此，跟随外国人身后从事翻译的中国通事时刻处于危险的境地。

即使到了清王朝最后岁月，由上海改良小说社刊印的小说《六月霜》借秋瑾之口批评当时从事翻译职业的人时还这样说：

> 当学堂未立、科举盛行时代，其有毅然舍高头讲章、稍通外国语言文字者，讵不曰"新少年"。然而大道不明、真理未出，求学者类皆无宗旨，无意识，其效果乃以多数聪颖子弟造成买办、翻译之才。③

其潜台词即：买办和翻译是聪颖子弟本不该从事的职业。由此不难得知，整个晚清，翻译职业并非一份令人羡慕且向往的职业，其社会地位一直以来为中国士大夫阶层所鄙视。也正因为如此，在很长时间内，中国文人无人肯学外语。19 世纪 60 年代，冯桂芬认为从事通事的人员"不外两种"：

> 一为商贾。凡市井中游闲跅弛，不齿乡里，无得转移执事之路者，以学习通事为逋逃薮。一为义学生徒。英、法两国设立义学，广招贫苦童稚，与以衣食而教督之，市儿树竖，流品甚杂，不特易于湔染洋泾习气，且多传习天主教，更出无业商贾之下。④

---

① 中山大学历史系中国近代现代史教研组、研究室．林则徐集：公牍[M]．北京：中华书局，1965：141.

② 贾桢．筹办夷务始末：咸丰朝卷七[M]．北京：中华书局，1981：2665.

③ 静观子．六月霜[Z]//中国近代珍稀本小说：18. 沈阳：春风文艺出版社，1997：19.

④ 冯桂芬．校邠庐抗议[M]．戴杨平，评注．郑州：中州古籍出版社，1998：250.

可以看出，当时从事通事行业的人员出身贫寒，文化程度十分有限。因此，绝大多数通事使用的是一种被称为“Pidgin”的英语，这是一种异化的英语形式，无语法规则，多以口授或汉语注音方法习得，并且只用于口头交流，不供书面使用。因此，大多数的通事只是所谓的口译人员(暂且不论其翻译水平)，而非笔译人员，真正经过正规外语语言训练的人才几乎没有。由是造成，同治元年(1862 年)之前的晚清中国高素质的外语人才极其紧缺，形成了一时间外语人才空白地带，而晚清政府又不得不依靠那些并不被官方认可的通事去填补。

二、通事：历史舞台上的特殊角色

(一)中外政治外交舞台上的中国通事

第一次鸦片战争结束后，西方列强与清政府签订了一系列不平等条约，从而获得了在中国活动的大量权利。列强入侵范围由沿海延伸至内地，中外往来进一步深入到政治、经济、军事、文教等诸多领域，此时语言障碍问题也更加凸显。在传统教育无法培养出高素质翻译人才情况下，清政府不得不依靠那些略懂“夷语”的中国人，但是他们成分复杂，语言能力和政治可靠性都备受质疑，且往往都有为洋人充当通事、买办的背景，由他们参与政府外交，危害极大。但清朝官府在无法谙知“夷人夷语”的情况下，往往不得不依赖这些明知不可靠的通事来排除语言障碍。晚清中国高素质外语人才奇缺的尴尬窘境，致使两次鸦片战争中中国通事在排除语言障碍时也损害了民族利益。

道光二十年(1840 年)，道光皇帝任命琦善为钦差大臣，赴广东继续办理中英交涉，林则徐则以“办理不善”被革职查办。在整个广州谈判期间，琦善与英国谈判代表仅有过两次面对面的真正接触，其余均为文书往来。此外，双方所有口信，全依赖中方派人捎去再带回，而中方所派人员实际只有一人，他便是“通晓夷语，八品衔鲍鹏”。在广州谈判期间，鲍鹏作为中间传话人，奔波于中英双方之间，莲花冈宴请英国人，琦善也只令鲍鹏一人在舱传话，首府、洋商等人员均各回船舱。琦善“尽屏广东文武，专用汉奸鲍鹏往来传信”“他人皆不能知”的做法，一时间激起了广州官员的不满。林则徐在家信中愤懑地写道：“(琦善)全不信广东官员，凡奉到廷寄，以至发递奏折及夷书往来，从不以一字示人。”①琦善对广东各级官员均不信任，唯独视鲍鹏为心腹，让广东官员对于其做法感到愤慨、担忧和不安，但也无可奈何。直到香港被割让的消息传来，举朝震惊，道光皇帝下旨将琦善解京严办，同时将“广东之鲍鹏”一并捉拿送京审办，这才揭开鲍鹏的神秘面纱。

鲍鹏，广东香山人，“自幼学习夷语”，这里的“夷语”指广东英语，又称“混合话”，英国人称鲍鹏“混合话说得很流利”。他曾充当英美商馆买办，后经申请取得腰牌，正式充任大鸦片贩子颠地馆的买办，因此历史研究者据此将鲍鹏定性为“汉奸”。后因私自买卖鸦片担心被揭发，投奔山东好友招子庸。恰逢英国船经由山东半岛，山东巡托浑布抚带兵至登州防堵，夷人托中国渔民带信交涉，固全是英文，无人看懂。此时招子庸调防至登州，于是推荐鲍鹏可以作为通事。这是鲍鹏第一次涉入官方外事交涉，鲍鹏是一个善于表达和表现自己的人，很快得到了英国人的认可，被当作朋友。道光二十八年(1840 年)九月，琦善途经山东，听说夷船过山东而不扰，全赖“县令招子庸有同乡能通夷语之鲍鹏，向彼开导使然”。② 于是在山东巡抚托浑布的举荐下，鲍鹏被带往广东充任琦善的通事。原本琦善只想用鲍鹏“送文传话”，但在广州与英人接触后，他发现自己越来越离不开这个会通夷语的鲍鹏。鲍鹏往往是头天去英国人那里，第三天回来，把情况向琦善作汇报，隔一天又被送到英国人那里去递文，忙得不亦乐乎。后据鲍鹏供称，从此以后“凡与夷公文，多半派我送交义律”。每次传话，都是由白含章、张殿元把琦善的话说出来，然后由鲍鹏用英语译给义律听；义律讲的话则由自己的通事马儒翰翻译成中国官话，以便让白含章、张殿元听明白。可以看出白、张二人只是作为监督人陪同鲍鹏，真正传话的是鲍鹏，而每次他们交涉

① 中国史学会．鸦片战争：第 2 册[M]．上海：神州国光社，1954：565.
② 中国史学会．鸦片战争：第 3 册[M]．上海：神州国光社，1954：252.

回来，琦善也只听鲍鹏一人的汇报。

外交翻译是为了达成政治共识、协调关系、建立联系和发展相互关系，因此担任外交翻译一职人员除业务能力要求高外，还要求政治性强，做到忠实、准确地翻译全部内容。由于讲话人身份地位显赫，在特殊的历史环境下，交涉内容常涉及国家机密，因此翻译人员的政治素养必须过硬。这就需要国家精心培养出专门从事外交翻译的译员。如果用这一标准去衡量琦善重用鲍鹏，他的抉择绝对是错误的。像鲍鹏这样一个政治上不可靠、历史背景复杂、无任何外交能力和经验、英语水平只是会说“广东英语”的人，无论如何都不适合承担广州谈判这样重大外事翻译一职，更不要说倚为心腹了。但琦善确实重用了通事鲍鹏，这也是特殊历史背景下的无奈选择。一方面琦善担心自己初来广州人地两生，可能落入当地汉奸的圈套，才不得不依赖自己从外地带来的通事。这在道光二十年十二月(1840 年 12 月)他第一次向朝廷提及鲍鹏时就曾特意声明：“奴才以广东省汉奸充斥，举凡一言一动，罔不潜相窥伺，为夷人私通消息，故未到省之先，即派张殿元、白含章，暨由山东带来通晓夷语之八品衔鲍鹏，前往探询夷人情形。”①另一方面，当时清政府根本没有自己培养的政治上可靠、业务过硬、外交能力强的译员。琦善从未与洋人打交道，“奉派查办夷务，言语不通”，周围官员中又无一人有与洋人打交道的经验，尽管林则徐有自己的翻译班子，但此番来粤的一大任务便是查办林则徐，因此琦善也不敢轻易使用他的翻译班子，这才不得不使用根本不合格的通事鲍鹏充当译员。

通事鲍鹏得到重用与错用，从一定意义上折射出京师同文馆开办之前，晚清中国合格外语人才极度匮乏的事实。通事的出现是中国近代政治经济发展的必然产物，一方面填补了晚清外交领域翻译人才的空缺，另一方面由于其本身的缺陷也承担着晚清外交失败的部分责任。

(二)中外商贸往来中的中国通事

鸦片战争以后，随着中英《南京条约》等近代不平等条约的签订，

---

① 文庆，等. 筹办夷务始末：道光朝卷2[M]. 北京：中华书局，1981：604.

广州贸易制度下的官方对外贸易垄断制度寿终正寝，原先承担翻译角色的通事由官府掌控发牌，行商担保监控的做法被彻底废止。中英《南京条约》及中美《望厦条约》都规定允许外商自由雇佣通事等华人雇员，如中英《南京条约》第七款规定："凡英商运货进口者……由英官自雇通事转报海关，以便公同查验，彼此无亏。"①中美《望厦条约》第七款规定："凡合众国民人贸易船只进口，准其自雇引水……其雇觅跟随、买办及延请通事、书手……所有工价若干，由该商民等自行定议，或请各领事官酌办，中国地方官勿庸经理。"②进入条约期后，通事已不再具有明显的官方身份，甚至根本不再具备官方色彩，他们无须清政府批准，也不再承担官府强加的义务和责任。"通事"一词逐渐恢复原有意义，泛指一切从事中外之间语言接触、交流和翻译工作的人员。

原先在广州贸易制度下发挥作用的通事，进入条约时期后，一部分人仍继续从事对外贸易事务，这是因为他们具备一定的外语能力，对中西间贸易程序比较熟悉，此时的他们可以自愿受雇，受雇主直接管理和使用。因此，部分通事以私人身份受雇于粤海海关，或以关员身份负责监督管理外商船只的报关纳税、货物装卸等事务，被称为"官设通事"。美国近代来华商人亨特认为，官方通事主要是指对外贸易收税环节中为官府办事的通事："等到一艘船上诸事具备，准备量船时，通事又得去报告海关监督，由他派一名税吏来黄埔'办事'，这位税吏总是由通事馆的一名成员陪同前来，该通事被称为'官方'通事。"③公行解体后，尽管行商制度形成的对外贸易垄断消失了，但是广东官方仍然继续承认这些通事。

---

① 王铁崖．中外旧约章汇编：第1册[M]．北京：生活·读书·新知三联书店，1957：41.

② 王铁崖．中外旧约章汇编：第1册[M]．北京：生活·读书·新知三联书店，1957：52.

③ 亨特．广州"番鬼"录[M]．冯铁树，等译．广州：广东人民出版社，1993：38-39.

> 没有任何变动。但是他们向外国商人申请，后来就被这些商人私人所雇，作为他们办理海关日常事务的代理人，如获得船货上岸或装运准证，计算上岸或装运的船货的关税，租用船货驳船，当检查船货时代表他们的雇主报关，获得公章签盖或海关的出港准证等等。作为海关经纪人，通事具有关键作用的地位。有足够的汉语知识、能说能写、能自己办理海关手续的外国商人非常少。即使他们有这方面的知识，他们仍然认为干这种活有损于尊严，这种活一贯被认为只适应(合)下属干。①

不过，这类通事往往私设报关行，经手批关业务，收取手续费，而这种亦官亦商的身份，最便于他们与外商协同舞弊，上下其手，以多报少，以半税代替全税。在外商的猖狂偷税活动中，通事因掌管报关业务而从中分肥，在当时已是公开的秘密。更多的广东通事则跟随外商或自己独自跑到新开埠口岸城市谋求发展。一时间，各新开口岸如上海，“通事者仍系粤人居多”或“半皆粤人为之”，这些通事往往很快成为条约时期新兴的买办阶层。还有一些通事跟随外国领事到新设商埠，为外国领事馆服务。广东贸易制度时期，没有中国通事直接服务于外国在华外交机构，鸦片战争一爆发，英国人便开始公开雇佣中国通事，这些通事大多随英国舰队活动。进入条约时期后，条约明文规定外国驻华外交机构有权雇用中国人为之服务，因此，他们雇请了大批在贸易过程中彼此信任又懂外语的中国人为之服务，这些通事的身份也逐渐由管理外商的官方代表转变为外国外交机构雇员。

此外，中国通事在罪恶的鸦片贸易中也曾扮演重要的牵线人，甚至参与者的角色。中国近代引起两次鸦片战争的主要祸根就是鸦片贸易，而在这种罪恶的贸易中，外国人的鸦片如何转到中国人的手中，美国历史学者费正清曾指出：

---

① 魏尔特．赫德与中国海关：上册[M]．陆琢成，等译．厦门：厦门大学出版社，1993：90.

外国人得出一条在中国活动的基本规律：没有中国人的支持，什么事也干不成。从一开始，鸦片贸易就是中外联合的行动，中国人对鸦片的需求远胜于兰开夏的纺织品，由此出现了超乎中国人想象的鸦片销售网络。参与西方侵略的中国人都是一些无赖、投机者和地痞流氓。①

在鸦片贸易过程中，通事往往是鸦片贸易的牵线人或是鸦片卖主与买主之间的联络人，其作用十分恶劣。林则徐就曾一针见血地指出："窃照鸦片来源，固由外夷夹带；而流传贻害，实由内地奸民。若无内奸，则夷人与华人言语不通，耳目不习，虽有鸦片，安能不胫而走。"②从林则徐的指斥中可以得知，外国人与中国人之间因"言语不通"根本不可能顺利完成交易，因此鸦片贸易必须得到解除双方语言障碍的通事相助。鸦片战史研究者马丁·布思(Martin Booth)也注意到这点，他认为："鸦片贩还面临着一个难题，就是找不到会说英语的买办来帮助做生意……有语言才能的人很少而且很珍贵"③。

事实证明，林则徐的判读和推理是十分正确的。从清朝督抚奏报的几件典型鸦片贩卖案例可见一斑，其中"王略贩烟案、区宽等贩烟案、黄添化黄车叶贩卖鸦片案、谢阿常等贩卖鸦片案、唐汗三等贩卖鸦片案"④，涉案中国人均通晓夷语。在当时，中国人参与贩卖鸦片已经十分普遍，而通晓夷语的通事更是凭借其语言优势，与外国鸦片贩子建立了长期的合作关系，他们"设遇犯案，即可求为庇护""在条约制度的早期年代，怡和(洋行的)每艘鸦片趸船都有一个鸦片买办或通事和司

① 费正清．观察中国[M]．傅光明，译．北京：世界知识出版社，2001：20.

② 中国第一历史档案馆．鸦片战争档案史料：第1册[M]．天津：天津古籍出版社，1992：726-727.

③ 布思．鸦片史[M]．任华梨，译．海口：海南出版社，1999：142.

④ 季压西，陈伟民．中国近代通事[M]．北京：学苑出版社，2007：131-133.

事”。① 由此可见，通事群体在推动近代中外贸易的同时，也在其中扮演过极为不光彩的角色。

三、中国通事的外语水平及翻译能力

鸦片战争前后，中国政府与外国人打交道时所依赖的主要媒介就是通事，通事的外语水平决定了其在当时所发挥的历史作用及所处的社会地位。就当时中国通事的外语水平有两种评价：一是笼统地声称通事“通晓英语”“通晓洋话”,② 甚至“通晓各国语言”；二是通事“对英语最基本的文字是一知半解”。③ 事实上，就笔者所能查找到的各类文献中，并未给出事实证明哪位中国通事掌握了两门或以上外语，“通晓各国语言”更是夸张之辞。

整个中国通事阶层内外语(主要是英语)水平较高的通事偶尔也有，这些通事主要有三类：一是归国华侨，二是曾跟随外国人在国外生活较长时间的中国人，三是受过教会学校教育的中国人。但这三类通事毕竟是少数，其外语能力也不足以代表当时中国通事的普遍状况，事实上绝大多数中国通事的外语能力及翻译水平普遍较差。

在听、说、读、写、译五种外语能力中，“读”“写”能力是绝大多数通事所缺乏的能力，他们普遍只会“瞎子英语”，即会说一点英语但几乎没有英语阅读能力。正如冯桂芬所指出的：“叩其所能，仅通洋语者十之八九，兼识洋字者十之一二；所识洋字，亦不过货名银数与俚浅文理。”④绝大多数中国通事能听懂外国人说话的大体意思，或用“广东英语”与外国人进行简单对话交流，但不识英文，毫无阅读能力，更无

① 郝延平．十九世纪的中国买办：东西间的桥梁[M]．李荣昌，等译．上海：上海社会科学院出版社，1988：127.

② 阿英．鸦片战争文学集：上册[M]．北京：中华书局，1962：351-353.

③ 马士．东印度公司对华贸易编年史：第3册[M]．区宗华，等译校．广州：中山大学出版社，1991：30.

④ 冯桂芬．校邠庐抗议[M]．戴杨本，评注．郑州：中州古籍出版社，1998：250.

英语写作能力。因此亨特才说："可以这样说，当时广州的中国人，没有一个是能够读或写英文的。"①"少数广州本地人懂得一些葡萄牙文或英文，但他们的外文知识只能为外国商人翻译一些买卖交易事情，关于其他事项的谈话，他们就难于应付了……经验证明他们既没有外文知识而且又不可靠"。②

中国通事外语阅读能力极差的现象，与其从未接受过正规系统外语教育，而仅仅掌握"Pidgin"英语有直接关联。Pidgin 英语是一种与英语同音异字而无文法的变体语言，它易于口耳相传，在中外贸易中能够勉强沟通。当时便有专门小册子传授这种语言，但也多采用汉语注音的方法，不关注其字母拼写，没有句法，也没有逻辑联系，深受汉语语法的影响。绝大多数中国通事是英语文盲，只会日常口语，而无英语阅读能力，即使是英语口语和听力，中国通事的能力也是极有限，"除了有限的，几乎不可理解的和广州语混合的蹩脚英语外，这些通事在任何重要问题上都完全没有能力充当传译"。③ 从当时的一些奏折中时常可以见到中国官员的抱怨："奴才等嗣因续获白黑夷人三名，复传通事询问，再三查考，连前次夷语竟有不能全解者"。④ 相对阅读能力而言，中国通事的听力似乎还说得过去，但也不能真正圆满地完成一项翻译任务，只能勉强维持双方在贸易领域的沟通。

进入条约期后的晚清中国，大多数通事普遍使用的仍是中国 Pidgin 英语，这种语言使用别扭且不被西方人所认可，著名英国传教士傅兰雅在给家人的信中就曾调侃道："生活在这么多中国人当中，我也养成了一些可笑的习惯。我讲的英语变得不伦不类。哪天我回到英格兰，你听

① 亨特．广州"番鬼"录[M]．冯铁树，等译．广州：广东人民出版社，1993：33.

② 斯当东．英使谒见乾隆记实[M]．上海：上海书店出版社，1997：35.

③ 广东省文史研究馆，译．鸦片战争史料选译[M]．北京：中华书局，1983：10.

④ 文庆，等．筹办夷务始末：道光朝卷4[M]．北京：中华书局，1981：1727.

起来一定会大觉滑稽。人们会把我当成一个可笑的老怪物。”①但在特殊历史时期，Pidgin 英语确实代表着中国外语翻译人员的实际外语水平，也发挥着推动中外之间贸易往来的历史功用。正如著名汉学家理雅各在 19 世纪 80 年代谈及中国 Pidgin 英语在通事中的普及性时所指出：

> 迄今为止，对华贸易主要是由买办和通事司其事，这些通事学了相当多的英文单词，就把他们按汉语的习惯串起来，成了所谓的 Pidgin 英语。听这样一个人同老英国侨民对话是很有意思的，这种奇怪方言的可能性时常使我吃惊。但是，这样大量的贸易不应该依赖这样一批通事和这样一种语言。②

随着各类新式学堂的建立与推广，近代中国正规外语教育开启了新的进程，掌握 Pidgin 英语的通事阶层逐渐退出历史舞台，但它从一个侧面反映了近代以来，中国对外语言接触与语言沟通的实际状况，反映了近代翻译史上不同阶段译员的翻译水平与历史地位。

第三节　晚清社会转型推动下的外语人才需求

在西方列强船坚炮利追击下，晚清中国进入一段艰难且充满曲折、坎坷的历史行程，昔日的“天朝大国”为保持威严，继续维持其专制统治，在坚守和调试中逐渐开始自身漫长的社会转型进程。社会转型是一个质变的过程，是社会生活诸多领域、各个层面的整体性变革，其中包括社会政治结构、经济结构和文化教育的变革，其实质就是在传统体制内输入新的现代功能，从一种状态过渡到另一种新的状态。但在质的飞跃到来之前，社会仍旧处在一种不显著的、潜在的量变积累阶段，这样

① 陈原．语言与社会生活——社会语言学札记[M]．北京：生活·读书·新知三联书店，1980：143.

② 陈旭麓．近代中国社会的新陈代谢[M]．上海：上海人民出版社，1992：123.

的积累通常需要持续相当长的一段时间，这个时期即被称为社会转型期。19 世纪中叶的晚清中国，是一个意义非凡的重要量变期，面对“数千年来未有之变局”，古老的中国进入前所未有的现代性逐渐增长、封建性日趋退化的历史发展阶段，中国社会各个领域以迥异于其他国家的特有方式开始了社会的转型。外语人才作为这一时期的重要群体，既是社会转型和发展的必然产物，也是推动这种转型发生和发展的重要力量。外语人才以其独特的语言优势，游走于晚清中国政治、外交、军事、经济、文教等诸多领域，为中国近代化做出了有益的贡献。

一、晚清中国社会的转型之道

（一）社会转型发生的根源

1. 根本原因：生产力决定生产关系

对于社会转型发生原因的解释较多，其中马克思的“生产决定论”或“经济决定论”无疑具有相当的解释力。在马克思看来，一切社会变迁或变革的终极原因，不应从“人们对永恒的真理和正义的日益增进的认识中去寻找”，而应该到“生产方式和交换方式”的变更中寻找；也不应该去“时代的哲学”中寻找，而应当到“有关时代的经济中去寻找”。因此，从马克思政治经济学观点出发，社会转型的根本原因在于社会经济的发展。

在整个人类社会历史长河中，生产力的发展必然会导致生产方式和管理方式的相应变革，导致政治和社会治理方式的变化，进而导致人们生活观念和生活方法的变更，自然也就形成了整个社会的发展转型。对于这一点，马克思认为：“人民在发展生产力时，即在生活时，也发展着一定的相互关系；这些关系的性质必然随着这些生产力的改变和发展而改变。”①马克思十分强调社会关系与生产力的紧密联系和相互作用，但生产力决定生产关系是最深刻，最根本的，决定一切其他因素。而生产力决定生产关系更多地从宏观、根本的角度把握社会的转型变化，但

① 马克思，恩格斯．马克思致帕·瓦·安年科夫[M]//马克思恩格斯选集：第 4 卷．中共中央翻译局，译．北京：人民出版社，1995：536.

不能简单地套用到任何社会的转变，特别是在进行具体的社会转型分析时。马克思辩证法分析认为，人是可以发挥主观能动性的，尤其在分析特定历史条件下的社会发展，关键人物或者人物群体可以改变历史，推动社会的进步与变革。晚清中国社会变革与转型，相当程度是外来力量和政治、军事因素引发的一系列连锁反应，而当时中国社会原有的生产力和经济结构并没有发生根本性变化，社会变革与转型并非生产和经济因素直接引发的结果。但是，如果追根溯源，还是可以找到经济因素的决定性作用。因为这些外部力量终究还是世界经济发展，特别是西方社会经济发展的结果，是西方资本主义国家为进一步扩大市场，满足经济进一步发展的要求而采取的军事扩张行为。

2. 直接原因：外部军事、政治等因素介入

“经济决定论”是马克思主义社会发展的基本观点，但同时，马克思与恩格斯都多次强调经济的决定地位是从“归根到底”的意义上来说的，这并不否认经济以外的其他因素对社会发展的直接决定作用。对此，恩格斯有过专门说明：“我们自己创造着我们的历史……其中经济的前提和条件归根到底是决定性的。但是政治等等的前提和条件，甚至那些萦回于人民头脑中的传统，也起着一定的作用，虽然不是决定性的作用。”①可见，在马、恩看来，具体历史问题的研究是可以不完全局限于经济这一根本因素，一些偶然因素往往在特定的国家、民族和历史阶段可能具有更为直接、重要的作用。晚清中国的社会转型即是如此。晚清中国的社会转型，虽然深层根源是经济，西方世界先一步进入现代工业和市场经济时代，要求开拓更为广阔的市场，中国自然被西方国家纳入世界市场范围。但直接导致晚清中国由传统社会向近代社会的转型是由西方的军事入侵所直接造成，由此中断了中国自身缓慢的历史发展进程，晚清政府为求自保而不得不调整社会政治结构和生产方式，被迫开启社会转型的步伐。

西方学术界的“冲击-回应”范式对晚清中国的社会转型具有一定的

① 马克思，恩格斯．恩格斯致约·布洛赫[M]//马克思恩格斯选集：第4卷．中共中央翻译局，译．北京：人民出版社，1995：696.

解释力。该范式的核心思想是，传统的古老中国社会转型，是在面对现代西方的全面冲击——军事、政治、经济、文化各方面的重击下，为求生存而反击，即为了避免“亡国灭种”而被迫作出的回应。这种回应并非完全被动的，面对西方的“冲击”，清廷先是顽强抵抗，当其无法抵抗西方强大的“现代化”进攻之时，则又主动向西方学习，明确提出了“师夷长技以制夷”的目标，此后开启的一系列诸如洋务运动、戊戌变法和清末新政的变革，正是外来冲击下的积极回应。从社会转型来说，这种向西方学习的“回应”过程就是社会转型的过程。这种学习不仅仅停留在书本和思想观念上，而是体现在实际行动中，体现在国家与社会的变革中。晚清时，中国从“器物”层面的学习开始，进而对传统社会的全面改造，全面采取西方的经济生产方式、社会政治结构和教育模式。晚清政府以西方先进的文化和思想理念来武装本土知识分子，培养服务于晚清帝国的新型知识分子，同时以西方先进的生产方式、生产经验和科学技术提升经济发展动力，以达“求富”和“自强”的目的。尽管最终的努力不尽如人意，甚至以失败告终，但整个晚清社会转型的历史潮流已不可阻挡，为迎接更大、更彻底的变革做了经济、军事和人才资源的铺垫。

(二)晚清中国社会的转型

1. 从“天朝上邦”的世界中心到世界殖民体系一员

16世纪后期来华的耶稣会士利玛窦，看到中国人绘制的“世界全图”时惊叹：“他们的世界仅限于十五个省，中国被置于地图的正中央，四周大海环绕，海中有若干小岛，是为外国。但这些小岛的面积加起来却不及中国一个最小的行省。”①利玛窦的言论已触及中华民族数千年以来逐渐形成的中国天下观，这种观念将“中国”看成权威的源泉和中心，“中国者，天下之中也”，视“域内”为九州中心，为华夏民族的居住地，其四周则被视为“方外”，为四夷居住区，拱卫“中国”。所以“中国”的“中”的含义，其一可理解为“向内缩小”的聚焦地位，其二可解释为“向

① 利玛窦，金尼阁．利玛窦中国札记[M]．何高济，等译．北京：中华书局，1993：179.

外扩张”的发散效应。因此，中国古代疆域范围可以按聚焦和扩散的规律变化，小到拥有中原地区，大到几乎可以囊括大半个亚洲。这种天下观与几千年华夏文明长期独领世界先进文化的历史地位有关，也与“大一统”中央王朝不断更替而不衰的历史潮流相一致。大一统下的封建王朝地域辽阔、物产丰富、自给自足、文化繁荣，最终形成了中国人自豪的民族文化心理，统治阶层自视为“天朝上国”，无所不有，因此无须与各国交往，偶尔的交往与贸易被视为一种恩赐。这种“天朝上国”的优越心理，长期延续，最终导致封建社会后期的中国进入一种自我封闭、夜郎自大的被动处境。

这种天下观，反映在民族关系上就是传统的夷夏观，又称华夏中心主义。从西周时期就形成的“夷夏之防”，到晚清时期，逐步从民族关系扩充到中外关系，从华夏与四夷的关系逐渐扩展到中华民族与中华四夷之外的民族关系中。鸦片战争拉开了中国近代史的序幕，战争中“英夷”的船坚炮利轰开了封建腐朽的大门，一味讲究礼仪道德的“天朝上国”失去了往日的“协和万邦”“宾服要荒”的威严，打破了中国作为世界文明中心的政治神话，传统的封建帝国已经无法再阻挡西方帝国的全面冲击，传统夷夏观所反映的民族虚骄意识与狭隘的世界方域观在西方船坚炮利面前被击得粉碎。

道光二十年(1840年)鸦片战争爆发，中国由一个独立自主的封建专制国家变成一个半封建半殖民地性质的国家，领土遭分割，主权被践踏，经济被入侵，从此中国被纳入了世界殖民体系之中，这一转变给晚清中国造成前所未有的破坏与灾难。这种破坏包括：

第一，破坏了中国的领土主权完整。自第一个不平等条约《南京条约》签订以来，西方列强如饿狼般侵吞中国领土，使中国的领土主权遭到空前的践踏与破坏。第二，破坏了中国的关税自主权。《五口通商章程及海关税则》迫使清政府不得不大幅降低鸦片战争前的关税税率，此后，西方侵略者大肆倾销其工业品，同时掠夺中国的农副产品，原本具有保护性质的海关关税，开始丧失对本国工农业生产的保护功效。第三，破坏了中国的司法主权。中美《望厦条约》规定美国侨民在华犯罪只能由美国领事逮捕，美国人在中国发生的一切诉讼，也由美国领事审理，“中国官员均不得过问”，领事裁判权助长了西方人在中国的为非作歹，而中国的法律却无权干涉，这些不平等条款无疑严重破坏了中国的司法主权。第四，破坏了中国的贸易自主权。两次鸦片战争迫使清政府开放的通商口岸城市由 5 个增加至 16 个，外国侵略势力开始从沿海深入到内地，这大大方便了西方列强进一步向中国倾销商品和掠夺原材料，破坏了中国贸易自主权。第五，片面最惠国待遇。《虎门条约》明确规定，如果将来清政府“有新恩施及各国，亦应准英人一体均沾”，但是清政府却无权享受英国给予其他国家的同等优惠待遇。如此不平等的国家间交往方式，赤裸裸地践踏和侵蚀着晚清中国的诸多主权。

至此，中国被完全纳入世界殖民体系，西方文明与野蛮行径一步一步逼近并侵蚀着中华文明。如何抵抗、吸收与融合外部世界所带来的文明与冲击，是晚清政府不得不应对的难题。从器物到制度再到观念的转变，既需要顶层设计的变革，也需要人民大众的跟进与接纳。昔日的“天朝”处处受辱，国势日衰，传统的天下观不断受到冲击和质疑，一部分中国人开始从“天朝”的迷梦中惊醒，睁眼打量这个世界，发现所谓的“天朝上国”之外还有一片新天地。于是，中国人开始了从“鄙夷”转而“悉夷”进而“师夷”再到“制夷”的慢慢认识和学习过程。西方殖民统治者之所以始终未能将中国完全变成像印度一样的全盘殖民化国家，也正是晚清政府自身的不断调试、改革和中华民族自强不息的优秀民族精神激励的结果。这种努力虽然极为艰辛且残酷，但最终保全了中华民族的世代相传，国脉赓续。

2. 自给自足的农业经济朝近代工商经济转变

鸦片战争以降，中国社会沧桑巨变。外国资本主义入侵日益深入，中国传统的自然经济结构逐步瓦解、贸易方式呈现多样化，近代市场由沿海向内地不断扩展，工业化进程渐趋推进，晚清社会的经济与贸易随之转型。

鸦片战争前，中国传统社会经济模式是以“男耕女织”——农业和家庭手工业相结合的小农经济为基础，国内贸易为主、海外贸易为辅，传统市场虽孕育着市场经济的萌芽，但根本无法改变传统农业经济的绝对主导地位。首先表现在国内贸易形式上，传统国内贸易以墟集贸易、城市贸易和长距离贩运贸易为主，与之对应的国内市场则由地方小市场、城市市场及区域市场组成。贸易内容主要是小生产者之间的产品交换，“还是一种以粮食为基础，以布(以及盐)为主要对象的小生产者之间交换的市场结构”。① 虽然晚清商品贸易有了一定程度发展，但它仍旧只是自然经济的一种补充，并未成为整个社会经济活动的主要形式。其次，传统海外贸易以官方贸易为主，清政府以“行商制度”牢固控制海外贸易的形式和内容，民间贸易处于依附状态，虽有发展，但遭受官府严格控制，始终无法成为中外经济贸易交往的主流。鸦片战争前，有限的“朝贡贸易”与“随贡贸易”也是官方贸易的主要形式之一，目的在于实现经济、政治及文教的互换。因此，清朝国内市场与海外市场未能真正实现有效的衔接，海外贸易更多是出于政治与文化目的，并非来自自身经济发展的需要。以自然经济为基础的国民经济对海外市场缺乏内在需求，清政府闭关锁国的政策及广州行商制度严重阻碍了中外经济贸易发展；有限的国内商品贸易也是服务自然经济，因此缺乏内在的革命动力，难以实现对传统经济结构的根本性改变。

鸦片战争后，外来力量强势介入中国，打断了中国经济发展与变革的步伐，中外经济贸易关系发生根本性变革——主要表现在贸易形式与贸易内容的变化。鸦片战争摧毁了行商制度下清政府对外贸易的垄断地位，取而代之的是西方资本主义国家凭借不平等条约，由洋行垄断中国进出口贸易，开始疯狂掠夺原材料与倾销商品。正如马克思所言，“成千上万的英美船只开到中国，这个国家很快就为不列颠和美国廉价工业品所充斥。以手工劳动为基础的中国工业经不住机器的竞争，牢固的中华民族遭受了社会危机”。② 传统国内贸易大宗商品以粮、布、盐、丝

① 吴承明．中国资本主义与国内市场[M]．北京：中国社会科学出版社，1985：264.

② 马克思，恩格斯．国际述评[M]//马克思恩格斯全集：第7卷．中央编译局，译．北京：人民出版社，1959：264.

绸、茶叶为主，但咸丰十年(1860 年)以后，随着中外贸易快速增长，进出口商品构成及比重发生了明显的变化。进口商品中，机制棉纺品输入显著增加，出口商品中丝、茶出口比重日益下降，尤其是茶叶的出口。中国茶叶由于在英国市场上受到印度、斯里兰卡的竞争，丧失了独占地位，光绪十五年(1889 年)便已退居下位；在美国市场上则遇到了日本茶叶竞争，同治十三年(1874 年)至光绪元年(1875 年)，中国输往美国的茶叶，已经少于日本，同治九年(1870 年)茶、丝所占比重为88%，光绪十九年(1893 年)已经下降到 50.5%。其他农产品和原料出口比重显著增大，日益成为西方原材料掠夺和供应地。总体而言，进口商品以直接消费品为主，出口商品以农产品原料及手工制品、半制品为主，这种贸易形式和内容的变化，既根源于中国社会经济的转型，也是中国半殖民地化的结果。

晚清时，中国社会转型最主要地表现在传统农业社会向近代工业社会的过渡，经济转型的本质特征也是中国近代工业化的过程。近代中国工业发迹于 19 世纪 60 年代的洋务运动，晚清政府在内忧外患日益加深的情状以及一批开明官僚呼吁下开始了学习西方，致力于国家社会经济现代化的实践，其中工业现代化首当其冲。洋务运动以“富国强兵”为目标，除了开展新式外交、军事和教育外，还开办了资本主义的新型企业。这些企业主要分为两类：一类是以“求强”为目的的军事工业，制造枪炮船舰；另一类是以“求富”为目标的民用工业，承担民用商品的生产和军事工业的服务任务。

晚清工业化进程分为两个阶段，以甲午战争为界，《马关条约》签订前，工业发展主要以官办和官督商办为主。据虞和平主编的《中国现代化历程》统计，1875 年至 1900 年洋务派举办的民用工业主要采取官督商办的形式，在 40 家中小企业中以官督商办形式出现的有 30 家，占总数的 3/4，剩余的 10 家则以官办形式出现。这些中小企业主要经营煤矿、铜矿、金矿等能源矿行业。与此同时，中国民族资本主义近代工业也开始起步，1872 年至 1894 年，共创办了 100 余个民族资本主义企业。这些企业按部门主要集中在缫丝业、棉纺织业、造纸业与印刷业、火柴业、面粉业、船舶修造业和机器制造业、采矿业等。从光绪二十九年(1903 年)起，清政府制定了一系列鼓励私人投资置业的政策和工商法规，例如光绪二十四年(1898 年)清政府颁布《振兴工艺给奖章程》，鼓励私人兴办事业和开办学堂，翌年又提出“振兴商务”的口号。因此，原有的企业获得了较大的发展空间，同时，出现了一些新的工业部门，轻工业体系日趋完整化、重工业也获得长足发展，现代化程度日渐提高。

20 世纪初，洋务派创办的军事工业和民用工业取得了一定的发展规模。洋务企业大力引进西方先进的机器设备和生产技术，为以农业生产为基础的晚清中国带来了西方先进的生产力，使得传统的手工生产相形见绌，带来的巨大震撼力为中国近代经济的转型起到巨大的推动作用，这无疑在中国经济发展史上具有跨时代意义。但我们也能看到，这些清政府主导的洋务企业仍带有浓厚的封建性，且晚清中国的工业体系呈现出产业结构不平衡，轻工业为主，重工业为辅；企业资本少、规模小、力量薄弱；地区分布极度偏重沿海沿江省份。

3. 从传统“治人之教”到“治事之教”的转变

中国传统教育形成于先秦，汉代即出现由官学、私学组成的学校体制，隋朝开始科举制，经过唐代的发展，一直延续到明清，逐渐形成了以儒家经义为标准、以八股取士为途径的千年一贯制的人才培养模式。“直到鸦片战争爆发前，清代的教育制度依然以科举制为主干，辅之以学校……科举制虽然为完善考试制度起过积极的作用，但其弊端也日益显露。它把学校教育与选官制度相联系，使学制和教学内容完全服务于科举考试，因而各种名目的学校只是科举制的附庸。”①随着西学东渐，西方教育理念和教育模式引介中国，晚清中国在教育理念、教育内容与方式、教学管理与师资队伍组成等方面开始由传统重道德的“治人教育”向学以致用的“治事教育”转型。

首先，近代教育观由狭隘封闭走向开放。传统教育体系中，儒学作

---

① 陈国庆．中国近代社会转型研究[M]．北京：社会科学文献出版社，2005：288.

为正统意识形态，儒家思想支配着教育并成为教育的指导思想，规范着教育观念的变迁，教育观也日趋道德化、功利化。儒家思想以伦理纲常为宗旨，培养修身养性的“君子”，教育旨在敦人伦、崇礼仪、重三纲、尊五常，教育的功能被严重扭曲，“万般皆下品，唯有读书高”被众人吟诵，“学而优则仕”成为读书人的金科玉律。传统教育人才培养的终极目标在于造就“内圣外王”的通才，即追求“立功立德”“成己成物”的人格理想和实现“明体达用”“通经致用”的社会政治理想。因此，传统教育的基本功能是在进行人的道德教育，即“治人之教”，同时选拔官吏以佐朝政。教育内容严重偏废，局限于礼教、伦理和行为规范的灌输，因而造成了传统教育观念的狭隘封闭。

经过两次鸦片战争的洗礼，中国传统教育在西方近代教育思想的冲击下开始动摇，部分中国传统士子在西学东渐中渐受洗礼，逐步形成了对西学的认同和对传统中学进行批判扬弃的立场。道光二十二年(1842年)魏源受林则徐委托编成《海国图志》一书，提出“师夷长技以制夷”的思想，吹响了先进的中国人认识西方世界的号角。此后出现了一批接受西学并宣传西学的近代教育家群体，他们开始逐步摈弃传统教育的旧思想，从西方学校学生学习年限、课程内容、教学形式、考试方法及教育发展概况等诸多方面入手，着力引介西方资本主义的教育制度和思想。无论是洋务运动时期开办的各类语言、技术、实业学堂，还是戊戌时期提倡废科举兴西学，这些举措都不同程度推动西方教育观念渐入人心，越来越多的仁人志士主张按西方教育观念普及学校教育，培养新式人才。

其次，教育内容、教育方式的近代化转型。中国传统学校教育附庸于科举制度之下，教学内容极为单一，四书五经等儒家经典或宋儒学说是其基本学习内容，重义理、辞章而不重实学。19世纪60年代由地方实权派官僚知识分子推动的洋务运动虽然仍旧本着“变器不变道”的原则，在“中学为体，西学为用”的思想指导下，开办了三类学堂：第一类是以外语语言为主的学堂，着重培养本国外交翻译人员；第二类是以学习西方军事技术为主的学堂，以造就军事技术人才为主；第三类是培养各类专门人才的学堂，以发展中国实业。新式洋务学堂的开办在封建教育体制上打开了一个缺口，直接推动了以“西学”为主要内容的新式教育在中国的发展。外语、天文、数学、物理、化学等人文自然科学知识和技术知识在洋务学堂中广泛开设，从而改变了传统教育只强调道德感化与传统经典知识灌输的单一局面，顺应了时代潮流。

中国传统教学模式主要采取个别教学与集中灌输的形式进行，官办与私塾学校散布在彼此独立、相对封闭的广袤大地上，学生多则几十人，少则几个人，教学形式单调刻板，既无启发式引导，也不重视智力的开发和能力的培养。洋务运动时期的新式学堂则开始吸收并借鉴西方的教学方法，“教授悉用新法，重讲解不重背诵，先求讲明蒙学新书，然后由浅入深，实事求是”。① 教学活动采用课堂教学与课外活动相结合的方式，注重实践能力培养，教学效果明显。

再次，学制与教育行政机构的近代化转型。教育制度通常是指一个国家或者地区发挥教育职能的所有机构组成的体系，一般包括学校教育系统和校外教育机构。其中学校教育制度（简称学制）是国家教育制度的核心，由各级各类学校组成，在中国，近代学校制度初步建立于20世纪初年清末新政时期。

众所周知，中国传统学校教育，是以科举取士为中心、儒家经典为基本内容，一段制特征明显。晚清时中国新式学校大量创办，一段制的传统学校教育再也无法满足社会进一步发展的要求，尤其是高等教育性质的学校创办，亟须下一级学校源源不断地输送优质生源。因此，20世纪初，新学制的建立是近代中国教育发展的必然、时代之所需。光绪二十二年（1896年）刑部左侍郎李端棻在其《请推广学校折》中建议“自京师以及各省府州县皆设学堂”，对府州县学、省学、京师大学各入学年龄、学习年限及课程设置均作出严格规定。光绪二十四年（1898年）梁启超代总理衙门起草《筹议京师大学堂章程》，该章程多处强调要办

① 朱有瓛．中国近代学制史料：第2辑：上册[M]．上海：华东师范大学出版社，1989：536.

好大学堂，必须广设中学堂、小学堂。小学、中学、大学应采取分班教学，循级而升。虽然维新变法很快被顽固势力扼杀在摇篮之中，但某些教育革新措施，在清末新政期间又重新被提出并加以审视，尤其是制定学制的建议，最终被付诸实施，这是社会变迁、学校教育改革发展的必然结果。

光绪二十八年(1902年)正式订立的《钦定学堂章程》是中国近代第一部系统化的学校章程，又称《壬寅学制》，但最终并未付诸实施。两年后由张百熙、张之洞、荣庆共同拟定的《奏定学堂章程》，又称《癸卯学制》正式颁布，且在全国普遍实施。该学制包括《奏定学务纲要》《奏定各学堂管理通则》《奏定各学堂考试章程》《奏定各学堂奖励章程》，各级各类学堂章程以及译学馆、进士馆教员任用章程等22件。该学制从蒙养院到通儒院，从普通教育、师范教育到实业教育，从教员任用到学校管理，从立学宗旨、培养目标、入学规则、学习年限到课程设置、教学方法等，均作出了详细的规定。由此构成了纵向初等、中等、高等三级衔接，横向普通、师范、实业三足鼎立的整体格局和框架。《癸卯学制》的颁布，标志着我国近代学校教育初步进入制度化和系统化阶段，由此确定了中国近代学校教育制度的基本模式。

19世纪60年代初的教育行政管理在清政府内政事物中并不占有重要地位，各级教育行政机构也不健全，缺乏从中央到地方的独立、专门教育行政机构。教育行政的职能可简化为考试和稽核，而非改进和发展学校教育。表面上看，清政府在国子监设有监事大臣一职，在八旗官学中设立有总管，地方各省指派学政，各府州县委派教授、学正、教谕，并设副手训导一职，看似层次分明、分工明确，但是“所谓教授训导者，每岁科两试，典名册，计贽币而已。师无所为教，弟无所为学，而国家乃徒存学校之名，不复能望学校之效”。① 随着新式学校的大量出现和西学课程的引进与融合，教学管理任务日趋繁重，设立新的专门教育行政机构并派专员管理，已成为当务之急。

① 王栻. 严复集：第1册[M]. 北京：中华书局，1986：88.

光绪三十一年(1905年)，清廷发布上谕，“着即设立学部，荣庆著调补学部尚书”，正式成立了主管全国教育事宜的最高行政机构。翌年，清政府又在各省设提学使司，统辖全省学务；设学务公所，劝学所，学区分管省、府、厅、州、县教育。至此，清政府建立了一套完整的专门教育行政机构，机构内部分工细致、责权明确，表现出现代科层制行政机构的特点。教育机构职能不再局限于为统治阶级选拔官吏、开展教化活动，而是为晚清中国政治、经济、科技、文化教育事业的发展培养多方面人才，为挽救民族危亡、国家复兴而抗争的济世之才。这种教育职能的扩张，也是中国教育走向近代化的重要体现。

二、社会转型推动下的多样化外语人才需求

(一)外交翻译人才

19世纪中叶，中国传统的“天朝”观念和以朝贡国为主体的晚清外交体制，随着西方列强的侵入而逐步走向瓦解。《南京条约》等一系列中外不平等条约的签订之后，中国与西方列强之间建立了一段所谓“条约制度”(Treaty System)关系。在这一制度下，晚清政府不得不接受列强强加于中国的不平等“契约”，这些条约开启了中国与西方列强之间新的外交格局。不平等条约的签订、西方驻华使节的派驻、中外交涉事件的激增等一系列重大中外交涉活动随之而来。

语言的沟通与文书的往来成为与列强接触的最基本，也是最直接的方式，然而新的外交格局使大清王朝无法继续享受朝贡体制下的语言优势待遇，取而代之的是西方列强强势的语言歧视条款。时值中国翻译人才奇缺，“遇中外大臣会商之事，皆凭外国翻译官传述，亦难保无偏袒捏架情弊。中国能通洋语者，仅持通事。凡关局军营交涉事务，无非雇觅通事往来传话，而其人逐为洋务之大害”。①咸丰七年(1858年)签订的中英《天津条约》第50款规定，“嗣后英国文书俱用英文书写”；中法

① 李鸿章．请设外国语言文字学馆折[M]//李鸿章全集：第1册奏稿·卷三．长春：时代文艺出版社，1998：140.

《天津条约》第3款也同样规定，“自今以后，所定各款，或有两国文辞辩论之处，总以法文作为正义”。① 军事上的失败使清政府外交权益丧失殆尽，这是“落后就要挨打”的必然结果，然而隐藏在此背景下的更深层缘由却是清政府官员们的“哑口无言”。恭亲王奕䜣在奏折中就曾道出办理中外交涉时翻译人才缺乏的苦衷：“窃查中国语言文字，外国人无不留心学习。其中之尤为狡黠者，更于中国书籍潜心探索，往往辩论事件援据中国典制律例相难。臣等每欲借彼国事例迫其说，无如外交条例俱系洋字，苦不相识。”②

早在第一次鸦片战争以前，西方传教士就已经克服了中外语言障碍，战争开始时，他们中很多人充当了马前卒，成为西方列强侵略中国的先锋；在中外条约签订过程中，这些传教士利用自身语言优势和中国谈判官员们不识“夷语夷字”的劣势，将许多不平等条款“暗度陈仓”地塞进条约之中。如奕䜣在《北京条约》谈判中，由法国传教士孟振生(Martial Mouly)担任翻译和文件起草工作，不料孟振生竟擅自在条约中加入“任法国传教士在各省租买田地，建造自便”一款，致使法国传教士获得了在中国任何地方租买土地和盖房的特权。不仅如此，传教士甚至不惜采取威胁、恐吓、欺诈等手段去获得那些就连西方外交官都无法获得的外交成果，在双方发生争议或被中国人发现后，他们又利用文字歧义施以狡辩。这样在缺少中国译员传译的情况下，西方传教士译员大行其弊，使得清政府在外交上极其被动，国家利益严重受损。

因此，无论是从维护国家利益的角度考虑，还是往后熟悉国际社会外交法则的需要，培养中国自己的外交翻译人才已是势在必行。于是，咸丰十一年(1861年)京师同文馆在京成立，目的即在于“培植译人，以为总署及各使馆之用”③、“期于晓畅翻译，通彻中外事物，以

① 王铁崖．中外旧约章程汇编：第1册[M]．北京：生活·读书·新知三联书店，1957：105.

② 佐藤慎一．近代中国的知识分子与文明[M]．刘岳兵，译．南京：江苏人民出版社，2014：46.

③ 参见军机大臣、总理衙门《遵筹开办京师大学堂折》，载毛佩之辑《变法自强奏议汇编》，上海书局光绪辛丑年石印，第271页。

备舌人之选”①。

（二）商务外语人才

鸦片战争后，中国被迫卷入世界资本主义市场大潮，小农经济进一步解体，“自给自足”的静态经济模式被打破。随着洋务企业的开办、民族资本主义经济的发展，资本主义生产方式在晚晴中国得以扎根，生产力得到较快提升。与此同时，西方列强通过不平等条约逐渐敲开中国沉寂已久的大门，西方资本主义生产方式开始在中国本土扎根，随之而来的西方商品如洪水般涌入中国市场。五口通商后，中国的外贸中心也由广州逐渐移至更为广阔的上海，大量的洋行、商行在中国沿海港口城市落户，来华西方人杂居在沿海商品贸易发达城市的“租借地”。同时，随着西方势力向内陆省份挺进，汉口、宜昌等长江一线通商口岸对外贸易得以繁荣，外交事务日趋繁重，必然催生一批能够与西方人打交道，既懂得西方语言又擅长通商贸易的人才。

以上海为例，开埠后仅一个多月，“就有 11 家洋行在上海落户，五年后增至 24 家，道光二十七年（1847 年）增至 39 家，咸丰四年（1854 年）激增至 120 多家。道光二十三年（1843 年）底，上海的洋商还只有 26 人，到咸丰元年（1851 年），已经翻了将近十倍，达到 265 人之多”。② 商品经济的繁荣使得商业人才日益走俏，需求量不断增加，首当其冲的便是买办和通事。鸦片战争后，买办一词特指“在华外国行号的中国经理，在外国行号同中国的交易中充当中介人”，③他们成为维系中外贸易的重要角色。对此类人才的大量需求，从洋行刊登在《申报》上的招聘广告中可见一斑，如《延请买办》一则：“启者：今有某洋行，欲延请买办一人，须识英语并熟于进口出口各货生意。”④另一则《延请买办》：“启者：今欲请一买办，须会说英话，可以管帐。”⑤诸如此类

① “光绪五年（1879）三月堂谕”，转引自高时良、黄仁贤：《中国近代教育史资料汇编·洋务运动时期教育》，上海：上海教育出版社，1992 年版，第 101 页。

② 唐振常．上海史[M]．上海：上海人民出版社，1989：148.

③ 张泽洪．论郑观应的买办生涯[J]．青海师专学报（社会科学），2002(2).

④ 《延请买办》，《申报》1877 年 5 月 26 日。

⑤ 《延请买办》，《申报》1882 年 3 月 8 日。

的招聘广告在当时并不鲜见，这些广告中对买办的共同要求便是会英语、懂商务，这应该算是中国最早的商务英语人才招聘资格要求。

地处长江中上游，素有"九省通衢"之称的湖北，汉口、宜昌两城市在19世纪90年代成为重要通商口岸，"洋务繁忙，动关大局"。张之洞经营的钢铁、煤炭、机器制造、军火、纺织等近代工业，在当时中国处于国内领先地位，此外湖南、湖北尤以茶叶贸易出口外商而著称，成为两湖商务贸易发展的基石。近代工商业的崛起，促使一个内陆省份城市与西方各国的接触交往突然频繁起来，但外语人才的短缺一时成为双方沟通交流的首要障碍。据张之洞回忆："每与南茶商人谈及近来茶市事，每为孖占所困，而南茶商人，向来不悉洋务，较他省尤为吃苦。缘孖占能通彼国语言文字，货物之优劣、价值之低昂，胥由孖占操纵。"①此处"孖占"并非商人(Merchant)，而是指买办之流。因当时买办多"能通彼国语言文字"，他们占尽语言优势，操纵货价和茶叶质量鉴定，垄断市场，这让"南茶商人"受尽其害。步入19世纪末期，晚清政府尽管提供了科举入仕的"高官厚禄"诱惑，但对于此时中国口岸地区的商人而言，商业贸易带来的丰厚利润更吸引他们，因此，他们希望政府能够开办茶商子弟"专习各国语言文字的学堂"。张之洞深悉洋务及洋务人才的重要意义，这正中其下怀。在开办两湖书院后，他随即提出开办一所专习外国语言文字的学堂，虽一波三折，最终于光绪十九年(1893年)办成了一所集方言、算学、格致、商务四斋于一体的综合性西学学堂——湖北自强学堂。在张之洞看来："文字语言，乃中外交涉之要领……商务，关富强之大计"，故而皆为"今日自强要图"。② 至此，由官方创办的第一所旨在培养通晓外国语言和商务知识人才的洋务学堂正式成立。

① 苑书义，孙华峰，李秉新．张之洞全集：第1册[M]．石家庄：河北人民出版社，1998：2814.

② 苑书义，孙华峰，李秉新．张之洞全集：第1册[M]．石家庄：河北人民出版社，1998：3024-3025.

(三)外语教师人才

19世纪60年代，随着中国半殖民地半封建社会形态的进一步加深，中国传统教育开始了前所未有的从体制到内容的变革。这场变革的核心是兴办新式学堂、培养新知人才。正是在这场旷古未有的教育变革运动中，晚清政府聘请了一批怀揣西学、西艺的外籍教习作为办学初期的主要师资来源，但引进外籍教习只能是“应急之策”，“取材本土”才是经久之道。面对本土外语师资的不足和不强，且受制于外人的困境，晚清政府首先借助洋务学堂的开办，开始了探索近代中国本土外语教师人才的培养之路。

洋务学堂办学之初，曾设想学堂外语教习由上海、广东两处保荐中国人担此重任，但很快发现此时中国内地并无真正熟通外国语言文字之人，能够担当此类学堂西语、西艺的师资人才极其匮乏。无奈之下，清廷“不得不于外国中延访”，聘请洋教习成了不得已而为之的选择。这从当时洋务派首领人物恭亲王奕䜣的奏章中可见其详：“今中国议欲讲求制造轮船机器诸法，苟不藉西士为先导，俾讲明机巧之原、制作之本，窃恐师心自用，枉费钱粮，仍无裨于实际。”①然而，洋务学堂洋教习的大量聘用存在种种弊端。首先，学堂洋教习自主聘任权散失殆尽。时任海关总税务司赫德凭借其对同文馆经费的掌控，把持着所有洋教习的聘用权，总理衙门对洋教习几乎没有任免权，“延聘洋人一事一概由赫德代为招聘”②。“旧教习离开时，对于后任不许推荐，由外国新到人员，亦不许直接来谋教习之职，必须由总税务司推荐”③。其次，京师同文馆洋教习更迭频繁，对学堂正常教学和考试安排造成不利影响，人才培养质量难以保障。为此恭亲王等人两次在奏折中批评：“唯该馆外国教习屡次更换，学生功课难免作辍，恐所学外国语言文

---

① 沈云龙．近代中国史料丛刊：第8辑[M]．台北：文海出版社，1966：4497.

② 中国史学会．中国近代史资料丛刊：洋务运动(五)[M]．上海：上海人民出版社，1961：23.

③ 齐如山．齐如山回忆录[M]．上海：上海文艺出版社，2014：25.

字未尽娴熟。”①再次，所聘洋教习耗费巨大，国力难支。从《遵议设立同文馆折(附章程)》可知，京师同文馆首位洋教习包尔腾第一年薪水为三百两，第二年就加至一千两，“以后凡是西教习，至少每人每年一千两银”②。然而，同文馆开办之初的办学经费预算只不过数千两而已，洋教习的薪资即占据了很大一部分开支。福州船政学堂办学之初，洋教习月薪即为白银 200 两，续聘、在校内兼职或教授老班学生的要求较高，月薪可达白银 250 两，相比同期本国教习，洋教习月薪约为本国教习的 25 倍之多。可见，洋教习的薪水支出的确是洋务学堂十分重要的一项经济负担。

种种不利因素使晚清政府清醒地认识到，引进的洋教习只能作为洋务事业的引导者，而不能作为长久的依靠力量。洋务学堂办学数年之后，培养了一批既精通外语语言又有专业技能的外语人才，他们中的优秀者则被安排协助洋教习管理低年级学员学习与生活，承担外语教学任务，因而也被学堂授予副教习的头衔。副教习的出现，一是迫于当时新式学堂外语教师人才的缺乏与自强求富现实所需的困境；二是晚清政府强烈意识到拥有本土外语教师人才的重要性和紧迫性而做出的应时之举；三则是困于学堂办学资金短缺，所聘洋教习费用巨大，而由中国学员承担副教习一职则可节省糜资。由此得知，晚清本土外语教师的产生并参与洋务学堂外语教学与管理，既是历史的客观原因所致，亦是晚清政府主观上的应时所为，正是在多种因素的共同驱动下，萌生了近代中国官方培养的首批本土外语教师。

三、晚清政府外语人才培养规划

晚清新式人才的培养是在西方列强入侵中国的历史背景下的被迫应对之举，时间仓促、条件缺乏且阻力重重。晚清高度中央集权的封建专

---

① 朱有瓛．中国近代学制史料：第 1 辑：上册[M]．上海：华东师范大学出版社，1983：79.

② 高晓芳．晚清洋务学堂的外语教育研究[M]．北京：商务印书馆，2007：77.

制体制，使得官办学校新式人才的培养一举一动都须在政府的统筹规划下进行，以维护封建专制统治根基为前提。然而，新式外语人才的培养还须迎合新的外交、经济、教育形势发展需要，以解决晚清中外最急迫、最主要的矛盾。因此，对外语人才培养语种的选择、知识结构体系的构建、培养规格以及人才使用，晚清政府均出了相应的统筹与规划，以平衡维护“根基”与适应“潮流”之间的关系。

（一）英语优先的多语种人才结构布局

晚清政府开办的第一所洋务外语学堂——京师同文馆，虽然援引俄罗斯文馆章程“旧例”，但并未完全照搬，而是考虑到具体的外交需要，培养最急需的外语人才，解决最急切的涉外问题。

1. 坚持优先培养英语人才的原则

从洋务运动期间开办的七所影响力较大的外语学堂——京师同文馆、上海广方言馆、广东同文馆、湖北自强学堂、新疆俄文学馆、珲春俄文书院、台湾西学馆所开设的语种可以发现，除新疆俄文学馆和珲春俄文书院以培养俄语专门人才为特色外，其他五所学堂均以培养英语人才为主，无论是从开设的课程还是培养的人数来看，英语课程和英语学生人数都最多，成就也最大。这种以英语人才为主的人才培养规划主要基于以下两点考虑。一是英国在华的地位及影响。英国是晚清政府的主要对手，在一些清政府大臣眼中，英国有着“号令群雄，莫不敢从”的威信，依恭亲王奕䜣所言“各夷以英国最为强悍”，就连法国人也嫉妒地认为：“许多人只认得英国领事、英国国旗，只知道有英语。”①二是英语为对外交涉最常用的语种。鸦片战争后签订的诸多条约，除中俄、中德、中国与瑞典挪威之间的条约外，中国与其他国家签订的条约均以英文为准。例如中国与丹麦签订的《天津条约》第五十款规定：“大丹麦大臣并领事官等员，所有行知大清国大臣官员等公文各件，俱用英文书写……唯遇有日后设有文辞辩论之处，丹国总以英文作为正义。”②中国与秘鲁签订的《通商条约》第十七款中写道：“各国议立合约，原系汉、

① 齐思和，等．第二次鸦片战争［M］．上海：上海人民出版社，1978：242.

② 王铁崖．中外旧约章汇编：第1册［M］．北京：生活·读书·新知三联书店，1957：203.

洋文字。惟有英国文，中外人多熟习……嗣后如有未甚妥协之处，彼此除各用本国文字外，亦兼看英文，庶无讹误。"①以英文为准的类似规定在中葡《和好通商条约》、中日《马关条约》中均为可见。因此，总理衙门确定优先培养英语人才的策略，实乃据现实外交需要，充分考虑国际局势而制定。

2. 兼顾关键语种人才培养

19 世纪 60 年代后，在中国沿海港口城市逐渐形成了一股"英语热"，英语人才已是炙手可热的紧俏人才，就业机会多，而且待遇好，因此，报考官办学校学习英语的人数最多，学生学习英语的热情也远超其他外语语种，一时出现"到馆诸生，皆婉转恳求学习英文，而于法、俄、德三国文字，若有不愿学不屑学之状。现在英馆学生业有五十名之多，法、俄两馆各仅二十余名，德馆尤少，不过十余名"。②

然而，官办学校外语人才培养关乎国家社稷安危，在强调英语人才培养的同时，也不能偏废其他外语语种人才的培育。为防止英语学生过多，而其他语种学生报考不足，总理衙门明定章程，以堂谕的形式予以规划调整，规定以后英文馆名额为 50，法文、俄文馆各为 25，德文馆为 20，以此为定额，不至偏废。如此规定，总理衙门主要出于以下考虑：

> 学习洋文言语，原期博考周知，广为储才，岂可囿于一国。吾华人士以通商风气开自英国，遂而偏重英文，岂知外洋文牍往还，强半以法文为正。此外如德国之武备、制造，宜由图册访求，俄界之广轮交错，宜以方言稽考，何一非当今急务，且今日迩室讲求，即为将来四方之选，若竞狃于习尚，岂非自窘步趋。③

① 王铁崖．中外旧约章汇编：第 1 册[M]．北京：生活·读书·新知三联书店，1957：342.

② 朱有瓛．中国近代学制史料：第 1 辑：上册[M]．上海：华东师范大学出版社，1983：140.

③ 高时良，黄仁贤．中国近代教育史资料汇编：洋务运动时期教育[M]．上海：上海教育出版社，1992：112-113.

因此，京师同文馆、上海广方言馆、广东同文馆以及湖北自强学堂，除开设英语语种外，还开设有法、俄、德三个关键语种。到洋务运动后期，中国与日本交涉增多且毗邻，故而又增设了日本语，后来居上的湖北自强学堂，共开设英、法、德、俄、日五种外国语言，“方言各国不同，择其最要分立英文、法文、俄文、德文四门，每门学生以三十名为额，四门约共一百二十名人”,① 办学五年后，增加日文，人数仍然限定在30人。在各语种人才培养上，自强学堂保持各语种学习人数一致，不偏不倚。洋务外语学堂如此多语种的人才培养规模，即便是在今天的大学外语人才培养中，也可以算得上语种齐全的外语教育机构。这说明晚清负责对外交涉主管部门——总理衙门，是站在国家储才的高度，以备对外交涉需要，来统筹各语种人才的培养，这于当今中国外语语言规划依旧可资借鉴，意义深远。

光绪三十一年(1905年)清政府成立统辖全国教育的行政机构——学部，此时京师同文馆等一批洋务外语学堂已经并入其他机构或另行裁撤，其中京师同文馆则已并入京师大学堂，更名译学馆。据《奏定学堂章程·译学馆章程》规定：“外国文分设英文一科、法文一科、俄文一科、德文一科、日文一科”，较之京师同文馆在语种设置上并无增加，译学馆学生人数定额为120人，但每年报考学生甚为踊跃“望门而求试者，率常达数千人”，但“择其尤颖异者而进之，大率数十人而得一焉”。② 可见到20世纪初，学习外国语言的学生积极性之高。根据《京师译学馆校友录》记载，译学馆在册的五级③学生共443人，其中英语专业学生166人，英语专业人数仍然占据近半壁江山。

(二)“中体西用”的知识结构体系

“中体西用”思想初现于冯桂芬的《校邠庐议》，系统于张之洞的《劝

① 高时良，黄仁贤．中国近代教育史资料汇编：洋务运动时期教育[M]．上海：上海教育出版社，1992：274.

② 刘焜．京师译学馆校友录序[M]//黎难秋．中国科学翻译史料．合肥：中国科学技术大学出版社，1996：163.

③ 注：译学馆学生分为甲、乙、丙、丁、戊五级。

学篇》。张之洞认为："四书五经、中国史事、政书、地图为旧学；西政、西艺、西史为新学。旧学为体，新学为用，不使偏废。"①在两者孰轻孰重的问题上只能以"中学包罗西学"，不能以"西学凌驾中学"。为更好地维护"中体"必须重视学生国学知识的学习；为更好地强化"西用"，又十分强调西语、西艺的教育。这一教育思想体现在外语人才培养上，就是以中国语文为本，以外文外语为用的原则，建构学生中西语言文化交融的完整知识结构体系。这一思想贯彻整个晚清时期外语人才培养过程。

以京师同文馆"八年制课程表"为例，翻译课程是其教学的最大特色所在，从首年的认字写字、浅解词句、讲解浅书开始，循序渐进，经公文翻译过渡，逐渐进入西书的翻译，由浅入深、由易到难，始终把外语学习放在首要位置，"至西语则当始终勤习，无或间断"。进入高年级后，则增开大量的自然科学和实用技术课程，诸如：格物、机器、化学、天文、测算等，这算是中国最早"外语+专业技能"的复合型人才培养模式雏形。将外语语言学习与专业课程学习紧密结合集大成者是福州船政学堂，作为近代中国最早开办的军事技术学堂，它是一所集外语语言学堂与军事技术学堂为一体的混合物，主要培养制造和驾驶专业人才，开设专业突出"技术性要求高、实践性要求强"的特点，决定了该学堂所造人才必须是外语语言与实用技术同时兼备的双料人才。学堂创办人左宗棠在其《艺学说帖》主张："大约艺事，以语言、文字、制造三者为要。能通中西语言文字，则能兼中西之长，旁推交通，自成日新盛业。"②因此，在课程设置上，船政学堂以近代科学技术知识为主，门类众多，范围宽广，但始终坚持外语语言与制造、驾驶专业并驾齐驱，大力引进法文和英文原版教材，采用法国和英国军校的教学模式，聘请洋教习开展全外文的教学和实训。

---

① 谢放．中体西用之梦——张之洞传[M]．成都：四川人民出版社，1995：364.

② 中国史学会．中国近代史资料丛刊：洋务运动：第5册[M]．上海：上海人民出版社，1961：205-206.

但西学始终只能为晚清政府"自强"与"求富"之用，要维护晚清政府的长治久安，还必须强调中国传统文化的"正统地位"，因此所有新式学堂，尤其是外语学堂，必须坚持"中学"的"扶植品范"功效和中西学之间互补兼容的内在需求。据同治二年正月(1863年3月)堂谕："本衙门设立同文馆，原为学习洋文，然必须通晓汉文者方能于洋文得力，汉、洋自应一体专心分学。"①可知，学堂办学之初就意识到培养学员汉语语言能力的重要性，为此专设汉教习一职，以中华传统文化经典"四书五经"为授课内容，夯实学员国学基础，强调"即使内外通贯，亦以娴其礼法，不致尽蹈外洋习气，致堕偏诐"，② 以期外国语言学习与汉语语言学习的互补与融合。而其他两所同文馆也以京师同文馆为范模，汉语课程亦在学生课程安排之列。湖北自强学堂则规定："学生有年齿稍长或已列胶庠，必已通晓儒书。每日除西学功课外，尽可自温旧业。"其在于"年齿稍稚、华文较浅之学生，另于该学堂设立华文教习，于西文之暇，课授儒学华文，并作论说，庶几中外兼通，不致忘本"。仿照北洋水师学堂拟定章程的珲春俄文书院则规定："开馆以来，三日中，二日习洋文，一日读汉文。"③再如京师大学堂奏定译学馆章程亦曰："设译学馆，令学外国语文者入焉，以译外国之语文，并通中国之文义为宗旨。"④因此在译学馆的五年学习课程体系中，每年均安排有"人伦道德"和"中国文学"这两门课程，前者每星期一个钟点，主要讲授宋元明国朝诸儒学案；后者每星期三个钟点，主要选读《古文渊鉴》及历代名臣奏议，兼习作文，借以提高学生道德素养、古文修养及写作能力。

---

① 中国史学会．中国近代史资料丛刊：洋务运动：第5册[M]．上海：上海人民出版社，1961：78.

② 朱有瓛．中国近代学制史料：第1辑：上册[M]．上海：华东师范大学出版社，1983：304.

③ 孙学雷．国家图书馆馆藏清代孤本外交档案：第23册[M]．北京：全国图书馆文献缩微复制中心，2003：9442.

④ 北京大学校史研究室．北京大学史料：第1卷1898—1911[M]．北京：北京大学出版社，1993：169.

晚清官办学校外语人才培养在强调外文学习的同时，注重中国传统语言文化的熏陶，从语言习得的角度看，自然有利于中外语言、文化的相互吸收融合，借以达到相得益彰的效果，是构建外语人才完整知识结构体系的必然之举，也是保存学习者固有民族性，而不至于全盘西化的必要手段。

（三）科举入仕与择优奖励的仕途规划

洋务外语学堂开办之初，即面临招生困难窘境：一是缘于晚清社会风气未开，与“夷人”打交道仍被视为不光彩之事，甚至被看成引诱子弟的邪门歪道；二是科举入仕仍旧被看作入仕的唯一正道，传统仕子对学习外语而仕途亨通之道心存疑虑。总理衙门为了解决学生的后顾之忧，安心学习，不致为前途所困，对学生仕途安排参照清初俄罗斯文馆“旧例”，决定给予外语学习成绩优异者仕途升迁和物质奖励。

据总理衙门《新设同文馆酌拟章程六条》第五条规定：“关于奖叙授官，每三年由总理衙门考试一次，优良者分授七、八、九品官，劣等者降革留学，凡已授七品官者如再考取一等，即授主事签分各衙门遇缺即补。”①同文馆保奏官职最初只有七、八品官，七品官连续两次大考一等者授予六品主事，相比俄罗斯文馆对初考者官阶授予只有“八品、九品”，八品官再考一等才授七品官，同文馆在授官待遇上优于俄罗斯文馆。同时，总理衙门将俄罗斯文馆五年一大考的规定改为三年一考，大大缩短了学生晋升的年限。随后开办的上海广方言馆在仿照京师同文馆基础上，对学生仕途升迁也作了明文规定。据《上海初次设立学习外国语言文字同文馆试办章程》第九条记载：

肄业生三年期满，能一手翻译西书全帙，而文理亦斐然成章者，由中西教习知照上海道，送通商大臣督抚衙门考验，咨明学政按照奏定章程作为附生，通商督抚衙门及海关监督应添设翻译官承办洋务，即可遴选成充，不愿就者听其精通西语西文，才能出众

① 苏精．清季同文馆及其师生［M］．台北：上海印刷厂，1985：14.

者，仍遵上谕由通商督抚专习奏保，调京考验，授以官职。其不能翻译全帙者，作为佾生，一体出馆。①

应总理衙门要求，在广东兴办的广州同文馆，于其《广东开设同文馆章程》第七条中规定：

同文馆肄业生以三年为期，能将西洋语言文字翻译成书者，分别派充将军、督抚、监督各衙门翻译官，准其一体乡试。其由翻译官出身者，以府经、县丞为升阶，旗员愿就武职者，以防御为升阶。②

地方性外语学堂多仿照同文馆给予相应奖励，珲春俄文书院“援照同文馆考取前列者给予优保”③，湖北自强学堂学生出路安排相对比较笼统——“上备国家任使”。相继出台的学堂章程虽以俄罗斯文馆为“旧例”，但总理衙门作出了适当的调整，调整后的仕途安排更加优厚，更具激励性。可见，身处内外交困下的晚清政府，可谓是求才(新式外语人才)若渴。

尽管新式外语学堂许以学生仕途优待，但科举入仕仍是当时主流。为扩宽学生仕途，总理衙门对学生仕途升迁采取“双轨制”，除择优奖励官阶外，学生还可以同时参加科举考试获得官衔。李鸿章在《请设外国语言文字学馆》中指出：“学成之后，送本省督抚考验，作为该县附学生，准其应试。”④总理衙门准许学生参加每三年一次的科举考试，中考者授予相应的功名，如光绪十三年(1887 年)，醇亲王奕譞就科举增

---

① 苏精．清季同文馆及其师生[M]．台北：上海印刷厂，1985：270.

② 苏精．清季同文馆及其师生[M]．台北：上海印刷厂，1985：271.

③ 孙学雷．国家图书馆馆藏清代孤本外交档案：第 23 册[M]．北京：全国图书馆文献缩微复制中心，2003：9558.

④ 舒新城．中国近代教育史资料：上册[M]．北京：人民教育出版社，1985：127.

设算学曾上奏："溯查同治五六两年，总理衙门奏请推广招考算学人员；又仿照粤省同文馆定章，三年学成后，八旗人作为翻译生员，准其翻译乡试兼文试，汉人作为监生，准其乡试，皆充补翻译官，均经奏奉谕旨允准。原冀诱掖奖励，开以进士之途，使之日起有功。"①据光绪二十四年(1898年)《同文馆题名录》记载，历年科甲人员名单如下：

乙亥恩科举人(1875年)四品衔户部员外郎恩裕

丙子联捷进士(1876年)五品衔吏部主事郭万俊

丁丑联捷进士(1877年)五品衔提督衙门委署主事长秀

己卯科举人(1879年)盐运使衔泰陵工部郎中(候选知府)恩光

庚辰联捷进士(1880年)世袭云骑尉四川(大竹县知县)玉启

癸未联捷翰林(1883年)二品顶戴记名知府翰林院编修前出使日本大臣汪凤藻

丙戌科进士(1886年)户部候补主事何文澜

戊子科副榜(1888年)八旗官学教习董钧

壬辰科传胪(1892年)翰林院编修吴筠孙

壬辰科翰林(1892年)山东武城县知县袁桐

光绪癸巳(1893年)恩科举人王泽沛

光绪癸巳(1893年)恩科翻译举人祺昌

甲午科副榜(1894年)同知衔分省补用知县周自齐②

由上可知，从光绪元年(1875年)到二十二年(1894年)近二十年间，共有十三名学生通过科举考试获得功名，其中传胪一名、翰林两名、进士四名、举人四名、副榜两名。从时间分布来看也比较平均，说明当时同文馆学生参加科举考试的政策比较稳定，与择优奖励官阶的政策并行

① 沈桐生．光绪政要：第13卷[M]．上海：崇义堂，1909：18.

② 高时良，黄仁贤．中国近代教育史资料汇编：洋务运动时期教育[M]．上海：上海教育出版社，2007：91-92.

不悖。

京师同文馆并入京师大学堂改为译学馆后，总理衙门对人才晋升方式再次作出调整。鉴于洋务外语学堂办学过程中，科举取士被许多学生视为正途，花费大量时间和精力准备科举考试，从而影响了学生外语学习的积极性，甚至影响生源质量。光绪二十九年(1903 年)管学大臣张百熙上奏提议，学生卒业后一体予以进士、举人、生员出身，得到了外务部的认可。于是在光绪二十九年(1904 年)制颁的《各学堂奖励章程》中专门列有《京师译学馆、外省方言学堂毕业奖励》实施条例："考列最优等者，作为举人出身，内以主事分部尽先补用，外以直隶州分省尽先补用……考列优等者人作为举人出身，内用内阁中书，外用知县中书……三年期满，比照同等各学堂教员优奖。考列中等者，作为举人，内以七品小京官分部，外以通判分省补用……本馆所习，皆交涉事宜，关系至重，年限亦多，故奖励宜较高等稍优。"①为防止部分学生仍沉迷于科举考试，不肯作罢，译学馆专门作出处罚规定："凡入学诸生，毕业后既优予出身，自不必再应科举。诸生投考时，应呈明'情愿不应科举'字样。凡遇科举年份，托故告假，即做中途废学，追缴学费。"②

由上可见，晚清政府在外语人才仕途规划上煞费苦心，采取多渠道、厚奖励的办法，适时调整政策，满足不同时期、不同地方人才发展要求。整体来看，这些政策和规定对规范晚清外语人才培养与管理是积极有效的，但也存在诸多弊端，在以下章节中，将专门论述晚清政府规划下外语人才培养的具体实施及功过是非。

① 璩鑫圭，唐良炎．中国近代教育史资料汇编：学制演变[M]．上海：上海教育出版社，2007：527-528.

② 朱有瓛．中国近代学制史料：第 2 辑：上册[M]．上海：华东师范大学出版社，1989：883-884.

第二章　晚清官办学校外语人才培养理念

人才培养理念，是人们对于人才培养活动的理性认识、理想追求及其所形成的人才培养思想观念，它具有导向性、前瞻性和规范性等特点。一定的行为总是在一定观念引导下采取某种活动方式而发生。考察晚清外语人才培养，首先需要理清人才培养背后所隐藏的人才培养理念脉络，人才培养模式的变化也多是缘于培养理念的嬗变而触发。晚清官办学校外语人才培养虽然是在西方坚船利炮逼迫下的不得已行为，也受到国内顽固势力的百般阻拦，但开启了近代中国新式人才培养的新历程，此后历经戊戌变法和清末新政的洗礼，官办学校外语人才培养理念和实践得以不断证实和演化。本章主要从近代早期有识之士“经世致用”人才观导引下外语专门人才培养理念的形成，洋务运动中后期洋务派“中体西用”人才观规范下复合型外语人才理念的产生，近代西方大学通识(才)教育理念引进后外语“通才”教育理念的推行三个方面，来考察晚清官办学校外语人才培养理念的形成与嬗变。

第一节　“经世致用”观下外语专门人才培养理念

人才需求总是与一定时期内社会环境的变迁紧密相关，因此人才培养理念通常带有与时俱进的时代特征，这在急剧动荡的晚清中国表现得更为明显。在中国历史上，不同利益阶层或群体都曾对时代提出不同的人才培养诉求，尽管他们对人才培养的规格要求主要集中在品德、知识和才能三大要素，但侧重点往往各有不同，即使是同一方面的要求，也常常在具体内容上存在较大差异。

一、“经世致用”人才观

明末清初及鸦片战争前后，中国社会动荡不安，“经世致用”之学曾两度兴起，且均形成了一定影响力的社会思潮。第一次思潮发起于明清之际思想家黄宗羲、顾炎武、王夫之等人。他们主张学习、征引古人的文章和行事，应以治事、救世务急，反对理学家不切实际的空虚之学，企图打破以道德品行作为人才衡量标准的传统模式，强调讲授实用知识技能和培养实用人才，发出培养多元化人才的新声。第二次思潮的代表人物有林则徐、龚自珍、魏源、冯桂芬、王韬、郭嵩焘等一批地主阶级改良派。他们或借经书的“微言大义”，或从实际出发，著书立说，关注社会问题，从政治、经济危机进而认识到人才危机，发表了许多有关“振作人才”的主张和见解。这些主张和见解构成晚清“经世致用”人才观的核心。

《辞源》中对“经世”解释为：“治理世事”；《辞海》解释为：“明清之际主张学问有益于国家的学术思潮”。综合理解“经世致用”，即指读书之人应关注社会现实，用个人之所学解决社会问题，以求达到国治民安的实效。这一治世思想反映了中国传统知识分子“以天下为己任”的入世情怀和讲求功利、求真务实的思想特征。晚清地主阶级改良派从“致用”的角度提出的有关新式人才培养的主张，其学术依据即“经世致用”。经世致用，亦称经世致用之学，形成于南宋时期，强调经书研究不能脱离现时的社会实际，其核心思想和基本主张：“在于使教育切合现实社会的实际需要，发扬实事求是的文风学风，以实学实用的知识技能，养成经世致用的人才。”①进入近代以来，随着西学的传入，民族危机的加深，“经世致用”人才观被赋予了新的时代内涵。首先，它呼吁世人要正视新的民族危机与社会矛盾，揭露传统人才培养的弊端及治世

① 余子侠．晚清经世致用教育思潮论析[J]．学习与探索，1997(6).

人才的匮乏；其次，它要求学以致用，知行合一，改革人才培养的内容和方式，鼓励士人走出故纸堆，关注社会现实；再次，鼓励学校培养多样化人才，不拘一格降人才，改革考试内容和选拔方式；最后，倡导学习西方先进文化和技术，达到“师夷长技以制夷”的目的。

晚清科举选拔人才的模式已经弊端丛生，其教学内容空疏无用、形式专制单一，且考风日益腐败颓废，以致治世人才严重匮乏。代表更为先进生产力和文明的西方列强利用自身政治、经济、军事上的优势，在中华大地上肆无忌惮，纷纷对中国采取弱肉强食式的侵略与掠夺。此时，晚清政府既无能力也无能人能够力挽狂澜，挽救民族危亡。千百年来所沿袭的科举道路：研读四书五经——科举考试选拔——封官任职，以培养内圣外王和全知全能的“通才”，其弊端逐渐为有识之士所看破，他们对科举选才的模式进行了深刻的批判与反思。林则徐等近代有识之士鉴于治世之才的严重匮乏局势，希望朝廷“振作人才”，把人才视为兴国安邦大事，将人才的有无与社会政治、经济的兴衰紧密相连；龚自珍则发出“我劝天公重抖擞，不拘一格降人才”的旷世之音；继而，魏源分析了鸦片战争失败的原因，认为中国最大的问题莫过于内政不修、人才不竞，他极力强调人才要“革虚而之实”“以实事程实功，以实功程实事”，去人才之“虚患”，建议朝廷“不以工匠、舵师视在骑射之下，则争奋于功名，必有奇才绝技出其中”。① 这是近代最早提出将专门技能人才培养放入科举考试之列的言论，虽然最终未被采纳，但其思想对后世影响深远。此后，洋务派官僚们呈请朝廷在武试中增加水师一科，基本沿袭了魏源当年的言论。

晚清有识之士之中，抨击科举取士，并为新式人才培养提出种种改革举措且赋予近代意蕴的人物，首推冯桂芬和王韬。冯桂芬在提议改革八股取士制度上，建议朝廷开设特科以造就近代军事技术人才。他认为科举考试使人消磨于时文试贴等无用之学，所造人才也多是满口“伦常名教”，与国家急需的外交、语言、军事、技术等专门人才相去甚远。

① 中华书局编辑部．魏源集：下册[M]．北京：中华书局，1976：871.

因此提议“特设一科以待能者……聘夷人数名，招内地善运思者从受其法，以授众匠”。① 他大胆发出向“夷人”学习，以“夷人为师”的号召，主张社会应该分出一部分读书人，专门从事“制器”“尚象”职业，追赶西方先进技艺。冯桂芬所言“人无弃才不如夷”的“弃才”，指的就是“制器”“尚象”人才，然而这种人才在中国历来是被轻视的，技艺被视为“奇技淫巧”，不被儒者所为，而是工匠的行当，因而被排斥在正统儒学大门之外，“虽中才不屑为也”。冯桂芬从技艺制造层面发现晚清中国人才构成的缺陷和不足，由此主张“师夷”“驾而上之”，认为这才是真正的“自强之道”，这是对中国传统“君子不器”人才观的重要觉悟和突破。

如果说冯桂芬的功绩在于提出培养新型人才的种种建议，并对八股取士制度提出改革措施，那么王韬的功绩在于对“经世致用”人才观的内涵做出新的阐释。王韬认为，人才对国家民族发展的重要性是以承认人才的多样化、专门化为前提的。在他看来：“才有数等，有吏才，有将才，有匠才，有出使之才，有折冲御侮之才，有明体达用之才，有应急济变之才。”②所有这些人才因知识构成不同而有别于传统意义上的“通才”，而是“专治一经，专学一事”，王韬主张根据人才不同特点和专长，区别对待，“用之必各当其才，而后才乃见”“因才器使，靡有或遗”。③ 通过培养不同专业的人才，因材适用，让他们在各自领域发挥专长，必然对晚清中国正在进行的自强运动助益匪浅。

王韬的人才观克服了传统人才观浓厚的道德主义取向。在传统道德主义盛行的晚清，他更加重视专门人才所具有的实用功利价值：“所以甄别人才者，直言极谏，舆图象纬，一切专求乎实用。”④他认为一个人的才能和道德可能存在不一致，但这决不能成为否认这个人才能的借口和其有利于国民生计的历史功绩。“以有用之心思，施之于有用之地，

① 冯桂芬．校邠庐抗议[M]．上海：上海书店出版社，2002：50.
② 王韬．弢园尺牍续钞：卷3[M]．1889年铅字本，第7页。
③ 张海林．王韬评传[M]．南京：南京大学出版社，1993：331.
④ 王韬．弢园尺牍续钞：卷3[M]．1889年铅字本，第49页。

日事讲求富强之效”①，是王韬一贯坚持的人才标准。王韬曾经亲眼看见西方国家凭借各类专门人才走向富强，因此，他孜孜不倦地呼吁培养专门人才，认为中国之所以积贫积弱正是由于晚清中国在经济、军事、科技等一系列领域的专门人才匮缺，他曾经痛心地写道：

> 船坚、炮厉、兵足，而不得其人，则有船与无船同，有炮与无炮同，兵足与不足同……欲务海战，必求其人。②
>
> 今天下要务莫急于理财，诚所以培国本厚民生而立富强之基者也。顾理财尤以得人为先。当此时事日艰，强邻四逼……国家因此许民间肄习西学，仿效西法，枪炮船舰，开矿织布，咸思次第施行，而卒未全收夫实效何也，是岂宜于泰西而不宜于中国哉？盖中国有泰西之法，而无泰西用人之法也。③

显然，王韬把专门人才视为自强求富等活动成功的关键因素，重视多样化专门人才是王韬人才观的一大特点，是对提倡“君子不器”的儒家道德主义人才观的否认，标志着晚清多元化专门人才观的萌芽。

进入晚清，弊端丛生的科举制度受到“经世致用”改革思想家的猛烈抨击，他们从不同侧面提出了自己对教育改革、人才培养的思想理念。在晚清国力式微、民族危机日益加深历史背景下，他们提出培养多样化“经世致用”专门人才观，为晚清官办学校培养各类新式人才打下了一定舆论和思想基础。

二、外语专门人才培养理念

有了对专门人才重要性的深刻认识，必然出现呼吁培养此类人才的声音。王韬看到欧美、日本等国家开设各式各类新式学校，用以培养各

---

① 王韬．论中国煤铁之富美国金银之富[J]．万国公报，1893(57).

② 王韬．救时刍议下[J]．万国公报，1892(44).

③ 王韬．论宜得人以理财[J]．万国公报，1892(46).

类专门人才，走上了近代化强国之路，环顾中国现状他发出如此感慨：

中外语言文字，迥然各别，彼处则设有翻译官员，及教中之神父、牧师，效华言，识汉字，留心于我国之政治，于我之俗尚、风土、山川、形势、物产、民情，悉皆勒之成书，以教其国中之民。而向时中国之能操泰西言语，能识英人文字者，当轴者辄深恶而痛嫉，中国文士亦鄙之而不屑与交，而其人亦类多赤贫无赖，浅见寡识，于泰西之政事得失、制度沿革，毫不关心。即有一二从其游者，类皆役于饥寒，仰其鼻息，鲜有远虑，足备顾问……通商十余年来，无能洞悉其情状、深明其技能……一旦交涉事起，局促无据，或且动援成例以为裁制，此事之所以多决裂也。如是则谓中国之无人才也可。①

缘此，他为清政府设计了一套兴学方案：“每省每郡每州每邑，由国家设立文武学塾，以为训习储才之地。”②“学校书院之设，当令士子日夜肆习其中，必学立艺成而后可出也。其一曰文学……其二曰艺学……文艺两端，皆选专门名家以为之导师，务归实用，不尚虚文。”③其中对外语人才的培养建议：

国家亦当于各口岸设立译馆，凡有士子及候补人员愿肄习英文科，听入馆中，以备他日之用。果其所造精深，则令译西国有用之书。西国于机器、格致、舆图、象纬、枪炮、舟车，皆著有专书，以为专门名家之学，苟识其字、通其理，无不可译。如此，则悉其性情，明其技巧，而心思材力之所至，何不可探其秘钥哉？将见不十年间，而其效可睹矣。④

① 王韬．弢园文录外篇[M]．上海：上海书店出版社，2002：25.
② 王韬．弢园尺牍续钞：卷8[M]．1889年铅字本，第16页。
③ 王韬．弢园文录外篇[M]．上海：上海书店出版社，2002：31-32.
④ 王韬．弢园文录外篇[M]．上海：上海书店出版社，2002：26.

王韬对晚清国人中缺乏熟悉西方社会风土国情，且不屑与之交往的现状深感遗憾，反观来华西方人对我国语言、政治、风土人情了如指掌，如此强烈反差不得不让他如坐针毡。在他看来，培养翻译人才，译介西方书籍，了解西方世界不可不为自强求富当务之急。

郭嵩焘也有同样感触："今英夷鸮张于南，俄夷桀骜于北，中国情形虚实，皆所周知，无复顾忌。而通市二百余年，交兵议款又二十年，始终无一人通知夷情，熟悉其语言文字者。窃以为今日御夷之窍要，莫切于是。"①知己知彼才能百战不殆，郭嵩焘上奏朝廷，在其《请广求谙通夷语人才折》中建议："饬令江广督臣、黑龙江将军、库伦办事大臣，推求此等人才，资送入京，命理藩院岁黼银数千两，给之薪米，使转相传习。"②他建议从与洋人交涉较多的地区选送熟悉外国语言文字人才，送入京师，给予薪资，培养外语语言人才。郭嵩焘应该算是晚清洋务大臣中第一个提出在京师培养外语语言人才的洋务官员。

相比王韬、郭嵩焘而言，近代早期资产阶级改良派代表人物郑观应不仅强调翻译人才对西学译介的重要性和紧迫性，他更进一步提出了培养翻译人才的具体举措。郑观应有关翻译人才培养思想的形成与其少年时代学习英语的经历密切相关，咸丰十年(1860年)郑观应就进入英国人傅兰雅开办的英华书馆夜校学习英语，尽管"只读英文两年"，但因他深知学习外语的重要性和实用价值，出校后他成为一个精通英语的买办，同时对西方政治、经济等领域产生了浓厚兴趣。

鉴于时人"用力于科举之学，而无暇顾及于洋文，或视洋文为异端而不屑考求"③的迂腐之见，郑观应认为："当今之世，重译四至，无论西学不能不讲，即华洋交涉之事，亦日多一日。官、商苟不明西文，

① 宋原放．中国出版史料：近代部分：第1卷[M]．汪家熔，辑注．武汉：湖北教育出版社，2004：28.

② 宋原放．中国出版史料：近代部分：第1卷[M]．汪家熔，辑注．武汉：湖北教育出版社，2004：28.

③ 夏冬元．郑观应集：上册[M]．上海：上海人民出版社，1988：285.

安能周旋于其间哉？”①因此，他提出首先应该设立书院培养懂西文人才：“欲作人才，先觇养教……省会除小学堂外，各设书院……须先通中西文字，以翼渐开风气，实力研求。”②其次，学院开设的文学可分为六科，其中“言语科”，“凡各国语言文字、律例、公法、条约、交涉、聘问之类皆属焉”。③ 再则，中西语言文字难易有别，需区别对待。

> 虽然，中国文字以象形、谐声、会意为主，而西文则源出于拉丁文字，即古罗马国字也。考其成字之法，用二十六字母相并成声，可以千变万化，至于无穷。天下万事万物，皆赖此二十六字母书之。其连合之法，或二三字，或五六字，间有七八字至十余字者。于是以其连合之字而调音，定音而成言，积言而成句，又可审其音而成新字……然以中、西之字较其难易，则华字难而西字易。何也？华字一字一音，而书法又各自不同。西字则只此二十六字母，其声音亦不出二十六字之范围。华文自上而下，笔画不能相连，西文则自左达右，一字可以一笔书成。华文与言语决然不同，而西文之浅者即言语也……可知中西人非智愚之有殊，实文字之有难易也。④

接着，他强调外语翻译人才培养必须兼顾中文学习：“为翻译者，尤须中西文理俱优，方能融会贯通。若蹈浮薄少年之习，略识西文西语，便栩栩然夸耀于世，以为中国文字学问不足学，不必知，弃若弁髦，视同疣赘，则非余之所敢加也。”⑤最后，外语人才培养年龄不宜过

① 郑观应．盛世危言[M]．辛俊玲，评注．北京：华夏出版社，2002：117.

② 夏冬元．郑观应集：上册[M]．上海：上海人民出版社，1988：106.

③ 璩鑫圭，童富勇．中国近代教育史资料汇编：教育思想[M]．上海：上海教育出版社，2007：83.

④ 郑观应．盛世危言[M]．辛俊玲，评注．北京：华夏出版社，2002：115-116.

⑤ 郑观应．盛世危言[M]．辛俊玲，评注．北京：华夏出版社，2002：117.

小，也不宜过大："过稚则气质易染，过长则口音难调""小学堂为本国通用之学而设，故不及外国文字功课。其欲子弟大成者，则有中学堂与博通学在。"①因此，外语人才培养，"学徒选自十五岁以上二十岁以下，已通中、外文理者，就其性之所近，专习一艺、以三年为期"②比较合适。

晚清中国一批走在时代前列的有识之士，面对民族的危亡，国力式微，纷纷从开办新式教育和"兴人才"的角度发表对中西之学的看法，主张从器物层面开始学习西方"致用"之学，以传统"经史"之学为出发点，将此作为培养近代专门性人才的理论和历史依据。外语翻译人才作为晚清专门人才培养的重要组成部分，承担着引进西学和推进中外交流的重任，自然成为晚清政府首先培养的一批专门人才，这既是时代的需要，亦是晚清有识之士奔走呼喊的结果。

第二节　"中体西用"观下复合型外语人才培养理念

一、"中体西用"人才观

"中学为体，西学为用"教育思想简称"中体西用"，这一思想萌芽最早见于冯桂芬的《校邠庐抗议》："以中国之伦常名教为原本，辅以诸国富强之术。"这种"本辅说"可以看作晚清"中体西用"观的雏形。此后，近代早期资产阶级改良派人物们发表了一系列有关"中学"与"西学"关系的学说。王韬认为中学为"道"，西学为"器"，"器则取诸西国，道则备自当躬。"③郑观应则强调中学为"本"，西学为"末"，学校是培养人才的地方，人才乃是国势强盛所在，西方各国之所以强，强在西学，并

① 郑观应．盛世危言[M]．辛俊玲，评注．北京：华夏出版社，2002：108.
② 郑观应．盛世危言[M]．辛俊玲，评注．北京：华夏出版社，2002：127.
③ 王韬．弢园文录外篇[M]．北京：中华书局，1959：323.

非人强于中国，因此要与西方列强竞争，并非在枪炮战舰的竞争，而是“强在学中国之学，而又学其所学也”①。在其《盛世危言》“西学”篇中，他进一步分析认为：“格致、制造等学，其本也(各国最重格致之学，英国格致会颇多，获益甚大，讲求格致新法者约十万人)，语言文字，其末也。合而言之，则中学其本也，西学其末也。主以中学，辅以西学。知其缓急，审其变通，操纵刚柔，洞达政体。教学之效，其在兹乎!”②此时，洋务派及资产阶级改良派人物逐渐认识到西方的强大在于其培养了数以万计掌握西方科学技术的人才，中国人并非弱于西人，只要我们掌握了西方先进科学技术，同样可以国富民强而比肩列强。

在李鸿章的支持下，冯桂芬主持的上海广方言馆开始全面实施“采西学”的构想，以“求博通西学之才，储以济变”。在课程设置上，学堂除聘用中外教习教授西文、经史课程外，十分重视算学教学，较京师同文馆，上海广方言馆更早开设算学一科，由此将单一语言人才培养扩充到语言兼西学人才培养。继冯桂芬之后，在人才培养的实践层面，王韬进一步发展博采“西学”的思想。王韬曾担任墨海书馆中文编辑达十七年之久，同时又亲身游历欧洲二十八个月，可能是近代第一位“既受过中国经典训练，又在西方度过一段有意义时光的中国学者”③，对西方科学技术的了解更加全面而深入，因而能够更加准确地理解先进的科学技术与国家强盛之间的内在逻辑关系。所以他在光绪十一年(1885年)担任上海格致书院山长一职后，即明确提出其办学宗旨在于传授西方科学技术知识，以激发中国知识分子和普通民众学习西学的热情。该书院教学，“自西国语言文字外，教以格致诸端”④，专讲外语和自然科学。这与传统旧式书院授“文”不授“艺”、授“中”不授“西”的教学内容大相径庭。虽然王韬主持的格致书院规模不大，持续时间不长，但在理论和

① 璩鑫圭，童富勇．中国近代教育史资料汇编：教育思想[M]．上海：上海教育出版社，2007：89.

② 郑观应．盛世危言[M]．辛俊玲，评注．北京：华夏出版社，2002：112.

③ 柯文．在传统与现代之间[M]．南京：江苏人民出版社，1994：65.

④ 王韬．弢园尺牍续钞：卷五[M]．1889年铅字本，第16页。

实践层面进一步推进外语语言与自然学科的相互融合，为探索复合型外语人才的培养，提供了可以资鉴的教育模式。

“中体西用”集大成者当属洋务派后期首领张之洞。他将“经世致用”的思想进一步扩充演绎，西学内容大大超过前人。“中体西用”虽以“中学为体”，但其着重点在提倡“西用”，在不伤及晚清政体根本的前提下，提出“择西学之可以补吾阙者用之，西政之可以起吾疾者取之”①，较好地协调了中学和西学的关系。他在《劝学篇·设学》中详细地阐述了二者的关系和内容：“新旧兼学，四书五经。中国史事、政书、地图为旧学，西政、西艺、西史为新学，旧学为体，新学为用，不使偏废。”②综合言之，即以“中学治身心，西学应世事”的立场，可以看出此时张之洞已经将洋务之初对西方器物的学习，进一步扩大到对西政、西艺和西史更为广阔的领域。在“中体西用”思想观指导下，张之洞办学尽管十分强调学生封建传统道德品质的培养，但在时局紧迫、国家危亡之际，他又不得不更加重视人才的实用性才能。张之洞所急于培养和网罗的人才，并非传统意义上的“贤良方正”，而是掌握西方新学的“致用”人才。如此人才，既能在思想情感上效忠于清廷，又具有为朝廷效力的真实才能。

戊戌维新时期，维新派人物薛福成认为：“所谓才者何常？时方无事，则以黼黻隆平为贵；时方多事，则以宏济艰难为先。夫道德之蕴，忠孝之怀，诗书之味，此其体也。而论致用于今日，则必求洞达时势之英才，研精器数之通才，练习水陆之将才，联络中外之译才。”③身为顽固派阵营代表人物文悌，在《严参康有为折稿》中也赞同“中体西用”的观点：“必须修明孔孟程朱、四书五经、小学性理诸书，植为根底，使人熟知孝悌忠信、礼义廉耻、纲常伦纪、名教气节以明体，然后再学习

① 张之洞．劝学篇[M]．李凤仙，评注．北京：华夏出版社，2002：59-60.
② 张之洞．劝学篇[M]．李凤仙，评注．北京：华夏出版社，2002：94.
③ 薛福成．薛福成选集[M]．上海：上海人民出版社，1987：501.

外国文字、语言、艺术以致用。”①光绪二十二年(1896 年)八月，工部尚书孙家鼐在《议复开京师大学堂折》中建议：“今中国京师创大学堂，自应以中学为主，西学为辅；中学为体，西学为用；中学有未备者，以西学补之；中学有失传者，以西学还之；以中学包罗西学，不能以西学凌驾中学。”②光绪二十四年(1898 年)，盛宣怀在《筹集商捐开办南洋公学折》中提到“西学为用，必以中学为体”③。梁启超参与制定的《京师大学堂章程》也讲道：“中学体也，西学用也。二者相需，缺一不可。”④可以看出，整个晚清时期，“中体西用”教育观得到了清廷统治阶层和资产阶级改良派的一致认同，随着对西学认识的深入，“中体西用”观得以不断演绎深化，成为洋务运动以来晚清教育变革的纲领性文件和指导思想。

洋务派与维新派所要培养的是一个融合中国传统道德与西方新学为一体的复合人才，相比洋务运动初期经世致用人才观，他们更加倾向从“西学”中而不是在“经史”里去寻找治世的实用性知识和本领，虽路径分殊，但两者最终目的一样。相较于洋务派，维新派的人才培养理念更加开放，更具有时代性。

二、复合型外语人才培养理念

“从外语来说，复合型人才主要是指具备掌握了两种专业实用技能的人才”⑤，从实践层面看，复合型人才应该具备“以应用能力为抓手，

① 杨家骆．戊戌变法文献汇编：第 2 册[M]．台北：鼎文书局出版，1973：485.

② 朱有瓛．中国近代学制史料：第 1 辑：上册[M]．上海：华东师范大学出版社，1983：624.

③ 舒新城．中国近代教育史资料(上册)[M]．北京：人民教育出版社，1961：153-154.

④ 陈旭麓．陈旭麓文存[M]．上海：上海人民出版社，1990：279.

⑤ 戴炜栋，胡文仲．中国外语教育发展研究(1949—2009)[M]．上海：上海教育出版，1999：2.

突出实用性与即时性”①的素质特点。随着晚清政府涉外事务的日益增多，洋务事业进一步发展，单纯培养外交翻译人才不足以应对洋务事业发展的需要，洋务派逐步认识到仅仅停留在“西技”层面还不足以“以夷制夷”，全面地“采西学”，培养博通西语、西艺的复合型人才，才是正确的自强求富之道。

晚清率先发出“采西学”时代强音的冯桂芬，在《采西学议》中详细论述了发展外语教育和培养本土外语人才的思想：“今欲采西学，宜于广东、上海设一翻译公所，选近十五岁以下颖悟文童，倍其廪饩，住院肄业，聘西人课以诸国语言文字，又聘内地名师课以经史等学，兼习算学。”②可见，“中体”和“西学”的思想通过课程的设置得以实现。除了学习西方语言文字外，同时他认为：“一切西学皆从算学出，西人十岁外无人不学算。”③因此，他建议在创建新式学校，培养新知人才时，教学内容较京师同文馆开办之初单纯语言教学应有所不同，更加重视“算学”等西学内容。在他看来：“学好算学，方可旁及西洋重学、视学、光学、化学、历法等格致诸科。”④在冯桂芬的建议下，李鸿章于同治二年(1863年)上奏请求仿照京师同文馆在上海开办广方言馆，即委托冯桂芬手订《试办章程十二条》，其中明确规定：“西人制器尚象之法，皆从算学出，若不通算学，即精熟西文亦难施之实用。凡肄业者，算学与西文并须逐日讲习。”⑤历经天文算学之争的京师同文馆也于同治六年(1867年)增设天文算学馆，此后西学课程逐步扩充到天文、化学、算学、法学、医学等西方科学技术领域和层面，由此同文馆开始由单一外语语言人才培养的学校，发展到培养外语语言兼专业技术的复合型外语

① 戴炜栋．关于面向21世纪培养复合型高级外语人才发展战略的几个问题[J]．外语界，1999(4)．

② 冯桂芬．校邠庐抗议[M]．上海：上海书店出版社，2002：149.

③ 冯桂芬．校邠庐抗议[M]．上海：上海书店出版社，2002：149-150.

④ 田正平．中国教育史研究：近代分卷[M]．武汉：华中师范大学出版社，2009：321.

⑤ 朱有瓛．中国近代学制史料：第1辑：上册[M]．上海：华东师范大学出版社，1983：217.

人才学校。

就在同文馆突破外语专门人才培养局限，试图造就外语兼西学的复合型外语人才之际，另一所在中国教育近代化过程中起着重要影响的新式学堂——福建船政学堂(初名求是堂艺局)在同治五年(1866年)底开办招生。这所新式学堂由闽浙总督左宗棠奏准创办，隶属于福州船政局，其办学目标是培养科技人才，具体来说是培养轮船设计、制造和驾驶人才，但学习这些技艺之前，左宗棠认为："艺局之设，必学习英法两国语言文字，精研算学，乃能依书绘图，深明制造之法，并通船主之学，堪任驾驶。"①通过"选少年颖悟子弟习其语言、文字，诵其书，通其算学，而后西法可衍于中国"②。左宗棠开办学堂之初就已经认识到语言、算学作为通往驾驶、制造之路的基础性作用，因此强调人才培养首先从英法两国语言及算学开始，尔后逐步深入，达到英法语言学习与专业学习的融合。正如他在《艺学说帖》中所强调："大约艺事，以语言、文字、制造三者为要。能通中西语言文字，则能兼中西之长，旁推交通，自成日新盛业。"③他将语言、文字与制造相提并论，认为学好中西语言文字则能够触类旁通，达到中西兼备的人才培养效果。船政学堂将外语与专业合二为一，很好地解决了"专业人员不懂外语，外语人员不懂专业"的难题。其所造就的外语兼专业的复合型人才，不仅推动了晚清军事技术的发展，同时也为外语教育事业输入了一批复合型外语人才。

开办于洋务运动后期的湖北自强学堂，以"不尚空谈，务求实务"为宗旨，分方言、算学、格致、商务四门，而四门之中方言是"一切西学之阶梯"。学堂开办人张之洞首先肯定了通晓外语语言的重要意义："知中不知外，谓之聋瞽。夫不通西语，不识西文，不译西书，人胜我

① 参见《左宗棠全集(第4册)》. 湘阴左氏光绪丁酉冬月校刊，第2848页。

② 左宗棠. 详议创设船政章程购器募匠教习折[M]//陈学恂. 中国近代教育史教学参考资料：上册. 北京：人民教育出版社，1986：70.

③ 中国史学会. 中国近代史资料丛刊：洋务运动：第5册[M]. 上海：上海人民出版社，1961：205-206.

而不信，人谋我而不闻，人规我而不纳，人吞我而不知，人残我而不见，非聋瞽而何哉!”①继而又强调：“讲求各国语言文字之意，在于培植志士，察邻国之政，通殊方之学，以期共济时艰，并非欲诸生徒供翻译之用。”②单一的翻译人才培养不是自强学堂人才培养的最终目标，通晓语言同时懂得西方政治和科学技术知识才是其真正追求的济世之才。在《招考自强学堂学生示并章程》中，张之洞进一步分析：“自强之道，贵乎周知情伪，取人所长，若非精晓洋文，即不能自读西书，若不能多读西书，必无从会通博采。”③在他看来，学习外语一技之长旨在更有效地学习西方科学技术知识，“造就通材，所期远大”④。张之洞将外语语言不仅仅看作一门对外交涉的工具，更是认识和研究西方国情的必然途径和必要手段。只有掌握和有效使用西方语言“长技”，才能进一步融会贯通西方的先进科学技术乃至“西政”，借以发展本国的政治、经济和军事实力，达到抵御外侮的目的。

此外，张之洞十分重视外语教师人才的培养。日益兴起的新式学堂需要大量具有全新知识结构体系的教师，而外语教师尤为紧缺。他多次强调：“振兴教育，必先广储师资。师资不敷，学校何以兴盛?”由于大量西学课程都采用外文原版教材，因此需要大批通晓外语语言与西学的教师。尽管新式学堂已经聘用了大量洋教习，在张之洞看来，这一做法一则无法满足日渐兴盛的专业外语教学需求，二是他并不十分看好洋教习的教学成效。他认为延聘洋教习“有二弊”：

> 师生言语不通，恃翻译为枢纽。译者学多浅陋，或仅学其语而不能通其学，传达失真，毫厘千里，其不解者，则以意删减之，改

① 陈福康．中国译学理论史稿[M]．上海：上海外语教育出版社，2000：80.

② 张之洞．札蔡锡勇等改定自强学堂章程[M]//陈山榜．张之洞教育文存．上海：人民教育出版社，2008：131.

③ 张之洞．招考自强学堂学生示并章程[M]//高时良，黄仁贤．中国近代教育史资料汇编：洋务运动时期教育．上海：上海教育出版社，2007：273.

④ 高时良，黄仁贤．中国近代教育史资料汇编：洋务运动时期教育[M]．上海：上海教育出版社，2007：272.

易之。此一弊也。即使译者善矣，而洋教习所授，每日不过两三时，所教不过一两事。西人积习，往往故作迟缓，不尽其技，以久其期，故有一加减法而教一年者矣。即使师不惮劳，而一西人之学，能有几何？一西师之费，已为巨款，以故学堂虽建，迄少成材，朱子所谓无得于心而所知有限者也。此二弊也。前一弊学不能精，后一弊举不能多。至机器制造局厂，用西人为工师，华匠不通洋文，仅凭一二翻译者，其弊亦同。①

张之洞认为外语教育的质量取决于外语教师的水平高低，最好的外语教习应该是中西结合，特别是能够从事双语教学的教师。在当时办学资金和教习都奇缺的条件下，培养双语教习最理想的途径就是出洋留学，留学教育是培养外语教师人才，了解西方文化、探求西学之路的捷径。因此，他在立足本国师范学堂外语师资培养同时，主张多派遣学生出洋留学，借以弥补国内外语教师人才培养的不足，而选派学生出国尤重学习师范：“目睹外国教习如何教，生徒如何习，管理学堂官员如何办理……学成后回国，开办学校功效颇大。”在他看来：“出洋一年，胜于读西书四五年……入外国学堂一年，胜于中国学堂三年，此孟子置之‘庄岳之说也’。”②在他看来，出国留学生不仅可以学习西方语言文字和先进的科学技术，还可以借鉴西方的先进教材、教法及教育管理经验，对短时间内提高本土新式学堂办学质量和效率起到立竿见影的功效。

作为近代中国转型或过渡时期的重要人物，冯桂芬、李鸿章、张之洞等一批改革家敏锐地认识到，原封不动地保存“中学”是无效的，全盘排斥否定“西学”也是迂腐的。经过慎重选择与不断斗争，他们找到了一条以“中学为体，西学为用”的改革指导思想，倡言外语教育和留学教育以培育“会通中西”济世人才的道路。这条道路符合当时中国国

① 张之洞．劝学篇[M]．李凤仙，评注．北京：华夏出版社，2002：100.
② 张之洞．劝学篇[M]．李凤仙，评注．北京：华夏出版社，2002：88.

情和统治阶级利益，对中国近代大面积开展外语教育、培养新式人才起到积极的推动作用。

第三节 从“会通中西、体用并举”到外语“通才”教育理念

发轫于19世纪60年代的“中体西用”思想，作为洋务运动时期新式人才培养的指导方针，对突破封建传统人才观的束缚、接纳西方近代教育思想起到一定的积极推动作用；但发展至19世纪90年代，这种思想已不再是当时先进的知识分子培养新“知”人才、争夺舆论阵地的主要武器，而蜕变成为顽固守旧势力用以巩固中国传统文化教育的思想工具。

一、近代通才教育思想的萌芽：“会通中西、体用并举”

由康有为、梁启超发起的维新变法运动，将“育人才”置于优先考虑的地位，变法能否成功，人才是首要因素。正如康有为所言：“今变法之道万千，而莫急于得人才。”康有为所倚重的人才，并非清政府所重用的只会泥古读经的庸儒，而是“通训诂名物，习绘图算法，识中外地理，古今史事”①，既懂中学，又通西学、“明中通外”的“通才”。他认为“中学”，就是“中国文学”，包括四书五经、历史、“先圣孔子之教”，这是“正学”，不能废弃。对于西学，康有为认为是“智学”“实学”“有用之学”，“其于立国育才，所关至大”②。他极力主张通过广开学校、派游学、译西书，学习外国政治、外交、法律、军事、经济、制造、开矿、筑路等各类实用学问，并期望“天下士人皆通西学”，百万学人“人人能解”西学，那么“成才自众”，可供国家之用。总之，在他

① 康有为．变法以致升平—康有为文选[M]．谢遐龄，编选．上海：上海远东出版社，1997：301．

② 汤志钧．康有为政论集：上册[M]．北京：中华书局，1981：271．

看来，所谓人才培养应该“内讲中国文学，以研经义、国闻、掌故、名物，则为有用之才；外求各国科学，以研工艺、物理、政教、法律，则为通方之学。”①因此，培养“会通中西，体用并举”的新式人才，成为康有为理想的人才培养目标。

梁启超十分赞同导师康有为“会通中西、体用兼备”的人才培养理念，在此基础上他进一步阐释了培养此类人才的内容及方法。他坚持先中后西的“阶段论”方法，主张“以数年之力，使学者于中国经史大义，悉已通彻，根柢既植，然后以其余日肆力于西籍，夫如是乃可为之学”②。根据学科性质，梁启超将学习内容分为“普通学”和“专门学”两大类，无论学校教育或是个人研修，必先学习普通学而后研究专门学。普通学包括伦理、汉文、外国语、历史、地理、数学、物理、化学、博物、法制、经济；专门学包括政治、经济、法律、哲学等专门学问。他认为普通学是人人所必读，但有轻重之分，视个人将来所从事的专业而定。梁启超所列普通学科目既包括了中国传统文化知识内容，也包含了西方近代社会自然科学科目。他的“会通中西、体用兼备”的人才培养思想已经与西方近代通才教育思想内容相近，一脉相承；而梁启超的贡献“亦在于将西学(包括西方教育学和通才教育的精神)引入中国，从而一举突破了囿于中学的传统教育范畴的通才概念”③，进而使得中国的通才教育思想与近代世界潮流相汇合，而进入全新的境界。

光绪二十四年(1898年)，康有为、梁启超以日本学制和西方国家学制为基础，起草了《总理衙门奏拟京师大学堂章程》。其中进一步对“专门学”和“溥通学”进行明确划分，认为西方学堂所读之书皆分两类：“一曰溥通学，二曰专门学。溥通学者，凡学生皆当通习者也。专门学

① 汤志钧．康有为政论集：上册[M]．北京：中华书局，1981：271.

② 梁启超．饮冰室书话[M]．周岚，常弘，编．长春：时代文艺出版社，1998：483.

③ 杨东平．通才教育论[M]．沈阳：辽宁教育出版社，1989：196.

者，每人各占一门也。”①学生只有完成溥通学后才可以进入“专门学”，选修其中一到两门。在这份奏折中，康、梁所提出的“溥通学”，不仅有西方近代大学课程，如政治学、外语、算学、物理学、地理学、体操等，还有中国传统学术科目，如经学、理学、中外掌故学和诸子学等。虽然二人由“溥通学”到“专门学”的人才培养思想后来并未在京师大学堂真正实施，但是为之后《壬寅学制》《癸卯学制》中“通才”教育培养目标的提出奠定了一定思想基础。

维新派在人才培养问题上主张中体西用、兼学中西的立场，与洋务派的主张基本一致，但又有所超越，所不同的是对所学西学内涵与中、西之学关系的解释差异较大。首先，维新派对洋务派“中体西用”观持批判态度。他们认为洋务派“中体西用”仍是“舍本逐末”，他们所开办的洋务学堂之所以没有培养出理想的人才，关键在于“言艺之事多，言政之事少”，而且“其谓艺者，又不过语言文字之浅，兵学之末，不务其大，不揣其本”②，因此“所成无几”。其次，以康、梁为代表的维新派所提倡的西学，除工艺外，还包括泰西各国的政治、法律、文学，并将此当作根本的学习内容。尽管张之洞所著《劝学篇》在关于“学堂之法约”五要中提到“新旧兼学”，“西政、西艺、西史为新学”，提倡“政艺兼学”，但从他所列“西学”的项目来看，不过是资本主义社会某些具体的规章制度，如教育、财政、法律、工商业等类，而排除了西方资本主义国家的政治制度。洋务派对待西学的方针是“中学为体，西学为用”，学习西学的目的是巩固封建君主专制制度，这与维新派所主张的“西学”有很大差别。维新派倡导的西学，不仅包括“西文”“西艺”，更重要的是学习“西政”，主张政艺兼学，政重于艺。出于为维新变法服务的考虑，维新派特别注重政治人才的培养，他们认识到要变法改良，只培养技术专业人才是不够的，更需要大批有维新变法思想，能管理国家事

① 北京大学校史研究室．北京大学史料：第1卷1898—1911[M]．北京：北京大学出版社，1993：82.

② 陈学恂．中国近代教育文选[M]．北京：人民教育出版社，1983：131.

务的“新人”，这种人才不仅具有真才实干和远见，还懂得西方政治和法律，即培养“讲求古今中外治天下之道”的治世之才。

> 启超谓今日之学校，当以政学为主义，以艺学为附庸。政学之成较易，艺学之成较难；政学之用较广，艺学之用较狭……今之中国，其习专门之业稍有成就者，固不乏人，独其讲求古今中外治天下之道，深知其意者，盖不多见，此所以虽有一二艺才而卒无用也。①

再次，在对待中学和西学的关系问题上，康有为强调“会通中西，体用并举”。他认为“中国人才衰弱之由，皆缘中西两学不能会通之故”“由科举出身者，于西学辄无所闻知，由学堂出身者，于中学亦茫然不解，非偏于此即偏于彼。”因此，他指出：“中学体也，西学用也，无体不立，无用不行，二者相需，缺一不可。”只有“泯中西之界限，化新旧之门户”，才能实现“体用并举，人多通才”②。

同时期的启蒙思想家中，至少还有两位在培养全面发展的人才上做出了颇具见地的分析。第一位是王国维，他在其于光绪三十二年(1906年)撰写的《论教育之宗旨》中指出：“教育之宗旨何在，在使人为完全人物而已。”完全人物意味着“体育、心育(包括智育、德育、美育)”四种教育的全面发展，即培养一种全面、和谐发展的人才。他把人的能力分为内、外两种：“精神之能力”为内在能力，“身体之能力”为外在能力。“完全之人物”就是身体与精神“无不发达且调和”的人。接着，他又把人的精神能力划分为“智力”“情感”“意志”三个组成部分，与此三者相对应的是真、美、善：“真者，智力之理想；美者，感情之理想；善者，意志之理想也。”他认为“完全之人物不可不备真、善、美三德”。

① 梁启超．饮冰室合集：三[M]．北京：中华书局，1936：3.

② 汤志钧．奏请经济岁举归并正科并各省岁科试迅即改试策论折[M]//康有为政论集：上册．北京：中华书局，1981：294-295.

“欲达此理想，于是教育之事起，教育之事亦分为三部：知育、德育(即意志)、美育(即情育)是也”①，即培养“完全之人物”的“完全之教育”必须有培养“智力”的智育、“意志”的德育、“情感”的美育，真正的人才只有在这几个方面都得到全面的发展，才能称之为“完全之人物”。

在智力上，王国维将知识分为两种，一种为理论知识，一种为实际知识。关于两者“发达之次序”，他认为“实际之知识常先于理论之知识”，“然理论之知识发达后，又为实际之知识之根本也”。具体而言：“一科学如数学、物理学、化学、博物学等，皆所谓理论之知识。至应用物理、化学于农工学，应用生理学于医学，应用数学如测绘等，谓之实际之知识”“理论之知识仍人人天性上所要求者；实际之知识则所以供社会之要求，而维持一生之生活”②。这里的实际知识即专门知识，是解决社会发展和人生活的必要技能；理论知识即通识，用于满足人的求知欲和提高内在需求，王国维认为通识乃是专门知识之根本。尽管王国维没有直接提出通才与专才之说，但他从对人的全面发展与生存需要出发，将西方通才教育理念结合中国传统道德要求，提出的精神与身体全面协调发展的学说，对民国时期高等教育领域通识教育理念的盛行不无影响。

严复对中西之学认识更为深入，超越了洋务派“中体西用”的经世人才观，也超越了其他维新派人物“会通中西、体用兼备”的政治人才观。他认为，时至今日，世人不能再把目标仅仅停留在对西方“船坚炮利”“铁甲利兵”的器物层面学习上，对西方的认识也不能局限于“兴学校”“广书院”的制度层面上；他强烈谴责那些对西学“仅得诸耳剽之余，于其实际，从未讨论”，而以名流自居的妄自尊大者，动辄“谓西学皆

① 王国维．王国维文选注释本[M]．姜东赋，刘顺利，选注．天津：百花文艺出版社，2006：208.

② 王国维．王国维文选注释本[M]．姜东赋，刘顺利，选注．天津：百花文艺出版社，2006：209.

中土所已有，羌无新奇”①；进而深刻阐明中学有中学的体用，西学有西学的体用，“分之则并立，合之则两亡”②。相比维新派将人才培养的希望寄托在自上而下的国家立法，模仿西方国家开办新式学校，以法令形式规定“子弟及岁不令就学，则罪其父母”，严复更加明确并强调：“今之教育……必将阔视远想，统新故而视其通，苞中外而计其全，而后得之。”③在他看来，现今的教育，需要在古今中外广阔的历史文化视域中展开，培养博古通今、学贯中西的人才。他在《〈原强〉修订稿》中提出：“夫人才者，民力、民志、民德三者之证验也。”④即教育的目的在于培养“德智体”三育并举的资产阶级自由公民，这是近代中国最早提出的真正近代化的人才培养目标。

晚清洋务派开办新式学堂所培养的是具备西方“制器之器”和外国语言能力的经世致用专门人才，维新派则更进一步提出将西方的“政事”纳入课程体系，培养变法图强的政治人才，追求“体用并举”，贯通中西的人才培养目标。但二者人才培养理念均未涉及人才培养中的身体教育，而且于“智育”尤其是“德育”方面依然没有脱离封建伦理道德体系的框架，在“中体西用”的总纲下，人才培养目标依然没能真正转向近代化。而严复的教育观和人才观已经完全突破了“中体西用”论的思想框架，拉开了由器物、制度层面向思想、文化层面过渡的历史帷幕。

二、外语“通才”教育理念

现代教育中所谓通才，即“通常指学识广博、具有多种才能之人”⑤，“从人才学、教育学的角度，则称横向型人才（all-round person），即知识面较广、发展较全面、活动领域较宽的人才”⑥。通才

① 王栻．严复集：第1册[M]．北京：中华书局，1986：2-3.
② 王栻．严复集：第3册[M]．北京：中华书局，1986：559.
③ 王栻．严复集：第3册[M]．北京：中华书局，1986：560.
④ 王栻．严复集：第1册[M]．北京：中华书局，1986：20.
⑤ 《辞海》编辑委员会．辞海[M]．上海：上海辞书出版社，1999.
⑥ 顾明远．教育大辞典[M]．上海：上海教育出版社，1998：1555.

教育(general education)作为一种教育思想、教育哲学和教育理论，直到20世纪才出现，它是针对因科学壁垒分明、日趋专门化而造成的专才教育(professional education)而提出的，目的在于“统一的知识”，与专业教育相比，通才教育更强调一般的、基础的、普通的知识教育，因此也被称为普通教育和一般教育。

中国古代高等教育虽然也蕴含着浓厚的通才教育精神和丰富的通才教育内容，但较之近代通才教育思想，其内涵和价值取向差异明显。中国传统教育的终极目标是培养具有完美人格、能施仁政的“士”“君子”和“贤人”，即内圣外王、全能全知的通才。孔子认为教育的目标不仅仅是确立“人之所以为人”的典范和确立人赖以安身立命的善良纯洁的君子道德，更表现为所谓“君子不器”“士先器识而后文艺”的思想。孔子并不排斥才识学问，只是在他看来，君子不应该专注于一技一艺的目标，而应立其大本，追求高于技艺学问之上的东西，即“器识”，养成“明人伦”和“修齐治平”德才兼备之才，最后达到统摄学问人生，明体通达，“己立立人，己达达人”的成效。古代中国尽管在很长一段时间内，科学文化技术诸多领域处于世界领先的地位，然而重道轻艺的教育思想将专门技术视为不能登大雅之堂的“淫巧奇技”，严重阻碍了科学技术的发展，使中国历来多文人学士而少专门名家。尤其是进入封建社会后的中国，随着独尊儒术、尊孔读经局面的定型，以及后来八股取士科举制度的日益完备，内圣外王、全能全知的人生理想追求逐渐沦为统治阶级挟持世人思想的魔咒，极大地腐蚀着中国传统学术与学风，使教育沦为科举取士的工具，并造就一代又一代皓首穷经而不通实务的腐儒。在如此教育体制下培养出的所谓“博学鸿儒”，在近代“通才”教育理念下只不过是通一经一术的“专才”而已。

中国传统教育自戊戌变法以来再次受到前所未有的冲击和挑战，这种冲击主要来自以西方学术与政治思想为武器，特别是西方人文主义思想和通才教育精神的渗透，深刻地影响着近代中国教育的发展。分别创办于光绪二十一年(1895年)和光绪二十三年(1897年)的天津中西学堂的头等学堂与南洋公学上院，是我国近代最早的大学雏形。中国第一所综合性大学、全国性最高教育行政机构京师大学堂，诞生于戊戌变法时期，是维新运动的产物，它的创办标志着中国近代高等教育制度的确立。光绪二十七年(1902 年)由张百熙拟定的《壬寅学制》，其中《钦定京师大学堂章程》开宗明义地提出：“端正趋向，造就通才，为全学之纲领。”①“通才”教育思想首次成为我国政府提出并颁布的大学教育宗旨。尽管《壬寅学制》出台时即被清政府以“不够充备”为由未能实行，但两年后颁行的《癸卯学制》，其中《奏定大学堂章程》沿袭了《钦定京师大学堂章程》，并在此基础上进一步强调：“以谨遵谕旨，端正趋向，造就通才为宗旨。”②《癸卯学制》的颁布及全国范围内实施，标志着我国近代学校教育初步进入制度化和系统化时期，通才教育成为新世纪人才培养所追求的新模式。通才教育理念主要通过三段式学制体系和高等学校院系及课程设置两方面得到体现和实施。《癸卯学制》的颁布不仅形成了初等、中等、高等三级学校相互衔接，普通、师范、实业学校三足鼎立的近代学制系统，而且将西方的通才教育理念实际落实到学制课程设计中，确立了各级各类学校的培养目标、教学要求，尤其为高等学府通才教育理念的落实提供了国家法令保障和源源不断的优质生源。

京师大学堂通才教育理念的提出，与专才教育理念的提倡并不相悖，学堂管理者甚至一度追求二者的融合。京师大学堂下设预备、速成二科以及师范馆、译学馆、进士馆和医学实业馆，到宣统二年(1910 年)又发展成为设有经、法、文、格致、农、工、商七科大学，学科的划分越来越细，在造就专才的同时追求“通才”的基本思路一直没变。《癸卯学制》打破了儒家经典一统天下的局面，增添了近代自然科学、社会科学及体操、手工、图画等体现近代意义的课程。《奏定中学堂章程》将中学阶段教育完全纳入高等学校人才培养的预备教育阶段，章程规定中学堂需开设：修身(1)、讲经(9)、中国文学(4)、历史(3)、外

① 陈元晖．中国近代教育史资料汇编[M]．上海：上海教育出版社，1991：235.

② 璩鑫圭，唐良炎．中国近代教育史资料汇编：学制演变[M]．上海：上海教育出版社，2007：348.

语(8)、地理(2)、算学(4)、理化(物理4)、理化(化学4)、博物(2)、法治及理财(3)、图画(1)、体操(2)13门课程。从课程内容来看，中学阶段课程基本涵括了西方近代自然科学和人文社会科学等诸多门类课程，强调学生能力和知识的均衡发展，尤其是8个外语课时量在所有课程中仅次于9个课时的讲经课程，外语课时的大量安排及门类齐全的中西学课程设置，为学生进入高等教育阶段研究高深学问打下了坚实的基础，更为通才教育的实施做好了前期的教育准备。光绪二十八年(1902年)并入京师大学堂的同文馆改名翻译科，翌年，又设立译学馆，将翻译科与之合并，仍隶属于京师大学堂。译学馆在遵循京师大学堂"造就通才"的办学宗旨前提下，结合自身专业特点，制定人才培养目标。据《拟定大学堂译学馆章程》总纲规定：

> 本馆以造就译才品端学裕为宗旨，务使具普通之学识，而进于法律交涉之专门，通一国之语文，而周知环球万国之情势，体用兼备，本末交修。上有以应国家需才之般，下有以广士译书之益，兼编文典以资会通。①

《奏定译学馆章程》进一步规定，学馆课程分为外语、普通学课程和专门学课程三大类。学生"无论所习何国文，皆需习普通学及交涉学、理财、教育各专门学"②。译学馆五年课程安排中包括：人伦道德、中国文学、历史、地理、外国文、算学、博物、图画、物理及化学、体操、交涉学、理财学、教育学共计13门课程，总共36个课时，尽管外国文占据了其中的一半即18个课时，但其所开设的课程门类不可谓不全，学习要求"于语言文字之外，辅之以普通学、进之以专门学，非徒

---

① 北京大学校史研究室．北京大学史料：第1卷(1898—1911)[M]．北京：北京大学出版社，1993：160.

② 璩鑫圭，唐良炎．中国近代教育史资料汇编：学制演变[M]．上海：上海教育出版社，2007：435.

以备舌人也”“求学问之贯通，裕为全才，以备国家之用”①。可见，译学馆所培养的不仅仅是精通外语的翻译专才，而是要培养知识面完全、学问贯通的外语“通才”。

晚清中国官办学校，初期从“经世致用”目的出发，培养专于一技的外语专门人才；后经洋务派“中体西用”观的完善，尝试培养复合型外语人才；再到以康有为、梁启超为首的维新派试图打造“会通中西、体用兼备”的人才，伴随近代学制的建立，官办高等学校最终确定外语“通才”的培养理念。由此路径可以看出，晚清中国人才培养理念经历了一段曲折向前发展的蜕变历程，它使晚清官办教育逐渐从贵族化、专门化的人文性质，转变为大众化、以实用新学为主，培养人的综合素养为目的的现代教育；从对传统教育的固守与对西方教育的选择性接纳，转变为更加深入、全面地对外开放、走向世界的教育。

晚清官办学校外语人才培养理念的演变，也给后世带来了一些有益的启示。首先，人才的培养总是与时代的变迁、社会的发展紧密呼应。社会的变迁与发展影响着人才标准的制定与人才培养的内容，时代赋予教育一些新的内容，同时淘汰一些陈腐过时的成分。这种转变可能会使社会诸多领域遭受阵痛甚至彻底转向，但这是时代的客观要求，是无法改变的历史潮流。其次，晚清官办学校外语人才培养理念的演变与转型，浓缩了人才培养由注重道德修身——功利实用——综合素质的发展轨迹，体现出了人类社会发展对人才标准要求的总体发展趋势。再次，一定阶级的人才培养理念总是以维护其统治根基为前提，“中体西用”始终是晚清政府人才培养的总体框架，不可逾越，但不同时期，中学与西学总是在满足一定社会政治、经济需求中调和与妥协，反映了教育服务社会政治、经济的特点。

① 北京大学校史研究室．北京大学史料：第1卷(1898—1911)[M]．北京：北京大学出版社，1993：180.

第三章　晚清官办学校外交翻译专才培养实践

专才培养是指在专门人才培养理念指导下，为培养某一专业人才而采取的一种培养过程的构造样式与运行方式。其特征是以专业的需要为核心来设计课程和教学环节，一切围绕狭窄的专业运行，学生较早地进入专业学习。专才培养模式所具有的系统性与范式性集中体现在它所特有的基础课程为专业课服务，专业基础课为专业课服务。由“专才”这一培养目标所决定，该模式在教学内容的选择上，明显忽视基础、忽视交叉、忽视人文知识的价值取向。晚清官办学校外语人才培养在其办学初期即采取典型的专才培养模式。由于这种模式可操作性强、见效快，因而很快成为一种“使人可以照着做的标准样式”，在洋务学堂办学初期成为晚清政府培养外交翻译人才的不二选择，在短短数年内，全国各地开办了多所以京师同文馆为范式来培养外交翻译人才的新式学堂。

被史学界统称为“同文三馆”的京师同文馆、上海同文馆(后改名广方言馆)和广州同文馆(或广东同文馆)分别创办于同治元年(1862 年)、同治二年(1863 年)和同治三年(1864)。这三所最早由晚清政府开办的外语学堂“在办学宗旨、教学目的和教学方法、课程的设置、教习的聘用、学生的选拔等方面都有明显的共同点”①，成为晚清政府培养外交翻译人才的摇篮。三所学堂之中又以京师同文馆为范本，成为另外两所同文馆人才培养效仿对象。同治二年(1863 年)李鸿章以江苏巡抚身份

① 邹振环．晚清同文馆外语教学与外语教科书的编纂[J]．学术研究，2004(12)．

上奏总理衙门：“臣拟请仿照同文馆之例，于上海添设外国语言文字学馆”①；同治三年(1864年)，新任两广总督毛鸿宾上奏总理衙门：“经前署督臣晏端书咨商李鸿章钞录上海设馆开办章程，并将粤省拟办大概情形，于上年四月十三日附片奏报”②，恭亲王奕䜣审定后认为广州同文馆：“系仿照臣衙门同文馆及上海设立学馆各章程变通办理，尚属妥协，应即准其招办”。③ 从三所同文馆办学历史渊源而言，上海、广州两处同文馆很大程度上是以京师同文馆为先例和模板，三馆逐一仿照开办，因此在研究外语人才培养时，可将“同文三馆”看作同一类学校进行研究分析。

第一节 “同文三馆”外语专才培养目标缘起

“同文三馆”三所外语学堂从开办到结束，均经历了一定程度的改组和变革，京师同文馆办学之初以培养外交翻译专才为目标，同治六年(1867年)文馆增设算学馆，从此大量西学课程与外语课程在人才培养过程中得以讲授，人才培养亦转为“由洋文而及诸学”④的复合型外语人才培养；上海同文馆创办七年之后即同治九年(1870年)并入江南制造总局，尽管在并入之前已经开设有算学课程，但真正使西学课程在整个学堂中占据一席之地则是在其并入江南制造局之后，此后其人才培养开始进入外语+西学的复合型外语人才培养阶段。广州同文馆于同治三年(1864年)开办，到光绪二十三年(1897年)共计33年间仅开设有英文一馆，附带学习少量西学课程，但并未成为必修课目，甚至西学课程

① 朱有瓛．中国近代学制史料：第一辑：上册[M]．上海：华东师范大学出版社，1983：215.

② 朱有瓛．中国近代学制史料：第一辑：上册[M]．上海：华东师范大学出版社，1983：259.

③ 高晓芳．晚清洋务学堂的外语教学研究[M]．北京：商务印书馆，2007：154.

④ 朱有瓛．中国近代学制史料：第一辑：上册[M]．上海：华东师范大学出版社，1983：71.

最后几近荒废，即使到光绪二十八年(1902 年)并入八旗驻防中学堂，其间开设了日文、俄文和法文学堂，但是仍然停留在培养外交翻译人才的阶段。因此，本书将广州同文馆当作一所完全培养外交翻译专才的学堂进行分析研究。根据其人才培养规格的变化，本书将同治六年(1867 年)以前的京师同文馆与同治九年(1870 年)并入江南制造总局前的上海同文馆，看作其外语人才培养办学初期。

一定时期的人才培养规格或目标总是以一定的社会发展需求为前提，这种需求既来源于社会主体内部发展的需要，也来自外部世界对这一社会主体所提出的现实诉求。最先开办的京师同文馆由负责“夷务”的总理衙门统领，办学目的是“培植译人，以为总署及各使馆之用”①，人才培养目标为“期于晓畅翻译，通澈中外事理”②。上海同文馆办学之初设定的目标，即培养“精通番语”“承办洋务”③之人才。李鸿章在请饬广州同文馆仿照京师同文馆设立学馆奏折中要求“唯该馆学生专习外国语言文字”④，同治三年(1864 年)制定的广州同文馆章程第七条规定：“同文馆肄业生以三年为期，能将西洋语言文字翻译成书者，分别派充将军督抚监督各衙门翻译官”⑤，同年两广总督毛鸿宾上奏总理衙门：“伏思学馆之设，教育人才，期于晓畅翻译，通澈中外事理，以备缓急之用，洵属及时要务。”⑥由此可见，“同文三馆”办学之初人才培养目标主要是培养能够从事翻译的外交人才，用以解决清政府对外交涉过程中所遇到的语言障碍问题。

① 毛佩之．变法自强奏议汇编[M]．光绪辛丑，上海书局石印，271.

② 马挺亮．京师同文馆学友会第一次报告书[M]．京华印书局代印，1916：1.

③ 李鸿章．请设外国语语言文字学馆折[M]//吴汝伦，编．李文忠公(鸿章)全集．台北：文海出版社，1974：110.

④ 朱有瓛．中国近代学制史料：第 1 辑：上册[M]．上海：华东师范大学出版社，1983：256-257.

⑤ 苏精．清季同文馆及其师生[M]．台北：上海印刷厂，1985：271.

⑥ 朱有瓛．中国近代学制史料：第 1 辑：上册[M]．上海：华东师范大学出版社，1983：259.

“同文三馆”外交翻译人才培养，充分体现了晚清政府在新的外交格局形式下对破除语言障碍、发展洋务事业的现实需要，也折射出晚清政府在西方势力胁迫下不得以为之的应对行为。具体而言，“同文三馆”外交翻译人才的培养，主要基于国内的舆论引导、清政府外交经验教训和西方国家的建议与压力三个方面。

一、有识之士的舆论引导

鸦片战争以降，一批“睁眼看世界”的封建士大夫逐步认识到翻译西书的重要性，发表了诸多有关重视翻译和翻译人才的言论和建议。林则徐在广东禁烟期间，就曾专门组建自己的翻译班子，网罗了包括亚孟、袁德辉、亚林、亚秩等在内的一批中国译员。他们不仅参与现场口译，还从事笔译工作，尤其是翻译西文书刊上的“夷情夷事”，为制定御敌策略提供参考情报。近代启蒙思想家魏源在其巨作《海国图志·筹海篇》中指出：“欲制外夷者，必先悉夷情始。欲悉夷情者，必先立译馆、翻夷书始。”①这是他第一次提出“立译馆”建议。对于“译馆”的真正含义，从历代设四夷馆到近代成立的翻译馆，凡提及“译馆”时，往往不单纯指翻译机构，“翻译书院之设，专以造就译才为主”②，鉴于清初成立的“会同四译馆”就曾承担“藩属国”语言文字翻译和语言传习，翻译馆或是翻译书院多还兼备培养外语人才的任务。因此，魏源所说“译馆”很大可能含有外语学堂和翻译机构两种性质在内。随后，《圣武记》中魏源对“立译馆”的想法做了进一步的解释：“若内地亦设馆于粤东，专充夷书夷史，则殊俗、敌情、虚实、强弱、恩怨、攻取，了悉曲折，于以中其所忌，投其所慕，于驾驭岂小补哉。”③相形之下，林则徐的翻译活动偏属于个人行为，临时组织翻译班子翻译西文，所招译员至多不过“幕僚”的角色。魏源的建议更加倾向设立官办性质的翻译培训

① 璩鑫圭，童富勇．中国近代教育史资料汇编：教育思想[M]．上海：上海教育出版社，2007：10.

② 罗新璋．翻译论集[M]．北京：商务印书馆，1984：127.

③ 魏源．魏源全集：第三册[M]．长沙：岳麓书社，2004：517.

机构，使西学翻译与人才培养成为例行之事，而非权宜之计；翻译内容也不再是朝贡时代藩属国的“表章”，也非广东贸易制度下通事们所翻译的“禀帖”，而是那些能够展现西方国家历史文化、风土人情的“夷书夷史”。在那个风气未开的年代，魏源“立译馆”的想法因其位卑言轻显得太不起眼，然而他却是鸦片战争以来第一个提出建立翻译机构、排除语言障碍、翻译西书籍的中国人。

林、魏二人身处鸦片战争之际已发出建立译馆的呼声，可惜的是，直到十余年后的第二次鸦片战争，清政府官员中才有人奏禀咸丰皇帝，提议兴学校育外语人才。咸丰九年(1859 年)，郭嵩焘上奏《请广求谙通夷语人才折》，剖析了英国人在广东、上海等地以重金雇中国人教授汉语，而中国人中却无人愿意学习外国语言文字，为此，他建议“命理藩院岁斸银数千两，给之薪米，使转相传习”。与此同时，该奏折中还论述了学习外国语言的重要性及具体的教学方法。翌年，恭亲王奏呈善后章程中关于学习外国语文的内容，与郭嵩焘所提的建议几乎相同。同时代的冯桂芬在其《采西学议》中更为明确具体地指出：“今欲采西学，宜于广东、上海设一翻译公所。选近郡十五岁以下颖悟文童，倍其禀饩，住院肄业。聘西人课以诸国语言文字。”①尽管“在北京首建外国语言文字学堂与冯桂芬的建议无任何直接联系”②，但是他的论断“为以后上海广方言馆与广东同文馆之导源”③。

当冯桂芬闻知京师设立同文馆，意识到这是实现自己办学设想的良好契机，于是积极响应，将自己在《采西学议》中的办学方案重新提出，写成《上海设立同文馆议》呈交李鸿章。该文不仅充分肯定了京师设立同文馆培养外交翻译人才的重要意义，而且进一步论述了在上海、广州设立同文馆的紧迫性和必要性。李鸿章全盘接受了冯桂芬的办学建议，于同治二年四月(1863 年 6 月)奏请：“臣拟请依照同文馆之例，于上海

① 冯桂芬．校邠庐抗议[M]．戴杨本，评注．郑州：中州古籍出版社，1998：210.

② 季压西，陈伟民．中国近代通事[M]．北京：学苑出版社，2007：369.

③ 苏精．清季同文馆及其师生[M]．台北：上海印刷厂，1985：2.

添设外国语言文字馆”①，并得到朝廷准许。上海同文馆设立后，李鸿章继续上奏：“上海已议设立外国语言文字学馆；广东事同一例，亦应依照办理。”②依此奏请，同治三年二月(1864 年 3 月)清廷上谕广州将军库克吉泰，批准并下达了极为详细的办学指令。因此，可以肯定的是，冯桂芬的办学设想与积极推动上海同文馆及广州同文馆设立有着直接的因果关系，李鸿章也将这一功绩全归于冯桂芬一人：“予既至沪，奏辟君自随。君……又设广方言馆，求博通西学之才，储以济变。”③

二、晚清政府外交经验教训

第二次鸦片战争的爆发，英法联军给仍怀抱“天朝上国”梦想的晚清政府又一重击，同时国内太平天国起义及捻军之乱使得晚清政府内忧外患局势空前严峻，在对外态度上不得不有所调适，以应对内忧外患接踵而至的危亡局面。咸丰十年(1860 年)，恭亲王奕䜣、桂良、文祥三人在完成中外合约签订后，痛定思痛地提出《统筹全局善后章程》，一是检讨时局，二则商讨应对措施。他们在检讨中发现，无论中国是否愿意，与西方各国交往已是不可避免的事实，因此积极建议设立总理各国事务衙门等六项措施，其中第五项即为挑选八旗子弟学习外国语文以备翻译，这项建议便是京师同文馆设立的由来。

恭亲王提议办学堂培养外交翻译人才的初衷，源于他参与西方列强外交活动的多次失败教训。自第一次鸦片战争以来，中外接触屡次因缺乏翻译人才而酿成被动受欺事件。持续长达三年之久的英法联军一役，双方时战时和，交涉谈判往来不绝，然而负责中外双方交涉传译的人士均是他国翻译官。如后来担任京师同文馆教习的丁韪良

---

① 朱有瓛. 中国近代学制史料：第 1 辑：上册[M]. 上海：华东师范大学出版社，1983：215.

② 朱有瓛. 中国近代学制史料：第 1 辑：上册[M]. 上海：华东师范大学出版社，1983：256.

③ 邱迎春，等. 李鸿章全集：第 12 册[M]. 长春：时代文艺出版社，1998：7360.

(W. A. P. Martin)便是当时美国来华使臣若翰(John E. Ward)的翻译；俄国使臣普提雅廷(E. Putiatin)的翻译也由俄国在京留学生担任；奕䜣在签订中法《北京条约》时的翻译及文件起草工作由法国传教士孟振生(Martial Mouly)担任，在清政府毫不知情的情况下，孟振生擅自在文本中加入"法国传教士在各省租买田地，建造自便"①，从而获得了在中国任何地方租买土地和盖房的特权。在中外谈判过程中，清政府一方面昧于国际外交知识的缺乏和主权观念的淡薄，争所不必争、弃所不当弃，此时的西方人对中国典籍律例十分熟悉，中方谈判大臣"每欲借彼国事例以破其说，无如外交条例俱系洋字，苦不能识"②。另一方面，清政府缺乏或故意不派翻译人员，同时又极其不信任中国通事，认为他们："仅通洋语者十之八九，兼识洋字者十之一二，所识洋字，亦不过货名银数与俚浅文理……即间有小事交涉，一言一字，轻重缓急，辗转传述，往往影响附会，失其本指，几何不以小嫌酿大衅。"③此外，鉴于以往中国通事的种种不法行径，他们认定中国通事品质低劣，常与洋人沆瀣一气。清廷既无自己翻译人员，又不信任西方翻译，因此在中外交涉中总处于被动地位，"遇中外会商之事，皆凭外国翻译官传述，亦难保无偏袒捏架情弊"④。由是导致双方协定的条约内容各有歧义，为日后争议埋下隐患。

三、迫于列强的建议与压力

咸丰八年(1858 年)中美《天津条约》签订后，美国使臣列威廉(William B. Reed)照会大学士桂良等人，提出四项建议，其中第一项

---

① 马士．中华帝国对外关系史[M]．张汇文，等译．上海：上海书店出版社，2000：695.

② 转引自张美平．略论京师同文馆的英语教学特色[J]．广西社会科学，2009(1).

③ 冯桂芬．上海设立同文馆议[M]//高时良，黄仁贤．中国近代教育史资料汇编：洋务运动时期教育．上海：上海教育出版社，2007：8.

④ 李鸿章．请设外国语言文字学馆折[M]//高时良，黄仁贤．中国近代教育史资料汇编：洋务运动时期教育．上海：上海教育出版社，2007：182.

即是建议清廷开办学校，招收学生学习外国语文：

> 现此次订明合约，中国应知通晓外国书籍语言之人为不可少，而于英、法两国文词尤要……今上海等处已建设书馆，倘蒙大皇帝允准，可请外国人教习，并遣年轻之人诵习英法书籍，自能得人襄助办理通传翻译等事，而为国家之益，天文、地理、技术、富足胥在是矣。①

这不是美方第一次提出此类建议，早在第一次鸦片战争结束时，美国就已经注意到双方语言交流的障碍问题，道光二十三年(1843 年)签订的中美《望厦条约》第十八条就曾要求中方须准许其延请中国人教授中文并采购图书。翌年签订的中法《黄埔条约》中也有允许向中国人自由学习外国语文的规定。这两项条文在同美、法签订的《天津条约》中，再次被列入并加强了文义，但清政府对此并未在意，甚至不屑，直到京师同文馆成立之前，始终是西方各国对中国语文的单向学习。

对于美国使臣列威廉提出希望中国政府培养外语人才的建议，清王朝统治者一直不予理睬，直到在西方列强军事胁迫与强权外交威逼下签订《天津条约》，清政府才不得不按约执行。咸丰八年(1858 年)重新认定的中英《天津条约》第五十款对中英往来使用的语言强行作出规定："嗣后应该文书俱用英字书写，暂时配送汉文。自今以后，遇有文辞辩论之处，总以英文作为正义。"②同年中法《天津条约》第三款作出了同样的规定："自今以后，所有议定各款，或有两国文辞辩论之处，总以法文作为正义。"③英法两国均作出以本国语言为准的规定，暂时仍附送

① 《美使列威廉致大学士桂良等照会》，转引自张美平．晚清外语教学研究[M]．北京：中国社会科学出版社，2011：48.

② 王铁崖．中外旧约章汇编：第 1 册[M]．北京：生活·读书·新知三联书店，1957：102.

③ 王铁崖．中外旧约章汇编：第 1 册[M]．北京：北京：生活·读书·新知三联书店，1957：105.

汉文，直到中国选派学生学习外文后即停止附汉文照会。条约中虽未明确规定清政府自何时起选派学生学习外文，但这足以引起清政府的震动和重视，第二次鸦片战争一结束，主持对外交涉事务的奕䜣即以与外国交涉“必识其性情”为由，奏请开办外语学堂，培养外语人才，而且很快就获得“奏准”，同治元年(1862年)，近代中国第一所外语学堂——京师同文馆正式成立。

第二节　“同文三馆”语种设置与学生、教习招引

京师同文馆筹办之初，奕䜣等一批洋务运动领导人并不熟知外语，也从未重视。咸丰十一年(1861年)由奕䜣等人补充拟定的十条总理衙门章程中，提及人才培养“请敕广东、上海挑选专习英、法、美三国文字语言之人，来京差委”。同治元年(1862年)，大学士贾桢在上奏总理衙门时仍使用“英、法、美三学”，可见此时这些洋务运动领导人均将英、美两国语言当作两种不同语言看待，殊不知是同一种语言被两国所共同使用。直到同治元年(1862年)总理衙门才意识到这个错误，因此在专业开办时避免了这一笑话出现。

一、多语种的专业设置

京师同文馆办学之初只开设了英、法、俄三大语种，从同治五年(1866年)奕䜣奏折中可获悉，“查臣衙门于同治元年七月间，设立同文馆，延聘英、法、俄三国教师，分管教习”①；同治十一年(1872年)增设布文(德文)馆，从光绪二年(1876年)总教习丁韪良改组同文馆并制定的八年制课程表中可以看出此时德语教学已经开始：“馆中肄业洋文四种，即英、法、俄、德四国文字也。其习英文者，能借之以及诸课而始终无阻；其余三国文字虽熟习之，间须藉汉文及算

① 朱有瓛．中国近代学制史料：第1辑：上册[M]．上海：华东师范大学出版社，1983：13.

(术)、格(致)诸学”①。甲午战争后，中日交涉更为密切，光绪二十三年(1897年)堂谕“设立东文馆”，培养日语人才。至此，京师同文馆语种增加至英、法、俄、德、日五大类，其中又以英语优先。如光绪二十一年(1895年)签订的《马关条约》议定专条第一款和第二款即规定：“日后设有两国各执汉正文或日本正文有所辩论，即以上开英文约本为凭。”②可见到19世纪末，英语的绝对优势地位已经确立，这也符合英语作为晚清第一外语的共识，成为各处新式学堂开设的首要语种。

京师同文馆开设的外语语种涵盖了当时主要西方列强的官方语言，充分体现了京师同文馆外语语种开设坚持以外交需要为前提，同时考虑到了英、美国家在华地位及影响力。英语作为晚清对外交涉最常用语种，京师同文馆在各个语种招生规模、师资配备、教学实践等方面有所偏向，同时顾全大局。

创办于同治二年(1863年)的上海同文馆，于同治九年(1870年)由江海关道呈准督抚将其并入制造局，翌年正式并入江南机器制造总局，在并入前后的办学章程中虽均无关于具体语种设置的表述，且皆以“西文西语”“外国语言文字”等字样统称，但从一些奏折和禀文中仍可窥见其具体语种的设置情况。如光绪五年(1879年)江海关道禀复南洋通商大臣沈葆桢：“上海广方言馆学生，向虽专习英文，刻下自应择其资质聪颖者，赶令学习法国语言文字，以期有济于用。至俄文、布文，似应一并令其肄习……嗣因布师金楷理离局，生徒无多，早经撤馆。惟英、法二馆及算学馆仍旧。”③这也从侧面印证了“广方言馆成立时，仅设英文一馆”④一说。并入制造总局后的上海同文馆馆务有所扩大，馆中开设的外国语文科目，除原有的英文外，陆续增加了法文、德文，但德文

① 高时良，黄仁贤．中国近代教育史资料汇编：洋务运动时期教育[M]．上海：上海教育出版社，2007：92.

② 王铁崖．中外旧约章程汇编：第1册[M]．北京：生活·读书·新知三联书店，1957：618.

③ 杨逸，等．广方言馆全案[M]．上海：上海古籍出版社，1989：139.

④ 苏精．清季同文馆及其师生[M]．台北：上海印刷厂，1985：91.

馆在开办后不久因教习离任即告裁撤，法文馆也曾一度裁减至四人规模，所以上海同文馆最终能够开设并培养出的只有英、法两个语种外语人才。

广州同文馆自同治三年(1864年)创立，光绪二十八年(1902年)底归并入八旗驻防中学堂，前后存续近四十年。创立之初，广州同文馆只开设有英语一个专业，这从光绪五年(1879年)广州将军长善等人奏折中"广东同文馆均系专习英文"可以得知。在此期间，因清政府开始与法、德、俄等国互派常驻使节，总理衙门于是分函上海同文馆及广州同文馆要求开设各国语言。经过广州将军长善等与总理衙门函商后，考虑到"广东省与外国交涉事件，英法多而俄较少。是学习英法文字，实为粤省急务"①，决定增设法文、布文(德文)两馆，于是增添了学馆章程并建好新宿舍，结果因办学经费"只有四百两，若令兼供三馆，实有不敷"②，以至于尚未开馆即告终止。广州同文馆仅开设英文一馆的情状持续了近三十三年，直到光绪二十三年(1897年)，由于清政府对日、俄外交的急切需要，总理衙门咨请广州同文馆在英文之外添设俄文、东文两馆，这才开设俄文和日文专业，光绪二十六年(1900年)再添设法文馆。因此，从广州同文馆办学历程来看，总计开设有英、法、日、俄四门专业，语种相对来说比较丰富，涵盖了当时清政府外交所需关键语种。根据美国学者毕乃德(Biggerstaff)的统计，到光绪二十七年(1901年)，"英文馆有七十名正式学生，俄文、日文馆各有四十名学生，法文馆大概也是四十人"③。此时学生人数达到办学以来的最高值，无论是语种的数量还是学生数额，在当时均首屈一指，尽管当时有更多的人想进入这所学校，但是由于办学经费不足而被拒之门外，总人数不再扩充。

① 朱有瓛．中国近代学制史料：第1辑：上册[M]．上海：华东师范大学出版社，1983：262.

② 朱有瓛．中国近代学制史料：第1辑：上册[M]．上海：华东师范大学出版社，1983：272.

③ 毕乃德．洋务学堂[M]．曾钜生，译．杭州：杭州大学出版社，1993：32.

二、学生的选拔——旗、汉之争

“同文三馆”办学时间均逾三十年，在如此长的时间内，三馆招生对象几经变化，其焦点主要集中在生源、学生数量和生源质量三个方面。生源及生源质量一定程度决定了办学的起点和人才培养成效，招生数量决定了办学的规模，因此无论是“同文三馆”的倡导者，还是举办者——晚清政府，都十分重视学生招考。

京师同文馆办学之初，援引俄罗斯文馆旧制，“于八旗中挑选天资聪慧，年在十三四岁以下者各五人，俾资学习”①。同治元年（1862年），恭亲王奕䜣等人所拟《同文馆章程六条》第一条即规定，“由八旗满、蒙、汉闲散内，择其资质聪慧、现习清文者，年在十五岁上下者，每旗各保送二三名，由臣等酌量录取，挨次传补”②，章程明确要求招收八旗子弟。同年七月总理各国事务衙门奕䜣等奏折附章程第一条规定：“今改设同文馆，事属创始，学生不便过多，拟先传十名，俟有成效，再行添传，仍不得逾二十四名之数。”③由此可知，京师同文馆办学初期馆内学生人数没有超过二十四人，规模较小，且生源限定在满、蒙、汉八旗闲散子弟，并未对社会公开招考，八旗子弟不需要经过考试，以咨传的方式入馆学习，学生基础参差不齐，大多不懂汉文，稍通满文。光绪十一年（1885年）之前，京师同文馆学生虽另有其他来源，其咨传八旗子弟一直是最主要的入学方式。

广州同文馆在招生对象上更加强调旗人办学的特点，这与清政府要求其从广州驻防内挑选学生有极大的关系。同治二年（1863年）上谕：“著库克吉泰、晏端书于广州驻防内公同选阅，择其资质聪慧、年在十四岁内外，或年二十左右而清汉文字业能通晓、质地尚可造就

---

① 贾桢．筹办夷务始末：咸丰朝卷七十一［M］．北京：中华书局，1981：17.

② 宝鋆．筹办夷务始末：同治朝卷四十七［M］．北京：中华书局，1981：29.

③ 朱有瓛．中国近代学制史料：第1辑：上册［M］．上海：华东师范大学出版社，1983：7.

者，一併拣选。”①但首次选拔的学生并非都是旗人，也有汉人。同治三年(1864年)两广总督毛鸿宾奏：“在广州驻防满汉八旗，向习清书翻译子弟内拣选资质聪慧年岁二十左右者十六人，又访汉人世家子弟才堪造就者四人，共肄业生二十名，送入馆中，于同治三年五月二十日开馆。”②到同治十年(1871年)“如有清白安分之民人愿入馆附学者，亦准一律训习，仍定额十名，以示限制。”③可以看出，同治十年(1871年)之前，广州同文馆不仅准许汉人入馆学习，对于普通老百姓子弟，只要家世清白，亦均可入馆附学。但开馆数年后，两广总督瑞麟在同治十年(1871年)奏称：

> 旗籍诸生咸皆踊跃，唯民籍正学、附学各生，来去无常，难期一律奋勉，其学习西语者民间固有之，而偶有招入官馆肄习者，始愿不过希图月间膏火，迨学习一二年后，稍知语言文字，每有托词告病出馆，自谋生理，而于始终奋勉学成有用者，实难得人，奴才等公同酌议，似应量为变通，拟请嗣后同文馆学生专用旗人，毋庸再招汉民。④

在瑞麟看来，学堂所招收的少数汉人，无论世家子弟还是平民子弟，入馆学习初衷仅为获取膏火钱，稍懂西文就想退学，另谋高就，难以培养成才。他所说的现象在中外贸易极为发达的港口城市广州确实存在，时人稍懂西文西语，即可在社会谋得一个好差事，因此急于出馆谋生。但将汉人学生一概而论，似乎有点过于武断。最终总理衙门认可了

① 朱有瓛．中国近代学制史料：第1辑：上册[M]．上海：华东师范大学出版社，1983：256.

② 朱有瓛．中国近代学制史料：第1辑：上册[M]．上海：华东师范大学出版社，1983：259.

③ 朱有瓛．中国近代学制史料：第1辑：上册[M]．上海：华东师范大学出版社，1983：268.

④ 朱有瓛．中国近代学制史料：第1辑：上册[M]．上海：华东师范大学出版社，1983：268.

瑞麟的建议，同治十一年(1872年)总理各国事务衙门奏：“应如所请办理。所有该省额设肄业学生二十名并附学生十名，嗣后均以满洲、汉军八旗子弟充补，毋庸再招汉民。”①至此，广州同文馆招生大门对汉人关闭，只招旗人子弟。

京师同文馆初期和广州同文馆招生限定在旗人阶层，除援引俄罗斯文馆招生旧制外，主要还顾及两事。其一，清统治者对汉人的防范和对旗人阶层的绝对信任。外语涉及国家机密和礼制，事关社稷安危，在满族统治者眼中，汉人可以用但不能不防备，加上西方列强虎视眈眈，一旦汉人与西方列强联手，可能威胁清王朝的统治，所以办学之初清统治者仍疑虑重重，慎重挑选值得信赖的人选，而旗人无疑是最值得信赖的对象。其二，节省办学经费。在总教习丁韪良看来，“凡是旗人无论满汉，都是生来就有饷的，所以叫他们入学可以省些用费，并且如有薪金等等利益，也可以落在统治阶级的手里，利权不致外溢。”②因此，办学初期的招生范围限定在旗人阶层。

相比京师同文馆和广州同文馆，上海同文馆招生对象则宽松很多。同治二年(1863年)李鸿章在《请设外国语言文字学馆折》中强调：“夫通商纲领固在总理衙门，而中外交涉事件，则两口转多，势不能以八旗学生兼顾。惟多途取之，随地以求之，则习其语言文字者必多；人数既多，人才斯出。”③由此可见，李鸿章并未一味照搬京师同文馆专招旗人的做法，而是灵活变通，结合上海通商口岸对外交涉频繁的特点，多途招取学生。

上海同文馆招选生源虽然放宽，但招考条件更为严格。该馆在招生年龄上较京师同文馆更为明确，“以年十四岁以下，资禀颖悟，根器端

① 朱有瓛. 中国近代学制史料：第1辑：上册[M]. 上海：华东师范大学出版社，1983：270.

② 朱有瓛. 中国近代学制史料：第1辑：上册[M]. 上海：华东师范大学出版社，1983：160.

③ 朱有瓛. 中国近代学制史料：第1辑：上册[M]. 上海：华东师范大学出版社，1983：215.

静之文童充选”，同时要求：“由官绅有品望者保送，取具年貌籍贯三代履历，赴监院报名注册，随时呈送上海道面试，择时文之稍通顺者，记名备送四十名，入馆肄业。其余备选者，候有缺出，陆续部送。”①相比京师同文馆初次招收八旗闲散子弟而言，上海同文馆生源质量要高出许多。在招生人数上，办学之初仅设英文一馆，学生定额四十名，但同治三年(1864年)首任教习林乐知入馆授课时，到馆学生只有二十六名，此后生源增加至四十人，且一直维持这个数目。相对而言，上海同文馆严格控制学生名额，坚持宁缺毋滥原则。

三、中、外教习的选拔与聘任

“同文三馆”是一所专门讲授外国语言的新式学校。在今天看来，教师队伍中招聘外籍教习是十分自然的事情，毕竟是学习他人的语言文字；但是在一个受尽外族侵略与凌辱的国家，要聘用自己的敌人作为老师，这对于以天朝上国自居的晚清政府来说是一件极其屈辱的事情。

京师同文馆办学之初，真正让其举步维艰的不是招生问题，而是洋教习的招聘。招生可以从八旗子弟中强制分派，无须过多资格要求，实在不济也可以扩大到汉人中招生。然而在极其尊师重道的封建传统之下，晚清政府十分看重教师的道德与学识，洋教习的人品、学识难以把控；在遭受西方列强侵略的晚清，学习“夷人夷语”和“以夷为师”被看作“屈辱行径”，来自外部各方面的舆论压力迫使总理衙门在对洋教习的选拔和聘用上十分谨慎。

在办学之初，恭亲王奕䜣曾设想从中国人之中挑选懂得西方语言的教习，于是他想到与洋人接触更广的广东、上海，外语人才必然很多，总理衙门立即要求两地保荐中国人来京担任外语教习一职。可惜的是，广东方面直接回复“无人可派”，上海则称“虽有其人，但艺不甚精，价则过巨”，故而也不敢贸然派往北京。如此一师难求的局面在当时中国

① 朱有瓛. 中国近代学制史料：第1辑：上册[M]. 上海：华东师范大学出版社，1983：216.

确实存在，并非一些学者所称的“都是假话，是推脱之辞”。首先，上海、广州会夷语的商人都是通事、买办之流，这些人无论是学识还是人品都不被洋务官员们看好，甚至鄙弃，自然不符合恭亲王奕䜣等人提出的“挑选诚实可靠之人”的要求。其次，19 世纪 60 年代后的上海、广州已经是中外贸易极其繁华之地，略懂外语的人都能够在洋行谋得一个好差事，待遇极优，完全可以称得上“高薪阶层”，相比入京当教习，显然待遇要好得多。此外，京畿之地，天子脚下，事事得小心谨慎，相比更为开放自由的上海、广州，京师重地不免让人望而生畏，不敢轻易踏入。再者，消息闭塞。在通讯、交通并不发达的晚清，招聘教习的消息仅限于办理洋务各部门之间传递，并未在更大范围内通报，即使有能够教授英语的中国人存在，也未必知道朝廷有此盛举；当时容闳等人已经回国，并且有志于教育事业，只恨自己无用武之地，也无任何官员举荐他们。因此，在找不到合适中国人担任外语教习一职情况下，清廷“不得不于外国中延访”。

京师同文馆办学之初，第一年只开设有英文馆，第二年添设法文和俄文馆，英文馆先后招聘过三名英文洋教习，法文馆和俄文馆各招聘一名洋教习。经过再三斟酌，总理衙门接受了由时任英国驻华使馆参赞威妥玛(1818—1895 年)推荐的英国人包尔腾(John S. Burdon)(1826—1907 年)作为首任洋教习。包尔腾是英国圣公会传教士，总理衙门选择他作为英文教习，一是考虑到他来华已久，兼通汉文，二是其他洋人都坚持“必需重资，方肯来教”，而包尔腾“只图薪水，不求官职”，要价也并不高，试办期间，只需支付年薪三百两。第二年，根据其教学成效而定，一旦续聘，将支付他年薪一千两左右。总理衙门认为这个要求可以接受，于是选定了包尔腾作为第一任洋教习。为了确保包尔腾课堂上不会传教，总理衙门与威妥玛事先声明，“只学语言文字，不准传教”“仍另请汉人徐澍琳教习汉文，并令暗为稽查”①。同治三年(1864 年)

① 朱有瓛．中国近代学制史料：第 1 辑：上册[M]．上海：华东师范大学出版社，1983：6.

传教士傅兰雅进入英文馆讲授英文一科，在京师同文馆短暂教学后，于同治四年(1865 年)辞去教习一职去了上海，因此，总理衙门不得不再次咨询威妥玛和美国公使蒲安成的意见，他们一直推荐丁韪良作为京师同文馆第三任英文教习。这次总理衙门直接给出了一千两“车马纸笔费”(实际即薪资，封建中国一般对教师不提薪资或薪水)。同治二年(1863 年)馆内又添加了法文馆和俄文馆，首任教习分别是由法、俄两国公使各自推荐的司默灵(A. E. Smorrenberg)和柏林(A. Popoff)。前者为法国传教士，但其时不再传教，得到法国公使极力推荐。奕䜣见过后，认为此人“尚无传教士习气”，人尚诚朴，可充教习一职；后者为俄国驻华领事翻译官，奕䜣等大臣早在一年前就与他打过多次交道，相交甚熟，认为“人尚不十分狡诈，以之教习学生，似尚无大流弊”①。京师同文馆三位洋教习均由总理衙门与其所属使馆而非其个人签订聘用合同，此时京师同文馆还没有单独招聘洋教习的权力，而是委托总理衙门负责招聘。京师同文馆办学之初，洋教习的职责是讲授英、法、俄三种语言文字，并未开设其他西学课程，每日上课两小时，至于译书则是课余的事情，译书活动并不多。洋教习译书成就主要在光绪十四年(1888 年)总理衙门添设翻译处之后，成绩渐至斐然，其具体成就将在复合型外语人才培养一章讨论。

与此同时，京师同文馆另外任命一名汉教习负责各馆中国传统语言文化知识的讲授。为了防止洋教习在课堂传教，总理衙门规定，汉教习除“专事训课汉文”外，还承担有“暗为稽查”洋教习的任务。京师同文馆初期学生全为八旗子弟，汉教习也是来自八旗官学候补汉教习中考取，且限定在“直隶、河南、山东、山西四省之人，取其土音易懂便于教引，仍取同乡京官结印，在衙门投卷，试以诗文，酌量录取，挨次补录”②。人选限定在北方几个省份，主要考虑到这几个省份口音更容易

---

① 高时良，黄仁贤．中国近代教育史资料汇编：洋务运动时期教育[M]．上海：上海教育出版社，2007：60.

② 苏精．清季同文馆及其师生[M]．台北：上海印刷厂，1985：267.

被京师学生听懂，便于教学。同治二年三月(1863年5月)奕䜣等在《延聘同文馆各项教习折》中认为，汉教习的招选除考察候选汉教习诗文外，因为“汉教习日与外国人相处”“考试仅凭文艺，底蕴或未深知”①，还需考察其人品端正与否，方可任用。首任汉教习徐澍琳即被奕䜣认为“人品较优，咨传补充”，以后的汉教习“必须人品端正，方为可用”。在教习徐澍琳之后受聘的汉教习还有“镶蓝旗汉教习张旭升，直隶人”“候补八旗汉教习杨亦铭，河南人”，二人“品学均尚端粹”②，分别入法文馆和俄文馆。汉文教习每馆配备一人，聘期为两年，如果教学有方、成效显著即可再延聘两年。汉教习的职责除稽查洋教习有无传教行为外，每天上午教授学生汉文。他们的待遇较洋教习则“厚薄悬殊”，每月给银八两，按月支给。但是他们的政治地位比洋教习高出一头，因为有“暗中稽查”的特殊任务。办学之初还配备有助教一职，但属于行政人员序列，不负责具体教学，只负责学生的“训导”，如办学之初俄罗斯文馆助教国世春继续留任京师同文馆助教，职责是“每遇月课、季课、岁考，皆在馆照料收卷等事”③，每年俸银八十两，“该助教等如果训导有方，亦应由臣衙门奏请主事分部遇缺即补，仍兼馆行走”④。

与京师同文馆外国语言课程全由西方人担任教习不同，上海同文馆教习除汉文、算学、天文由本国教习担任外，历年外国语言教习中也有逾半数为中国人，在并入江南制造局之前，先后招聘有英文教习三人，年薪一千余两银子。首任洋教习由有“美国进士”之称的美国传教士林乐知担任，该氏于同治三年(1864年)经冯桂芬、应宝时推荐，受聘入馆担任英文教习，聘期六个月，每周一至周六上午上课，月薪125两。

---

① 高时良，黄仁贤．中国近代教育史资料汇编：洋务运动时期教育[M]．上海：上海教育出版社，2007：60.

② 朱有瓛．中国近代学制史料：第1辑：上册[M]．上海：华东师范大学出版社，1983：10.

③ 朱有瓛．中国近代学制史料：第1辑：上册[M]．上海：华东师范大学出版社，1983：12.

④ 高时良，黄仁贤．中国近代教育史资料汇编：洋务运动时期教育[M]．上海：上海教育出版社，2007：44-45.

六个月期满后，林乐知因病辞职，由美国辍学归来的中国人黄胜接任。关于黄胜的能力，史料记载并不多，只在后来林乐知的日记中提到，黄胜所受的中文或英文方面的教育并不多。同治六年(1867年)，黄胜以孝养告辞，林乐知再次受聘担任英文教习，直到光绪七年(1881年)为止。洋教习的聘用，在上海同文馆未并入江南制造局之前由江海关道负责，并入后由江南制造局总办接管。上海同文馆办学之初即设总教习一职，由“品学兼优”的中国人担任，负责学生“每月初一、十五两日课试西学，初八、二十四两日课试所业文，均取所读书，当面指问”①。可以看出，总教习主要负责对学生的学业考核，其待遇相较于京师同文馆并不算高，仅每年二百四十两银。该馆另设“举、贡、生员四人为分教习”分别讲授“经学、史学、算学、辞章”四门，旨在“讲明性理、敦行立品”，但相比外语而言，汉语讲授只是在“西语西文之暇，仍以正学为本”②。汉语或者汉教习在馆中地位并不算高，且并无京师同文馆汉教习暗中稽查洋教习的特殊任务，年薪只有约一百二十两银子。

广州同文馆汉、洋教习的任命，在其开馆章程第十一条中规定：“同文馆经费，由粤海关监督衙门筹拨支放。所有一切事务及延请西洋教习，关订汉文教习，应即规监督总理。”③由此可以得知广州同文馆汉、洋教习聘用权在粤海海关。粤海海关和广州将军均为旗人，享有学生选派和教习任命大权。开馆之初学堂只开设英文一馆，聘请洋教习一人、汉教习一人、背书分教习二人及协助中西沟通的通事一人。无论是学生还是教师，规模都比较小。首任洋教习由美国人谭顺(Theos Sampson)担任，据两广总督毛鸿宾奏称，该教习“精熟西文，人亦体面，堪为西文教习”④。除讲授英文外，谭顺还兼授算学，每天讲授六

① 高时良，黄仁贤．中国近代教育史资料汇编：洋务运动时期教育[M]．上海：上海教育出版社，2007：185.

② 杨逸，等．广方言馆全案[M]．上海：上海古籍出版社，1989：111.

③ 苏精．清季同文馆及其师生[M]．台北：上海印刷厂，1985：271.

④ 朱有瓛．中国近代学制史料：第1辑：上册[M]．上海：华东师范大学出版社，1983：259.

个小时，教学任务繁重，因此首次即给待遇年薪一千二百两，另外每月补贴十六两的外国纸张笔墨费用支出。在他之后，文馆又分别招聘哈巴安德(A. P. Happer)、巴化理(W. L. G. Badham)等共计十三名洋教习，其详细名录见表 3-1：

表 3-1　　**广州同文馆西教习名录**

姓名	国籍	到馆时间
英文教习		
谭顺(Theos Sampson)	美	同治三年五月
哈巴安德(A. P. Happer)	美	同治四年五月
巴化理(W. U. G. Badham)	英	同治六年四月
三顺(Theo Sampson)	英	同治九年八月
俾士(George Piercy)	英	同治十三年
雷尼	不详	光绪十三年
布茂林	不详	光绪十七年
申玛士(J. A. Summers)	英	光绪十八年
李知(A. W. Leach)	英	光绪二十九年
佘玛瑙(N. R. Shaw)	英	光绪三十年
俄文教习		
萨择斯基(P. Zazerski)	俄	光绪二十三年
善迈尔(C. Steinmeyer)	俄	光绪二十三年
日文教习		
长谷川雄太郎	日本	光绪二十三年
法文教习		
马尔德	不详	光绪二十六年

资料来源：苏精. 清季同文馆及其师生[M]. 台北：上海印刷厂，1985：127。

与京师同文馆、上海同文馆一样，广州同文馆汉教习任命也十分看重教习的品行和学识。首任汉教习由翰林院编修江西南丰人吴嘉善担任，此人“品行端洁，文理优长，堪为汉文教习”，其职责是早晚各时段训课，检查学生清字、清语学习情况，因此除懂汉语外，身为汉教习还必须能够讲授满文。这也是这所外语学校异于另外两所外语学堂之处。汉教习待遇为每年束脩四百八十两，另外每月补贴纸张笔墨书籍四两，每日饭食银一百二十文①。广州同文馆同样设有防范洋教习传教的措施，这一职责由通事担任。通事待遇与汉教习一样，年薪四百八十两。此外还设有背书分教习一职，此类教习“从广州驻防生员内选派，任务是督促、检查学生默读汉文和清文”②，其待遇为每年膏火银三十六两，薪资极低，可能是由于背书分教习只负责协助检查、督促学生学习，任务较轻、要求不高，且不需要承担任何教学工作。可以看出，广州同文馆除背书教习外，无论是洋教习还是汉教习，相比同期的京师同文馆和上海同文馆，在经济待遇上都要高出许多，这很可能是由于这所旗人外语学校的特殊政治地位决定，其在经费上较为充裕，且规模不大，办学较为单一集中，能够确保资金完全用在仅有的几位教习和为数不多的学生身上。在广州同文馆存续的近四十年中，总共任命了二十一位汉文教习。

“同文三馆”办学之初尚处于人才培养探索时期，三所外语学堂除京师同文馆开设有英、法、俄三馆外，另外两所学堂都只开设有英文一馆，主要是囿于当时报考人数较少和汉、洋教习难聘的困境。作为三所新式外语学堂，其课程内容反映出清政府极其重视学生的汉语学习，强调汉教习的“扶正”功效：一是母语与外语兼顾完全符合二语习得的规律，翻译人才必须是中外语言同时兼顾的人才；二是延续俄罗斯文馆旧制，避免过度西化而招致顽固派攻讦，对学生辅以“中学”，可以牢固其根底，不至于使学生过度西化而崇洋媚外。

---

① 注：根据晚清银钱兑换比率，一两银约一千文。

② 高晓芳．晚清洋务学堂的外语教育研究[M]．北京：商务印书馆，2007：161.

第三节 “同文三馆”课程、教学、考核与奖励

课程是一门学科的核心，体现了学科知识的完整性和系统性，是人才培养得以实现的重要保证，也一定程度上反映了特定历史背景下社会经济发展水平、劳动分工、产业结构调整对人才规格的要求。创办之初作为一种专门培养外交翻译人才教育机构的“同文三馆”，在其数十年的发展历程中，经历了草创期、发展期和衰退期的演变过程。在此过程中，课程的设置与变革成为学堂办学发展的晴雨表，一定程度上映射了学堂办学水平高低和人才培养模式的变革，因此，对课程的研究分析显得尤为重要、意义深远。以下就“同文三馆”办学之初培养外交翻译人才的课程设置，进行史料的梳理与分析。

一、中西结合的课程设置

京师同文馆开办之初，奕䜣等人只想将其作为一所培养译员的外语学校对待，“于文字言语悉能通晓，即行停止”①。草创期的京师同文馆，课程设置上也处于探索阶段，只开设了中、西语言课程，“在同治九年(1870 年)以前，课程主要是外文和汉文”②。由于所招学生均为八旗幼童，年龄都在十四岁左右，于“汉文文义，尚难贯串”，因此，在开设外语课程同时，还需要对八旗幼童进行汉语教育，以期造就中西语言俱通的翻译人才。中、西语言的课程安排是“学生每日午前诣汉教习学习汉文功课。午后诣洋教习学习洋文功课”③。京师同文馆办学之初虽设有英、法、俄三馆，但相互独立，各馆单独配有自己的汉教习和洋教习，专门负责汉语与各外国语言的教学。

---

① 朱有瓛．中国近代学制史料：第 1 辑：上册[M]．上海：华东师范大学出版社，1983：5.

② 熊月之．西学东渐与晚清社会[M]．上海：上海人民出版社，1994：310.

③ 参见《清会典》卷一百，中华书局 1991 年影印本，第 1152 页。

较京师同文馆稍迟一年开办的上海同文馆，据同治二年(1863年)江海关道黄芳拟定的《上海初次议立学习外国语言文字同文馆试办章程十二条》二条："举、贡、生员四人为分教习，分经学、史学、算学、辞章为四类……西语西文之暇，仍以正学为本……凡肄业者算学与西文并须逐日讲习，其余经史各类，随其资禀所近分习之。"①该章程属于试办章程，课程与教学均处于探索阶段，因此从课程设置来看，仅开设英文和四门"中学"，即所谓的"正学"课程，分"经学、史学、算学、辞章"，英文和算学是主课，除强调英语重要性外，特别重视算学，试办章程规定："算学与西文并需逐日讲习，其余经史各类随其资禀所近分习之。"②从章程规定可以看出，算学在当时是和西文一样的必修课程，地位在其他"中学"之上。这样的课程安排，主要来源于李鸿章、冯桂芬、郭嵩焘等人的办学理念。在他们看来，办理洋务事业乃是国家大计，只能依靠读书明理之人才而非通事，所以开设经史辞章正学，以正人心，开设算学乃是认识到算学为一切西学之本源，学习外国语言则是一切西学之阶梯。在课程安排上学生每天上午学习英语和算学，下午则根据学习兴趣与潜力安排相应课程。这一安排在《万国公报》三六一卷中有所记载："何时就西师学，何时就中国之分师学，何时就中国之总师学，其经学、史学、算学、文学，则各因其质之所近，而各为专门之学，唯于西语则人人肄习之，而少无间焉。"③可以看出，上海同文馆在改组之前课程内容相对比较单一，教学安排也相当模糊，甚至随意，这主要是办学之初师资的缺乏和办学经验的不足所致，同时也是模仿京师同文馆创办之初单纯培养外交翻译人才目标所限。

广州同文馆创办之初即为一所旗人外语学堂。在广州将军把持下，学堂带有显著的宗族色彩，后虽几经调整招生对象，最终还是将招生范围限定在旗人这一特殊阶层，因此在课程设置上，除英文、算学和中文

---

① 杨逸，等．广方言馆全案[M]．上海：上海古籍出版社，1989：111.

② 苏精．清季同文馆及其师生[M]．台北：上海印刷厂，1985：271.

③ 转引自高晓芳．晚清洋务学堂的外语教学研究[M]．北京：商务印书馆，2007：136.

为正式课程外，相比京师同文馆和上海同文馆，广东同文馆不得不多设置“清字清语”一门。至于西学课程，“在有关广州同文馆教习情况资料中，从未提及有科技专业一类的教师”①，这也是这所旗人外语学堂自始至终停留在培养外交翻译专门人才阶段的原因所在。即使后来开设有几门西学课程，也都是洋教习兼职讲授，学堂管理阶层并不在意西学的教学情况，以至于任由学生选学，不作专门考核。相反，广州同文馆及广州将军异常重视学生满、汉文字学习。时任两广总督瑞麟坚持认为“学习西文，必以汉文为本，汉文通顺，则西文不难学成”②，这实际上延续了京师同文馆早期专门人才培养思路，简单地认为学好汉语是学好西文的前提。此外，据广州同文馆办学章程第十五条规定，馆中学生须“随时兼习清字清语，以重务本”，在学习“经史文艺”之外，“兼习清汉翻译，以期融会贯通”③。到光绪五年(1879 年)广州同文馆增添法文、德文二馆时，广州将军长善仍提出从“兼晓清汉文义者”中挑选学生。为实现中外语言互译，广州同文馆学生学习汉文自然无可厚非，但强调满文学习，则额外增加了学生的语言学习负担，且对提高学生中外语言水平成效甚微。对于这种专设满文，以求满、汉、英语言课程同步进行的做法，后来担任两广总督的刘坤一直言不讳地指出其弊端所在：“初议兼用满汉生徒……嗣后专用旗人子弟，一味训课时文，虽仍聘一英员教习，略存其名而已，似乎毫无实际。纵添设一二馆，徒糜经费，为外人所笑。”④可见，广州同文馆在一段时间内为“训课时文”花费了巨大的时间和精力，以至于英语教习都“略存其名”，这一做法毫无疑问对馆内英语教学影响是负面的，且有违一所专门培养外语人才学校的办学宗旨。

---

① 李良佑，张日昇．中国英语教学史[M]．上海：上海外语教育出版社，1988：37.

② 朱有瓛．中国近代学制史料：第 1 辑：上册[M]．上海：华东师范大学出版社，1983：276.

③ 李良佑，张日昇．中国英语教学史[M]．上海：上海外语教育出版社，1988：37.

④ 郑剑顺．晚清史研究[M]．长沙：岳麓书社，2004：128.

二、学堂课堂教学与课外实践

京师同文馆办学之初，各方面均处于摸索阶段，官方存留下的史料较少。总理衙门对京师同文馆外语教学只作原则性的指导，要求所造人才熟谙外国语言、翻译公文即可，至于教材、教法则全由馆内教习把控。然而，办学之初所聘洋教习大多出身传教士，并无实际教学经验，更无教材、教法意识，上课只是采用外语授课，将总理衙门提供的外国公文作为训练教材。至于其他教学参考书则由洋教习自己选择，自由度比较大，这就是京师同文馆外语教学刚刚起步时的状态。办学初期，学堂所使用的外语教材，唯一有据可查的就是第一任法文教习司默灵编写的《法国话规》和《法国话料》，这两本教材是他在进入法文馆的第二年，即同治三年(1864 年)撰写的，一定程度上补充了馆内教科书的匮缺，也积累了一定的教科书编写经验。这位洋教习也因其躬身教学，推动馆内教材、教学规范化而得到了清廷的肯定，同治九年(1870 年)恭亲王奕䜣奏请朝廷赐予司默灵三等金宝星。

尽管京师同文馆办学初期，外语教学中所使用的教材和采取的教学方法史料留存甚少，但仍可以从同治四年(1865 年)举办的第一次大考，大致推测其教学内容和教学方法，因为考试内容必然是日常所教课程的集中反映。京师同文馆第一次外国语言大考初试，笔译即“将各国配送洋字照会，令其译成汉文”；复试则是“将各国条约摘出一段，令其翻成洋文”；口译则是由奕䜣等大臣“密出汉话条字”，交由学生口译给洋教习听。从考试内容看，笔试是翻译各国“照会”和“条约”，口试则由奕䜣等大臣出题，考查学生口译熟练程度和应变能力，内容仍旧是中外之间外交往来事宜。从这次大考的考试内容和考试形式可以看出，京师同文馆是以培养学生外交翻译能力作为人才培养的首要目标，翻译能力所必备的外国语言文字字母、音标、词汇，是学生初步涉及一门外语所必须学习的内容，而“照会”与“条约”的翻译在大考中占据绝对优势比例，可以推断学堂在日常教学安排中对此类外交文件的翻译训练很频繁。这既是大考必考内容，也是这所培养外交翻译人才学校的办学宗旨所在，否则在三年时间内不可能达到实务操作的办学目标。此外，在此之前的俄罗斯文馆俄语人才培养就是以外国函商往来的文件作为学习训练的重要教材，京师同文馆援引旧例安排同样教学内容也是经验所在、情理之中。19 世纪初传入中国的语法翻译教学法，到 19 世纪中叶已在教会学校中盛行，开办于 19 世纪初的英华书院就已经广泛使用这一教学方法。该校初级班开设的英文课程有“写作、翻译和语法等”，而高级班的英语课程则是“强调翻译和写作——学生每天还必须从事大量的中英互译，并完成校长布置的写作”①。可以推测，较英华书院开办迟了将近五十年的京师同文馆，同样以传教士为教习，以翻译为主要教学内容，语法翻译法此时应该已经被洋教习引入课堂。“语法翻译法最基本的特征即以语法为纲，以翻译为教学基本手段，注重阅读和写作和语法规则、词汇的记忆”②，京师同文馆洋教习从最基本的语音、词汇开始，逐步过渡到句子和段落的翻译，语法翻译法作为一种极易操作的教学方法自然而然被洋教习所接受并运用。

京师同文馆在课堂教学之余，于同治五年(1866 年)获得了一次学生课外实践的机会。该年年初，总税务司赫德休假回爱尔兰结婚，他建议总理衙门在馆内选拔两三名精通外语的学生随同他前往欧洲考察。这对于京师同文馆学生而言是学习锻炼的绝佳机会，他们能够借出国考察，深入了解欧洲风土人情，实践他们所习的新语言。早在一年之前，总理衙门就曾试图从俄文馆中派出两三名学生担任中国边界谈判代表团的翻译，但是京师同文馆认为此时学生能力不足，所以推辞了这项任务。而这一次，总理衙门同意了赫德的建议，于是，英文馆两名分别取得八品官和九品官的学生凤仪和德明(后更名张德彝)，以及一名法文馆学生彦慧，一行三人被派往欧洲考察。一同前往欧洲的还有三人，分别是斌椿(清朝官员，代表团首席代表)、鲍勒(英国人)、钱普斯(法国

① 顾卫星．晚清“语法—翻译”教学法剖析[J]．苏州大学学报(哲学社会科学版)，2002(4)．

② Richards，J. C. & Rodgers，T. C. *Approaches and Methods in Language Teaching*[M]. London：Cambridge University Press，1986，p. 3.

人)。他们于同年3月23日离开上海，历时三个半月，参观了英国、法国和西北欧各国工厂、博物馆和感兴趣的地方，受到了欧洲皇室和高级官员的款待，最后于9月28日途经香港，10月29日回到北京。这是中国政府第一次派遣考察团访问欧洲，对于京师同文馆所派的三名学生而言，这是一次开阔眼界、见识世面的好机会，更是作为外交翻译人员锻炼自己的口译和笔译能力的很好契机。这种派遣代表团考察西方的外交方式在随后的晚清外交中多次有过，每次代表团都会附带几名京师同文馆学生作为随行或翻译人员，虽然涉及的学生面不广，但一定程度上也成为京师同文馆课外教学实践的重要形式之一。

上海同文馆办学初期的课程包括英语、算学、儒家经典、中国历史和中文写作。其中英语和算学是每天都要讲授的课程，其余课程则根据学生个人需要安排授课。除英文外，所有其他课程都由中国教习教授。洋教习上课期间，学堂委派“通习西语、西文之委员懂事四人，常川住馆。每日西教习课读时，四人环坐，传递语言，发明西教习意指，使诸生易于领受。”①这四位“懂事”在馆内既充当了课堂翻译的角色，也“随同督课”，担任助教一职。这种由外籍教习和翻译员同堂授课，双语交替的教学方式，在当时也是不得已而为之。尽管首任教习林乐知是中国通，可以直接给学生上课，并不需要“懂事”在课堂上翻译传话，然而其他洋教习不懂汉语，学生尚不精通外国语言文字，只能通过“懂事”进行辅助翻译教学，这种教学方式有益于刚刚入学的学生尽早入门。

同治三年六月(1864年7月)，上海同文馆共招收了26名学生。正式上课之前，有部分学生已粗懂一些洋泾浜英语。首任英文教习林乐知上任后，从语音开始，以诺亚·韦伯斯特(Noah Webster)拼音课本作为教材讲授英语发音，然后转入简单的中译英翻译练习，以简单句为主的读物作为翻译材料，同时授之以简单的语法知识。当时的上海同文馆英语教学并没有专门指定的教材，也没有按年级进行分阶梯教学，教习只

① 朱有瓛. 中国近代学制史料：第1辑：上册[M]. 上海：华东师范大学出版社，1983：217.

能根据自身经验，就地取材。为了提高学生的英语阅读水平，林乐知采用经传教士改写的基督教教义宣传简易读本作为教学材料，例如《黎明》(*The Peep of Day*)、《两个朋友》(*Two Friends*)、《亨利与他的轿夫》(*Henry and His Bearer*)等寓言故事。林乐知认为，这些小册子不仅能提高学生的英文水平，同时还能传授简单的基督教真理。上海同文馆学生上课时间为每周6天，每天上午9时至12时讲授英语，下午讲授中学课程。学生学习进度很快，仅一个月时间，第一个班学生已经学习完《韦氏拼写书》，此时学生已能默拼、朗读短句。同治六年(1867年)，林乐知重返上海同文馆时，学生已经增至33人，并有另外7名即将到校，但他们的英语水平参差不齐，学堂管理极为混乱，于是林乐知将这些学生分为三类：第一类学生语法进步较大，有一定基础；第二类学生尚可教育，但“有相当多的缺陷”；第三类只有“一两个有培养前途的少年”①，基础较差。另外还有一个基础实在太差、毫无希望的学生，林乐知建议他退学。在教学过程中，林乐知以板书的形式，综合多本教材内容授课，以启发式的方式引导学生反复进行各种词组类型的练习。尽管办学之初并没有专门开设西学课程，但是林乐知此时已经开始引导学生了解西方科学知识，激发他们对西学的兴趣。同治六年三月(1867年)，他在恢复上海同文馆教习职务的前夕，在日记中写道：“今日忙于研究化学，是为了做一些实验以启发中国学生和进一步引起他们对西方科学和宗教的兴趣……向他们解释实验所展示的现象，尽力向他们说明他们很多迷信的信念是愚昧荒诞的。”②但可惜的是，林乐知在日记中并未提到上海同文馆的算学教学，但这门课程一定是有讲授，因为在同治七年(1868年)，上海同文馆选送至京师同文馆的第一批学生就接受了算学考核，并且表现出一定的算学能力。

广州素有“通事之乡”称谓，但广州同文馆的教学内容和教学方式

① 毕乃德．洋务学堂[M]．曾钜生，译．杭州：杭州大学出版社，1993：127.

② 毕乃德．洋务学堂[M]．曾钜生，译．杭州：杭州大学出版社，1993：128.

并没有像上海同文馆那样灵活务实，也不可能有京师同文馆那么丰富多样的课程设置，其教学内容相对比较保守和单一。开办之初馆内教学主要以英文教学为主，“学校也教中文、基础算学以及粗浅的现代科学，但据说教员没有经过正规训练，也很少受到监督。”①只有谭顺一名洋教习同时讲授英语和算学。由于广州同文馆“学生专习外国语言文字”，英文考试不及格就会被开除，决策当局对西学也并不重视，因此学生将大量精力和时间花在英文课程学习上，西学的成就相对不大，即使是另外两所同文馆所重视的算术，对于广州同文馆学生而言，其兴趣和进步并不大，“甚至也只有少数在算术上功课平平”②。相反，决策当局针对旗人专门开设满文一科，同治二年(1863年)上谕“令仍习清语”，同时“课以经史文艺，仍兼习清、汉翻译，以期融会贯通”③，可以看出，广州同文馆学生除学习英汉语言翻译外，还必须兼顾满文和汉文的翻译，据同治七年(1868年)两广总督瑞麟在奏折中称：“三年期满，并翻译乡试清文熟习，点画无讹”④，要求“将中外语言文字，融会贯通，期著成效”⑤，对满文的教学要求则是学生在三年内达到熟练无误的程度。根据广州同文馆课程时间安排，学生的上课时间为“每日巳午未三时(即9—15时)，由西教习训课”“早晚各时由汉文教习训课”；“每日卯刻(7时)入馆，酉时(19点)出馆”⑥，也就是每天早晚各学习两小时汉文和满文，其他时间学习英文和少量历史、地理、天文等西学课程。可见，无论是时间段的选择还是课时量的安排，西学、西语教学在整个

① 毕乃德．洋务学堂[M]．曾钜生，译．杭州：杭州大学出版社，1993：32.

② 苏精．清季同文馆及其师生[M]．台北：上海印刷厂，1985：33.

③ 朱有瓛．中国近代学制史料：第1辑：上册[M]．上海：华东师范大学出版社，1983：126.

④ 朱有瓛．中国近代学制史料：第1辑：上册[M]．上海：华东师范大学出版社，1983：264.

⑤ 李良佑，张日昇．中国英语教学史[M]．上海：上海外语教育出版社，1988：37.

⑥ 李良佑，张日昇．中国英语教学史[M]．上海：上海外语教育出版社，1988：38.

日常教学中还是占据了绝对的优势地位。至于广州同文馆教学所用教材，到目前为止还未看到有关英文、法文和俄文的具体教科书史料，但据京师同文馆和上海同文馆办学经验，或许可以猜测广州同文馆所使用的教材应该是原版教材或洋教习自编教材。如开办于光绪二十三年(1897年)的日文馆，首任教习谷川雄太郎自己编撰了《日语入门》一书，作为日语教材，该教材从日语语音开始，再到单词，由简单到复杂，均选自日常生活用语，适合初学者“藉名以充练音之用耳”①。《日语入门》一书，不仅是广州同文馆的日常教材，其对后来的日语教材编写影响也较大，随后由中国人编写的《东语文法提纲》《东语课程》均受其影响，有所借鉴。

三、学生的考核与奖励

为提高京师同文馆学生学习的积极性，总理衙门在同治元年(1862年)《奏定学习外国语言文字章程六条》的基础上，于同治四年(1865年)重新拟定章程六条，新章程进一步细化了对学生的考核和奖励事项。学堂考试分月考、季考、岁考和三年一次大考。其中月考、季考、岁考由馆内教习主持，提调官酌定，分别注册存查。岁考和季考优异者均给予奖励，岁考一等，每馆二名，每名四两银；二等三名，每名二两银。季考一等两名，每名三两银；二等三名，每名一两五钱。学生三年学习期满参加大考，由总理衙门官员主持，按照考试成绩第次，成绩优良的学生奖予副教习职务或七品、八品、九品的官阶，八品官学生再考一等授予七品，七品官学生再考一等授予主事；成绩低劣者降级，留馆继续学习。但办学第一年并未举行外国语言考试，只考查了学生的满汉文字学习情况，一年后，学生外国语言文字学有成效，才以各国照会为材料，要求学生翻译为汉文。同治四年(1865年)京师同文馆举行了第一次大考，考试在总理衙门大堂举行，提调、分教习在场稽察，以防止

① 转引自高晓芳. 晚清洋务学堂的外语教育研究[M]. 北京：商务印书馆，2007：166.

作弊。考试分为初试、复试和口试。初试要求将“各国配送洋字照会令其译成汉文”，复试将“各国条约摘出一段，令其译成洋文”，由于奕䜣等人不懂洋文，便“饬总税务司赫德与各馆外国教习会同阅看，分别名次高下”；即使学生通晓外国文字，但其口译是否娴熟，只有通过专门口译考试才能辨别。于是由奕䜣等官员出题，交由学生“隔座向外国教习侍讲，再令外国教习将学生言语译汉，写明两相核对”①。外交公函与中外条约均以中、外语言同时配送，且翻译精准，是非常好的考查学生笔译水平的考核材料；而口译考试则经过洋教习“外译汉”的转换，再与原题对照，大体能够考查出学生的口译水平。整个考试历经九天，通过对比三次考核成绩，最后为表现优秀的学生授予七、八、九品官阶，劣等成绩学生降革留学。从第一次大考的规格、考核方式及考查内容可以看出，总理衙门对京师同文馆外交翻译人才抱有十分高的期望，对人才培养也极其重视。

上海同文馆对学生考核采取淘汰制：“其有三年期满，学无成效者，或随时考察，不堪造就者，则严为裁汰”②；“其不能翻译全帙者，作为佾生，一体出馆”③，倘若“西文西语以及所业之文均有进益，着赏银四两至八两，以示鼓励”④。上海同文馆奖罚分明，较京师同文馆采取“前后馆制”，即后馆学生如果成绩不佳，则退回到前馆继续学习，惩罚力度更大，更有威慑力，对生源质量和人才培养质量更有保障。上海同文馆对学生的考核与奖励，具体为每月初一、十五两天课堂考试，初八、二十两天由总教习根据学生所读的书籍，当面提问，查看其通晓外国语言文字数量，每三个月由江海关道考试一次，中西各学成绩进步

① 高时良，黄仁贤．中国近代教育史资料汇编：洋务运动时期教育[M]．上海：上海教育出版社，2007：100.

② 朱有瓛．中国近代学制史料：第1辑：上册[M]．上海：华东师范大学出版社，1983：233.

③ 朱有瓛．中国近代学制史料：第1辑：上册[M]．上海：华东师范大学出版社，1983：217.

④ 朱有瓛．中国近代学制史料：第1辑：上册[M]．上海：华东师范大学出版社，1983：217.

较大的取前十名赏银四两到八两不等，以示鼓励，劣者则即行撤换。学生肄业三年期满，能够独自翻译西书西文，且文理斐然成章者，就送交通商大臣督抚衙门进一步考核，咨请学政按照奏定章程作为附生。若各督抚衙门添设翻译官承办洋务，就可以从他们中挑选；如果精通西文西语，成绩特别优秀者，就由通商督抚专折奏保，调入京城考试授官；劣者作为佾生，毕业出馆。

除课堂考查外，海关监督每星期日下午还会对第一班的学生进行考试，考试内容为上一星期美国和英国领事寄给海关的简单短信，这些文件都是英文书写，并附有中文译文，这样海关监督就可以对照中文译文检测出每个学生的翻译水平。同治六年(1867 年)，海关监督应宝时向通商大臣曾国藩报告称学堂已经完成对第一班的结业课程考试，其中有 9 名毕业生表现出一定的翻译才能，同年夏天，林乐知所教学生中已经有高班学生取得“生员”资格，这是通往翻译官的第一步。但是很遗憾的是，学堂所培养的翻译人才不能如办学时所期望的那样被派往各个通商口岸衙门充当翻译官，因为各衙门暂时并不需要翻译官，于是上海同文馆负责人想到了总理衙门当初承诺可以将优秀学生送往京师考核后授予内阁中书或国子监学的头衔。同年 10 月 12 日，总理衙门上奏调请上海、广州两地同文馆优秀学生入京考核，11 月 22 日，上海同文馆奉旨选派六名优秀学生入京师同文馆，因一人请丧假而获准推迟入馆，其余五人——严良勋、席淦、汪凤藻、汪远焜和王文秀按计划进入京师同文馆学习英语和算学。经过考核，翌年 7 月 12 日，他们中两名生员被任命为内阁中书，有资格参加举人的乡试，三名监生被任命为国子监学正。尽管这只是名义上的头衔，但这使得他们能够继续留在京师同文馆学习，上海同文馆也最终解决了第一批毕业生的仕途安排。

广州同文馆对毕业生的奖赏和使用规定得十分详细，考核原则“犹以西语、西文为先，不得仅以乡试清文、汉文定为去取”“如此方能拔取真才，而收实效”①。根据广州同文馆开办之初旧章程规定，学生在馆三

① 朱有瓛. 中国近代学制史料：第 1 辑：上册[M]. 上海：华东师范大学出版社，1983：269.

年，学有成效，照章考试通过者，授予旗人毕业生“翻译生员”科名，准许参加省级的翻译乡试和正常的乡试；授予汉人毕业生“监生”的科名，准许参加乡试，所有毕业生均可以充当各衙门翻译官，如果充当翻译官期间“照常当差，奋勉出力”“给予府经、县丞、防御等升阶”①。但几年后，同治十年(1871 年)两广总督瑞麟发现：“派充各衙门翻译官，系属有名无实，并无差使……再四酌核，拟将各衙门翻译官裁撤，以节靡费。”②同时“旗人愿就武职以防御升用，未免过优，品级亦甚悬殊……所有生监在管学习三年后甄别，除才识出众保送京后择优保举府经历、县丞之外，其旗人愿就武职，予以防御升阶一节，即毋庸议。”③办学五年后，广州同文馆毕业生分配到将军督抚衙门充当翻译官并没有达到预期的效果，有名无实。外国人来谈判通常有随同翻译人员，他们抱怨中国的翻译官无事可做，不是百无聊赖地待在办公室，就是在同文馆学习中文，准备参加乡试，将外文荒废掉。因此，瑞麟建议撤销各衙门的翻译官，那些不够条件送往北京或者不能通过乡试的毕业生继续留在馆内学习外文，给予固定薪俸，如各衙门有事需要翻译时，可以随时叫他们去应差。而对于旗人可以通过“防御”获得升迁，这在瑞麟看来，既有违于培养翻译人才专办洋务的办学初衷，防御办旗务也“非学习西文之年轻子弟可期称职”，因此，广州同文馆从此不再让学生毕业任防御武职。这无疑又断了学生的一条官场出路，但从另外一方面来看，杜绝因为旗人身份而享受特殊升迁渠道的做法，一定程度上可以倒逼旗人学生努力学习，凭借优异的成绩获得仕途升迁。

自从取消授予翻译官职务和武职升迁的特殊待遇后，保送学生入京师同文馆学习深造成为学生仕途升迁的主要途径。自同治六年(1867

① 朱有瓛．中国近代学制史料：第 1 辑：上册[M]．上海：华东师范大学出版社，1983：265.

② 朱有瓛．中国近代学制史料：第 1 辑：上册[M]．上海：华东师范大学出版社，1983：268-269.

③ 朱有瓛．中国近代学制史料：第 1 辑：上册[M]．上海：华东师范大学出版社，1983：269.

年)到光绪二十五年(1899年),广州同文馆共向京师同文馆保送6批40名学生,其中同治六年(1867年)被保送的人员全部于第二年被“咨送”回粤,又分别于同治十年(1971年)、同治十一年(1872年)再次被保送至京师同文馆,具体学生名单列表如下(见表3-2):

表3-2 **广州同文馆保送入京师同文馆学生名单**

次第/时间	人数	姓名
同治六年(1867年)	6名	蔡锡勇、那三、博勒洪武、韩常泰、左秉隆、坤杨
同治十年(1871年)	11名	博勒洪武、韩常泰、坤杨、杨枢、马呈忠、沈铎、善桐、叶兆议、王镇贤、左庚、罗谦和
同治十一年(1872年)	3名	蔡锡勇、那三、左秉隆
光绪十六年(1890年)	12名	茂连、齐海、杨福、丁永焜、周自齐、杨晟、联康、元章、马廷亮、王汝淮、李克亨、董鸿钧
光绪二十二年(1896年)	8名	多兴、蒋俊、爰存、柏锐、国栋、熙臣、薛永年、毛秉科
光绪二十五年(1899年)	6名	李殿璋、窦学光、许国桢、许国栋、谢有熊、柏荃

资料来源:朱有瓛:《中国近代学制史料》第一辑(上册),华东师范大学出版社1983年版,第54页。

同治六年(1867年)底首批被保送至京师同文馆的6名学生中,有汉人1名、旗人5名,他们都参加了京师同文馆的英语和算学考试,总理衙门对6名学生的成绩给予了充分的肯定,两名汉人被授予“监生”头衔,五名旗人成为“翻译生员”,这也是办学之初,京师同文馆办学章程所承诺的奖励待遇,一定程度上说明广州同文馆此时的外语教学已经初现成效。他们后来又参加了同治七年(1868年)的“乡试”,可能都失败了，因此被送回广州，分派广州将军衙门或海关担任有薪俸的翻译官，平时则仍在同文馆学习。光绪二十七年(1901 年)，俄文和日文两馆举行了第一次大考，共有 15 名学生获得翻译生员的科名，其中俄文 4 名、日文 11 名。

第四章　晚清官办学校复合型外语人才培养实践

“复合”是指不同的两个或两个以上的事物结合在一起组成新的复合体；“复合型人才主要是指具备掌握了两种专业实用技能的人才”①，“复合型外语人才指既熟练掌握一门外国语的各种技能，懂得该门外国语基本知识，也具有其他一门学科的基本知识和技能的一专多能的人才”②。简言之，复合型外语人才至少具备三个基本特征：1. 相对宽广的知识面。复合型外语人才要能够通晓两个或两个以上专业或学科基础理论知识和基本技能，相对专才而言，具有更为广博的知识面和厚实的专业基础。2. 知识的交融程度高。复合型外语人才具有多学科的知识背景，但不是多种学科知识的简单相加，而是深度融合与交叉，从而构建合理的知识结构体系与能力素质。3. 社会实践能力强。复合型外语人才也是实用型人才，外国语言作为一门工具、一项技能，本身就具有很强的实用性，以此为基础或依托的相关学科进一步加强了这种人才的实用性。

当然必须明晰的是，复合型外语人才是“主从复合”，或“主次复合”，而非“并列复合”；“主”是外语，“从”或“次”则是非外语专业；换言之，外语在复合型外语人才培养中为“本”，是稳定的、不变的，

① 戴炜栋，胡文仲．中国外语教育发展研究（1949—2009）[M]．上海：上海教育出版社，1999：2.

② 杜瑞清．复合型外语人才的培养及实践[J]．外语教学，1997(2).

"复合型外语人才培养模式的关键在于外语知识的传授与学习"①，其他辅修专业则只是为了增加学习者知识结构的多样性，增强社会适应性，拓展外语这一主要专业的功能和应用范围。只有将外语作为复合型外语人才培养的前提和基础，才能保证复合型外语人才姓"外"。

洋务运动初期，晚清政府为应对外交困境，开办新式外语学堂，开设英、法、俄、德等主要外交语种，培养外交翻译人才。在李鸿章、冯桂芬等人物看来，只要精通外国语语言，就不难学习外国巧技。对于近代科学，则是以算学为根本，晚清政府认为只要通晓算学，便可以尽通一切西学。但随着洋务运动的逐步深入，洋务企业的进一步发展对新式人才的知识结构和能力素养提出更高要求，洋务派人物开始意识到"西文并非西学，西学也不只是天算"，要达到自强求富的目的，仅仅依靠精通外国语言文字和算学人才是远远不够的，更需要培养掌握西方现代科学技术及西方政治经济的人才。于是在京师同文馆、上海同文馆及湖北自强学堂等外语学堂课程设计中开始增加算学、格致、天文、地理、万国公法、商务等西学科目，用外国语言讲授西学课程。这几所学堂在学生月考、季考、大考中的书面用语言则是译外文为主，同时兼顾汉语，学堂建立了近代中国最早的化学、物理实验室，天文台以及博物馆，以锻炼学生的动手实践能力。这三所外语学堂尽管校情各异，在其创办后期都将西文、西语看作通往西学的阶梯，着力培养复合型外语人才，采取了"外语+西学"的复合型人才培养模式。

第一节　京师、上海同文馆复合型外语人才培养

同治五年(1866年)，恭亲王奕䜣领衔呈上《请添设一馆讲求天文算学折》，掀起了清廷内部轰动一时的"天文算学馆"之争，这场争论最终以洋务派的胜利而告终，成功开设天文算学馆。据总教习丁韪良回忆：

---

① 李建平．试论知识结构与复合型外语人才培养[J]．四川外语学院学报，2004(4)．

“总理衙门决定在同文馆增加科学馆，并招收中文根底较好的学生，以便将译员学校提升为一个学院。”①天文算学馆成立后，学堂课程大为扩充，除西文西语外，各类西方自然科学课程开始出现在日常教学中，其中包括：化学（1866 年）、算学（1868 年）、万国公法（1868 年）、医学生理（1871 年）、天文（1877 年）、物理（1879 年）。但“馆中功课以洋文、洋语为要”，外国语言的学习始终贯穿整个学习过程，占有绝对的主导地位，只有当“洋文、洋语已通，方许兼习别艺”②。至此，京师同文馆“外语教学从单纯的西文走向西艺科目的开端，它将外语定位成学习西方科学技术的工具，所培养的就不限于翻译与外交人才，而是扩大到科学技术人才”③。京师同文馆亦从一所单纯的译员学校扩充为一所综合性的学院。上海同文馆自同治九年（1870 年）并入江南机器制造总局后，学生分为上、下班，“初进馆者先在下班，学习外国公理公法，如算学、代数学、对数学、几何学、重学、天文、地理、绘图等事”。“若作翻译者，另习外国语言文字等书”“至年底考试可取者，察其性情相近，并意气所向，再进上班，专习一艺”④。文馆采取分班制教学，分为上、下班，下班学生中专习外国语言文字的学生也能学习西方技术知识，为进入更高层次的“上班”专业课学习打下西学基础。

一、多途径、高质量的学生来源

京师同文馆创办初期，生源限定在八旗子弟中，且年龄在十三四岁以下，以咨传的方式进入馆内学习洋文。开馆一年半后所收学生年龄稍微放宽至十五岁以下，但招选效果并不佳。直到同治五年（1866 年）十

---

① 丁韪良．花甲忆记——一位美国传教士眼中的晚清帝国［M］．沈弘，等译．桂林：广西师范大学出版社，2004：203.

② 高时良，黄仁贤．中国近代教育史资料汇编：洋务运动时期教育［M］．上海：上海教育出版社，2007：56.

③ 高晓芳．晚清洋务学堂的外语教学研究［M］．北京：商务印书馆，2007：82.

④ 高时良，黄仁贤．中国近代教育史资料汇编：洋务运动时期教育［M］．上海：上海教育出版社，2007：191.

二月拟设天文算学馆，总理衙门才真正放开招考限制："招取满汉举人及恩、拔、岁、副、优贡，汉文业已通顺，年在二十以外者……取具同乡京官印结或本旗图片，赴臣衙门考试。"①同治六年(1867年)京师同文馆第一次公开招考，进一步放开招考范围："咨取进士、举人、恩、拔、副、岁、优贡生，并翰林院庶吉士、编修、检讨，及由前项出身之京外各官。"②同治五年(1866年)、同治六年(1867年)两次扩招虽然突破了旗人阶层的限制，延伸至正途出身的汉人，但由于大学士倭仁等旧势力的强烈反对而无疾而终，半年内只有98名学生报考，无一人正途出身，实际到考72名，经初、复试后录取30名，入学半年后因毫无功效退学20名，剩下10名。总理衙门不得不再次放宽资格招收"杂项"人员，同治九年(1870年)、光绪四年(1878年)又分别公开招考两次，到光绪十一年(1885年)京师同文馆第四次公开招考，这次出于丁韪良的建议，招考对象有两类：一类是不分满、汉，年龄在十五岁以上、二十五岁以下，文理通顺的人；二类是满、汉举贡生监，以及曾讲求天文算学、西国语言文字的人，不限年龄，一律收考。这次扩招效果明显，不仅突破了满汉限制，而且正途出身不再是学生报考的前提条件，加之其时社会风气有所开化，学生入馆学习不再被视为"畏途"，因此本次报考人数竟达394人。入馆考试主要考查学生策论、四书，取其中文理通顺及粗通天文、算学、化学及洋文学生；初试挑选了150人，经过复试甄别，最后录取108人，到光绪十三年(1887年)馆内学生人数达到120名，此后一直基本保持在这个数字。

京师同文馆除公开招考外，另一项重要学生来源，即由广州同文馆和上海同文馆保送入京深造的优等生。早在上海、广州两馆成立之初，总理衙门就曾主动奏请，"倘一二年后学有成效，即调京考试，授以官

---

① 宝鋆．筹办夷务始末：同治朝卷四十六[M]．北京：中华书局，1981：1945.

② 朱有瓛．中国近代学制史料：第1辑：上册[M]．上海：华东师范大学出版社，1983：26.

职，俾有上进之阶”①。总理衙门虽有考试授官承诺，但直到同治九年(1870年)京师同文馆天文算学馆招考失败，总理衙门为谋求补救措施，才想到调取两馆的学生晋入京馆学习。该年恭亲王奕䜣等上奏“请旨饬上海通商大臣、两广总督、广东巡抚，将各该处所立外国语言文字学馆内择其已有成效者，每省酌送数名来京考试，以便群相研究”②。按照总理衙门的要求，上海同文馆和广州同文馆在同治九年(1870年)至光绪二十二年(1896年)间，向京师同文馆保送英、法文学生共计74名，其中广州同文馆保送五批46名，上海同文馆五批28名。从质量上来讲，上海和广州两馆咨送的学生质量总体上要高于京师同文馆从八旗子弟中咨传的学生，特别是上海同文馆赴京学生，质量最好、成才率最高，这主要是缘于上海同文馆开办之初，即对学生入学条件与考核方式严格要求。保送对于改善京师同文馆生源结构和质量起到了立竿见影的成效，19世纪90年代后，社会对外语人才的需求日渐旺盛，想入京师同文馆学习的学生一度出现供过于求的局面，文馆生源可选择余地大为增加。现据有关资料所记载，将上海、广州同文馆历年向京师同文馆保送学生名单制表，显示如下(见表4-1)：

表4-1　上海、广州同文馆历年保送至京师同文馆学生名单

第次	时间	人数	姓名	备注
历年从上海广方言馆保送至京师同文馆学生一览				
第一次	同治七年三月初九日(1868.4.1)	5	严良勋　席淦　汪凤藻　汪远焜　王文秀	均为英文学生
第二次	同治十年八月(1871.9)	7	朱格仁　杨兆莹　金仁杰　王宗福　徐广坤　杨兆鋆　黎子祥	均为英文学生

① 宝鋆．筹办夷务始末：同治朝卷十四[M]．北京：中华书局，1981：5.
② 高时良，黄仁贤．中国近代教育史资料汇编：洋务运动时期教育[M]．上海：上海教育出版社，2007：78.

续表

第 次	时间	人数	姓名	备注
第三次	光绪五年十一月初一日(1879.12.13)	2	吴宗濂　黄致尧	均为法文学生
第四次	光绪十六年七月(1890.8)	7	朱敬彝　陈贻范　杨书雯　陆徵祥　刘式训　刘镜人　翟青松	前三名英文，后四名法文
第五次	光绪二十二年(1896)	7	周传经　唐在复　戴陈霙　黄书淦　徐绍甲　方传钦　陈思谦	均为法文学生
历年从广东同文馆保送至京师同文馆学生一览				
第一次	同治六年十一月十二日(1867.12.7)	6	蔡锡勇 那三 博勒洪武 韩常泰 左秉隆　坤扬①	
第二次	同治十年七月初七日(1871.8.22)	11	博勒洪武 韩常泰 坤扬 杨枢 马呈忠 沈铎 善桐　叶兆仪 王镇贤 左庚 罗谦和	
	同治十一年九月十二日(1872.10.23)	3	蔡锡勇 那三 左秉隆	
第三次	光绪十六年三月(1890.4)	12	茂连 齐海 杨福 丁永焜 周自齐 杨晟 联 康 元章 马廷亮 王汝淮 李克亨 董鸿钧	
第四次	光绪二十二年(1896)	8	多兴 蒋俊 爰存 柏锐 国栋 熙臣 薛永年 毛秉科	
第五次	光绪二十五年(1899)	6	李殿璋 窦学光 许国桢 许国梁 谢有熊　柏荃	

资料来源：朱有瓛：《中国近代学制史料》第一辑(上册)，华东师范大学出版社1983年版，第53-54页。苏精：《清季同文馆及其师生》，台北：上海印刷厂，1985年版，第108、134页。

① 注：第一次保送六名学生，于同治七年三月(1868年4月)全部咨送回广州。

此外，通过非正规招考的方式进入京师同文馆学习的也不乏人在。这主要是通过熟人推荐方式入馆，如曾于1895—1900年间肄业于京师同文馆的齐如山(1875—1962)，便是由同治、光绪两代帝师翁同龢推荐入学，其兄齐竺山则是由军机大臣李鸿藻推荐入学。从《齐如山回忆录》中可以大致了解到当时京师同文馆的招生概况：

> 在设立最初二十年来的时间，所有的学生，都是由各旗强迫调来，所以都是旗人。到了光绪中叶，风气渐开，汉人已有愿入者，然仍极容易，由馆中人员，及教习介绍，或由资格较深之学生介绍，都可以进去，何况堂官？绝对用不着考试，我进去的时候，是由翁文恭公同龢交派的，我入馆后第二年，因为想入的人太多了，所以才有考试的规定，然考亦不难，且有大人情者，不考亦仍可加入。到光绪戊戌，虽然变法未成功，但因政治的变动，于民治有了很大的影响，想入者更多，以后就非经考试，不能入馆了。①

19世纪80年代后，学生报考尽管有人情掺杂其中，但京师同文馆学生招选无论是生源渠道、入学方式、招考人数，还是资格要求，都逐渐趋向科学合理，证明了晚清政府对于外语人才培养逐步有了一定经验和办学规划。经过扩张和改组后的京师同文馆，一时间“颇受士大夫们的重视，就连一些贵胄子弟都急切地想入馆学习”②。随着清政府与其他国家交往日益增进，这些国家的语言也变得日益重要起来，为了确保与西方主要国家之间的正常外交往来，总理衙门不得不以堂谕的形式强行控制各馆招生人数及学生分配比例。此种情形从光绪二十一年(1895年)九月奉堂谕可见其详：

① 齐如山．齐如山回忆录[M]．上海：上海文艺出版社，2014：29.

② 丁韪良．花甲忆记——一位美国传教士眼中的晚清帝国[M]．沈弘，等译．桂林：广西师范大学出版社，2004：211.

总教习申称：向来传到及投效新生，应在某馆学习，均由本教习分派。乃近来到馆诸生，皆婉转恳求习学英文，而于法、俄、德三国文字，若有不愿学不屑学之状。现在英馆学生业有五十名之多，法、俄两馆各仅二十余名，德馆尤少，不过十余名。是英馆较别馆多至两三倍，倘再不酌示限制，则英馆必拥挤难堪，教习亦有训迪不周之虑。拟请明定章程，每馆应派学生若干名，作为定额。新到学生，先查某馆缺额，即派学习。纵有愿学英文者，亦须俟英馆缺出，乃可补派各等语。查学习洋文言语，原期博考周知，广为储才，岂可囿于一国。吾华人士以通商风气开自英国，遂尔偏重英文，岂知外洋文牍往还，强半以法文为正。此外如德国之武备、制造，宜由图册访求，俄界之广轮交错，宜以方言稽考，何一非当今急务，且今日迩室讲求，即为将来四方之选，若竟狃于习尚，岂非自窘步趋。嗣后应如总教习所请，明定缺额。英文馆以五十名为率，法文、俄文馆以二十五名为率，德文馆以二十名为率，著为定额，以免拥挤偏废。诸生等宜善体此意，实事求是。特谕。①

上海同文馆于同治九年(1870年)并入江南制造机器制造总局。其归并缘由，据江海关道通商大臣奏称："现在机器制造局开设学堂，译习外国书籍，与广方言馆事属相似，自应归并一处，以期一气贯串。"②并入江南制造局后的上海同文馆，与江南制造局的翻译馆共同分担教学与西书翻译任务，其规模较之前更大，但招生人数仍旧控制在40名之内，学生入馆前和入馆后均严格甄别。同治九年(1870年)，制造局总办冯焌光和郑藻如在《再拟开办学馆事宜章程十六条》中明确规定："窃谓肄业生徒四十名额，如皆造就，则人数既多，人才自出。倘进馆之后，学无进益，去留一时不能遽定，则与其滥充，不若暂时缺额，姑俟

① 朱有瓛.中国近代学制史料：第1辑：上册[M].上海：华东师范大学出版社，1983：140.

② 杨逸，等.广方言馆全案[M].上海：上海古籍出版社，1989：117.

将来逐渐选补”，招生年龄“以年十四岁内外或二十左右之文童充选，候补佐杂及绅士中有年及弱冠愿入馆学习者，一体准保进馆学习……虽善教者无弃才，而甄别既严，斯人心鼓舞，即学者亦自知尊贵，共切观摩。”①

在江南制造局总办看来，严格的招生及甄别制度能够起到鼓舞人心、端正学习态度的作用，避免出现京师同文馆八旗子弟闲散怠慢的情况。并入江南制造局后的光绪七年(1881年)，上海同文馆馆章仍规定“学徒向额四十名，设英文、法文、算学三馆”。即使到了光绪二十年(1894年)，新订的《简明条规十条》仍然强调：“英文、法文、算学生徒，仍照向单章定额四十名外，余数名或十名，以备出缺挑补。”②此处的“余数名或十名”，主要是指“候补佐杂及绅士中有年及弱冠愿意入馆学习者”。这些人可以被保荐入馆学习，伙食由馆内提供，可以住馆也可以每日来馆学习但不住馆，学成后准许作为备选翻译官，以补或缺。上海同文馆至少在办学后三十年内，其招生人数都没有太大的变化，始终坚持宁缺毋滥、严格甄别的办学原则。同时上海同文馆采取“淘汰制”，“其三年期满，学无成效者，或随时考察，不堪造就者，则严为裁汰”③，“毫无长进者，撤退”④。可见，这种招考前后都相对严格的甄别制，保证了上海同文馆教学质量和人才培养质量。

二、外引内培：复合型师资队伍建设

扩充后的京师同文馆与合并后的上海同文馆，其教习类型，从横向来看有洋教习和汉教习两类，洋教习负责外国语言和西方科学课程讲

---

① 朱有瓛．中国近代学制史料：第1辑：上册[M]．上海：华东师范大学出版社，1983：233.

② 朱有瓛．中国近代学制史料：第1辑：上册[M]．上海：华东师范大学出版社，1983：240.

③ 朱有瓛．中国近代学制史料：第1辑：上册[M]．上海：华东师范大学出版社，1983：233.

④ 朱有瓛．中国近代学制史料：第1辑：上册[M]．上海：华东师范大学出版社，1983：240.

授，汉教习负责汉语和算学的讲授。从纵向来看又分为总教习、教习和副教习三类。总教习只由一人担任，总管学堂教学事务，教习仅次于总教习，是教师队伍的主体，承担日常教学工作，名额视学校教学情况而定；副教习兼具教习和学员的双重身份，从成绩优异的学生中挑选，职责是带领新生学习并协助教习工作。

(1)总教习。京师同文馆于同治八年(1869 年)设总教习一职。对于总教习一职，在历次京师同文馆办学章程中并无明确规定，仅在《清会典》第一百卷中略有提及："总教习用赅通洋文洋学，及熟悉中国语言文字者。"①这样的资格要求也是较为模糊。从第一任总教习丁韪良所从事的各项事务可以得知，总教习至少要负责制定课程计划、督查各馆功课、聘用教习、组织教科书编译、制定招生办法、筹建教学设置。在总税务司赫德的暗中扶持下，京师同文馆总教习的权利实际上并不仅限于以上几项。

截至光绪二十七年(1901 年)，京师同文馆总共聘用过两位总教习，分别是首任总教习丁韪良(William Alexander Parsons)和继任者欧礼斐(Charles H. Oliver)。丁韪良于同治八年(1869 年)开始担任总教习一职，该氏毕业于美国印第安纳州立大学(Indiana State University)，获得双学士学位，最初是由美国驻华使臣蒲安臣和英国使馆参赞威妥玛共同推荐，他于同治四年(1865 年)担任京师同文馆英文、国际公法、格致等科教习，由于他精通汉语，翻译了大量西方著作，可谓"学贯中西"，因此恭亲王奕䜣又给他取名"丁冠西"。他上任后，即对京师同文馆进行大刀阔斧的改革：配备了各类教科书，添设了大量的教学设备和设施；主持拟定了"八年课程计划"表，这是中国教育史上第一份分年课程表。在他的主持下，京师同文馆在办学规模、教学内容和人才培养质量等方面都大为改观。丁韪良担任总教习一职一直持续到光绪二十年(1894 年)，共计长达 25 年之久，算得上见证并参与京师同文馆历史变迁的最重要西方人物。接手丁韪良总教习一职的欧礼斐，毕业于英国爱

① 转引自曾钜生：《略论上海广方言馆》，《杭州大学学报》，1986 年第 1 期。

尔兰皇后学院(Queen College)，硕士学位，曾担任京师同文馆英文、格致、化学、天文等课程教习，也是一位“中国通”。他于光绪二十年(1894年)接替丁韪良的总教习工作，一直工作到光绪二十八年(1902年)京师同文馆并入京师大学堂为止。

与京师同文馆不同，上海同文馆开办之初“试办章程十二条”中第一条即言“馆中延订近郡品学兼优绅士一人为总教习”①，清廷试图就近招聘品学兼优的绅士担任这一职，这里的绅士，可能是中国人也可能是外国人，在其初次试办学堂章程中并无具体说明，只是在并入江南制造局后的同治九年(1870年)《再拟开办学馆事宜章程十六条》中，于此作了进一步规定：“兹拟延请识通思邃志毅力沉，于中西之学确有见地者一人为山长，庶足以楷模多士，熔铸群材。”②这里的山长即为学堂教学负责人，相当于总教习，章程要求这一职务必须由精通中西之学的人担任。针对重新拟定的办学章程十六条，同治九年(1870年)曾国藩通过《批广方言馆章程文》表达了自己的看法。其中针对山长一职，他认为：“聘一能精中西之学者为山长。查学馆之设，专求实用，不尚虚名，今既分门别类，各有教习指授，若山长必须奄有众长，则目前颇难其选。若徒拥虚位，则不足服诸生之心，此席似可不设。”③可以看出，曾国藩对总教习之职的要求非常之高，认为总教习必须是博采众长、学以服众的人担任，但这样的人目前在上海实难发现，他认为不能为了设总教习一职而聘用不合要求的人，这样难以服众，因此，不如不设。如此一来，在曾国藩的高要求下，上海同文馆总教习一职一直空缺。可以看出，上海同文馆对于总教习一职人选十分慎重，坚持宁缺毋滥的原则。

(2)汉教习标准的放宽与洋教习的大力引进。京师同文馆办学之

① 朱有瓛．中国近代学制史料：第1辑：上册[M]．上海：华东师范大学出版社，1983：216.

② 杨逸，等．广方言馆全案[M]．上海：上海古籍出版社，1989：123.

③ 朱有瓛．中国近代学制史料：第1辑：上册[M]．上海：华东师范大学出版社，1983：235.

初，汉教习负责中国传统语言文化的讲授，洋教习则承担了绝大多数外国语言及自然科学知识的传授，两类教师群体在一定时期内并无交结之处，各司其职。但为了防止洋教习在课堂传教，总理衙门规定汉教习除“专事训课汉文”外，还承担有“暗为稽查”洋教习的任务，然而汉教习都不懂外语，所以这样的规定似乎并未起到什么实质性效果，也未曾有史料记载发现洋教习课堂传教而被责罚情况，因此“稽查”一职形同虚设。首任京师同文馆总教习丁韪良就曾直言不讳地宣称：

> 虽然同文馆的性质是不允许在课堂里正式讲授宗教的，但我从不回避跟学生们谈论这个问题，并要求教习们不要每当在书上看到讨论宗教问题的段落时，就跳过去不读。课堂里经常讨论的一个问题就是异教和基督教世界的信条教义。①

从丁韪良所教英文馆学生写的一篇作文中也有所体现：

> “全世界各族的所有人都应该尊敬上帝；因为后者是得到财富、幸福和祝福的源泉，而且正是他才赋予人类幸运和不幸。尽管人们看不见他的模样，然而他们应该像上帝站在面前一样地去尊敬他；因为他可以秘密地奖赏那些行善的人，并惩罚那些作恶的坏人。②

洋教习在课堂或是课余间曾刻意传授基督教知识，学生因此深受基督思想教影响，馆内不少学生成为基督教徒或是信奉基督教。

京师同文馆初期所聘请的汉教习均来自京师附近省份的八旗官学，以咨传的方式入馆授课，但除了最早的四名汉教习来自八旗官学外，同

① 丁韪良．花甲忆记——一位美国传教士眼中的晚清帝国［M］．沈弘，等译．桂林：广西师范大学出版社，2004：220.

② 丁韪良．花甲忆记——一位美国传教士眼中的晚清帝国［M］．沈弘，等译．桂林：广西师范大学出版社，2004：202.

治七年(1868 年)以后规定只要是科贡正途出身，均可取同乡京官印结投考，八旗官学候补教习可由礼部咨送总理衙门考试录用。根据同文馆题名录及京师同文馆学友会报告记载，到光绪二十六年(1900 年)因庚子事变停办前，京师同文馆共任用了 29 名汉教习。

京师同文馆聘请洋教习执教具有划时代的意义，这是西方人进入近代中国官办学校任教的开始。天文算学馆开设后，大批教授西学的洋教习被聘入京师同文馆，馆内教习除讲授算学的李善兰、席淦、王季同为中国人外，担任英、法、德、日语言课程教学及天文、化学、医学等西学课程教学的教习均为外国人。据统计，京师同文馆先后聘请了共计 54 名外国人担任教习，其中 90%是在天文算学馆成立后受聘入馆。他们来自英、美、法、德、俄、日六个国家，除教授各自所属国语言外，还承担馆内西学课程的讲授。洋教习原本的语言优势，加上西学的学科背景，使得他们完全有能力将京师同文馆学生培养成为复合型的外语人才。为了讲授好西学课程，时任英文教习的丁韪良专程于同治七年(1868 年)离华返美，进入耶鲁大学学习，在该校校长吴尔玺(T. D. Woolsey)直接指导下进修国际法，次年返归中国后即在京师同文馆开设国际公法和政治经济学课程。由此可见，在课程教学上，丁韪良可谓用心良苦，兢兢业业。

京师同文馆洋教习来源主要有五类：第一类是来华传教士，如总教习丁韪良、首任教习包尔腾等。第二类为赫德推荐的海关人员，特别是英文馆 14 名教习中，除包尔腾和傅兰雅外，其余英文教习如吉德、马士、韩威礼等均由赫德推荐入馆。第三类为赫德代从国外招聘而来的人员，如化学教习毕利干。这在丁韪良回忆录中曾经专门提及：

> 1868 年春，赫德先生肩负两项重任匆促赴欧。第一项任务是去罗致教习……正如所预见的那样，他在完成第一项任务上运气并不是太好。他从欧洲聘来的五个人，其中一个刚抵华不久便去世了，另一个染了重病，还未曾上任就被迫离开北京，另有两个因疾病缠身而不久便夭折了。在这一连串不幸事件中，唯一的例外是毕

利干先生(Monsieur Billequin)，他在完成了长达二十五年的光辉事业之后，最近刚刚在巴黎去世。在把近代化学引入作为炼金术老家的中国这件事上，他立下的功劳无疑是最大的。①

第四类为总理衙门自行聘请的教习，如法国人华必乐。第五类是有关国家驻华使馆的翻译官，如俄文教习柏林等。根据台湾学者苏精的统计，京师同文馆开馆至光绪二十四年(1898 年)间所聘请的西教习名录如下(见表 4-2)：

表 4-2　　京师同文馆西教习名录

中文名	外文原名	国籍	来华或入海关年	到馆时间	馆别
包尔腾	J. S Burdon	英	1853 年	1862 年	英
傅兰雅	J. Fryer	英	1861 年	1864 年	英
丁韪良	W. A. P. Martin	美	1850 年	1865 年	英
额布廉	M. J. O'brien	英	1867 年	1868 年	英
吉德	Mckean	英	1868 年	1872 年	英
柯里士 *	J. P. Cowles	不详	不详	1874 年	英
马士 *	Hosea B. Morse	美	1874 年	1879 年	英
欧礼斐	Charles H. Oliver	英	1879 年	1879 年	英
韩威礼 *	W. Hancock	英	1874 年	1885 年	英
烈悌	Oliver G. Ready	英	1888 年	1888 年	英
安格联	Francis A. Aglen	英	1888 年	1889 年	英
贝安德	C. M. B. Bryant	英	1887 年	1892 年	英
马都纳	W. MacDonald	英	1892 年	1892 年	英
徐迈德 *	J. H. Smyth	英	1898 年	1898 年	英

① 丁韪良．花甲忆记——一位美国传教士眼中的晚清帝国[M]．沈弘，等译．桂林：广西师范大学出版社，2004：205.

续表

中文名	外文原名	国籍	来华或入海关年	到馆时间	馆别
司默灵	A. E. Smorrenberg	法	1854 年	1863 年	法
李壁谐	E. Mile Lepissier	法	1867 年	1868 年	法
德达那 *	G. d' Arnoux	法	1867 年	1871 年	法
林春 *	Paul Ristelhueber	法	1869 年	1871 年	法
华必乐	Charles Rocher	法	1870 年	1871 年	法
雷乐石 *	Louis Rocher	法	1869 年	1876 年	法
帛黎 *	A. Theophile Piry	法	1874 年	1876 年	法
师克和 *	F. A. Scherzer	法	1876 年	1882 年	法
柯必达	不详	不详	不详	不详	法
谭安 *	C. E. Tannant	法	1887 年	1894 年	法
铁士兰 *	Henri P. Destelan	法	1896 年	1897 年	法
柏林	A. Popoff	俄	不详	1863 年	俄
伟贝 *	Carl Waeber	俄	不详	1871 年	俄
第图晋	N. Titoushkin	俄	不详	1872 年	俄
夏干	W. N. Hagen	俄	不详	1872 年	俄
班铎	E. G. R. Pander	俄	1881 年	1881 年	俄
柯乐德 *	Vitor von Grot	俄	1888 年	1888 年	俄
劳腾飞 *	P. B. von Rautenfeld	俄	1893 年	1894 年	俄
单尔	不详	不详	不详	1876 年	俄
郜悌爱 *	不详	不详	不详	1897 年	俄
葛诺发	N. A. Konovaloff	俄	1897 年	1898 年	俄
夏干(兼)	W. N. Hagen	俄	不详	1872 年	德
班铎(兼)	E. G. R. Pander	俄	1881 年	1881 年	德
吴乐福 *	H. E. Wolf	德	1888 年	1888 年	德
威礼士	A. H. Wilzer	德	1887 年	1891 年	德
顾伦曼 *	H. M. W. Grundmann	德	1886 年	1895 年	德

续表

中文名	外文原名	国籍	来华或入海关年	到馆时间	馆别
聂务满	Julius Neumann	德	1878 年	1895 年	德
阿森玛 *	不详	德	不详	1896 年	德
毕斯玛 *	H. M. A. Bismarck	德	1897 年	1898 年	德
杉矶太郎	不详	日	不详	1898 年	日
毕利干	Anatole A. Billiquin	法	1867 年	1871 年	化学
欧礼斐 *	Charles H. Oliver	英	1879 年	1893 年	化学
施德明 *	C. C. Stuhlmann	德	1870 年	1893 年	化学
方根拔	J. von Gumpach	法	1867 年	未到馆	天文
海灵敦	Mark W. Harrington	美	1877 年	1878 年	天文
费理饬 *	Hermann P. Fritsche	俄	不详	1878 年	天文
骆三畏	Samuel M. Russell	英	1879 年	1879 年	天文
欧礼斐 *	Charles H. Oliver	英	1879 年	不详	天文
德贞	John Dudgeon	英	1864 年	1872 年	医学
卜世礼 *	Stephen W. Bushell	英	1868 年	1884 年	医学
英德秀 *	不详	不详	不详	1890 年	医学
满乐道	Robert Coltman, Jr.	美	1885 年	1896 年	医学
欧礼斐	Charles H. Oliver	英	1879 年	1888 年	医学
施德明 *	C. C. Stuhlmann	德	1870 年	1894 年	医学

注：* 为署任。

资料来源：苏精. 清季同文馆及其师生[M]. 台北：上海印刷厂，1985：43-46。

此外，扩充后的京师同文馆另设有副教习一职，主要从优秀学生中选任。副教习一职乃援引俄罗斯文馆旧例而设，于学生中“择其优长者举充副教习”，其职责是带领新生学习并协助洋教习翻译西书，分为副教习、副教习上行走、记名副教习几种。因此，同文馆副教习是介于教习与学员之间，兼具有两者身份。据《同文馆题名录》记载，历年同文馆副教习情况，有如下表(见表4-3)：

表4-3 《同文馆题名录》关于历任副教习的记载

课目	人数	副教习、副教习上行走、记名副教习
英文	6	文续、那三、斌衡、左庚、陈寿平、刘田海
法文	3	阎海明、德昆、恩庆
俄文	2	巴克他讷、萨荫图
德文	1	程遵尧
算学	6	席淦、汪凤藻、杜法孟、贵荣、胡玉麟、陈寿田
化学	2	承霖、王钟祥
天文	1	熙章
其他	4	文秀、周自齐、冯晋轶、奎印

资料来源：高时良，黄仁贤．中国近代教育史资料汇编：洋务运动时期教育[M]．上海：上海教育出版社，2007：75-76。

据《同文馆题名录》记载的历年副教习情况统计，光绪五年(1879年)馆内聘有副教习8名，光绪十三年(1887年)有副教习8名、算学(兼署纂修官)2名，光绪二十二年(1896年)有副教习10名，光绪二十四年(1898年)副教习有11名。从统计数据发现，京师同文馆副教习整体基数虽不大，每年人数也不确定，但呈增长的趋势，由于京师同文馆副教名额并无具体限制，其人数的多少可根据学堂发展需要自由量定，因此具有较大的灵活性。《同文馆题名录》作为京师同文馆向总理衙门汇报工作的文字总结，属官方资料，从光绪五年(1879年)开始编制，每三年一期，它对副教习的详细记载，充分表明清政府对于设置该职的重视和对学生副教习教学工作的充分肯定。

随着副教习年限的增加和学业水平的提高，以及教学技能的日趋娴熟，学堂也逐步开始安排他们承担外语语言或专业课程的教学任务，且日趋强化。据光绪二十二年(1896年)堂谕要求：

> 六月初六日起，值各馆洋教习于息伏之期……责成各馆副教习，仍于每日午后照常按班教授等语。英文馆着派翻译官行走文佑、记名副教习陈寿平，法文馆着派副教习德昆，俄文馆着派副教习萨荫图、记名副教习刘崇惠，德文馆着派记名副教习程遵尧，于息伏期内，分别教授，以专责成而免旷误。①

由此看来，副教习的教学任务并不轻松，尤其是英、俄、德、法的副教习，整个暑假都要代替洋教习负责学生的授课，同时还要兼顾自己的学业。光绪二十四年(1898 年)续增同文馆条规进一步规定："其新到馆及后馆各学生，学习洋文、洋语，限以一年为期，可否造就，即惟副教习是问。"②可见，在同文馆发展后期，学堂将最早应属于考察洋教习教学成效的要求转移到对副教习的考核，后者的独立教习身份逐渐显现。

京师同文馆副教习采取"边学边教与边教边实践"相结合的培养方式，在学堂办学之初不失为一种有效的教学与实训相结合的培养途径，既检验了学员的学习成果，也锻炼了副教习的教学技能，同时也应洋务事业发展之急需，在一定程度上弥补了当时外语师资极度匮乏的缺口。随后开办的外语学堂大多从京师同文馆优秀毕业生中吸收外语教习，相当数量的京师同文馆副教习成为近代中国新式教育下涌现出的首批华人外语教师。他们的出现，为华人外语教师师资队伍的发展和壮大，开辟了成长之路和取材之源。

与京师同文馆外国语言及西学课程由洋教习讲授不同，上海同文馆外国语言、算学和天文课程均有中国教习参与教学。学堂设有"举、

① 高时良，黄仁贤．中国近代教育史资料汇编：洋务运动时期教育[M]．上海：上海教育出版社，2007：124.

② 高时良，黄仁贤．中国近代教育史资料汇编：洋务运动时期教育[M]．上海：上海教育出版社，2007：56.

贡、生员四人为分教习，分经学、史学、算学、辞章为四类”①，用以“讲明性理、敦行立品”，但相比外国语言而言，汉语讲授只是在“西语西文之暇，仍以正学为本”②。除汉文、算学、天文由本国教习担任外，历年外语教习中也有逾半数为中国人，洋教习人数相对较少。相比京师同文馆庞大的洋教习队伍阵容，上海同文馆师资力量并不算强大，每年都有逾半的教习由中国人担任，特别是19世纪90年代后期，上海同文馆保送至京师同文馆的学生，毕业后回到上海同文馆任教，他们曾一度包揽了馆内外国语言及西学的讲授，呈现本土外语教习为主、洋教习为辅的师资配备。这种师资结构，究其缘由，一是上海同文馆办学资金远不及京师同文馆充足，聘用洋教习所费甚糜，所以尽量使用中国人充当教习一职；二是经过数十年的外语人才培养，京师同文馆培养出了一批高质量的外语教师，一定程度上能够满足基本的课程教学；再者上海同文馆洋教习任教时间较长，队伍较为固定，无须大范围多渠道寻找洋教习，以备不时之需。现借有关学者整理的上海同文馆历年教习名录，列表以见大概(见表4-4)：

表4-4　　上海广方言馆外语教习名录

姓名	英文名	国籍	馆别	到馆时间	备注
傅兰雅	John Fryer	英	法	1865年	Highbury Training College. London毕业
林乐知	Young Allen	美	英	1864年	Emory College，Georgia毕业
金楷理	Carl Kreyer	美	德	不详	不详
璞琚	Adolf Bottu	法	法	不详	不详
卜沃野	Boyer	法	法	不详	不详
裴勃盟	Bebelmann	法	法	不详	不详
克利蒙	不详	法	法	不详	不详

① 杨逸，等．广方言馆全案[M]．上海：上海古籍出版社，1989：111.
② 杨逸，等．广方言馆全案[M]．上海：上海古籍出版社，1989：111.

续表

姓名	英文名	国籍	馆别	到馆时间	备注
黄胜		中	英	1864 年	Monson A. Ademy 肄业
严良勋		中	英	不详	广方言馆、京师同文馆出身
顾文藻		中	法	1879 年	福州船政学堂毕业
汪凤藻		中	英	不详	广方言馆、京师同文馆出身
朱格仁		中	英	不详	广方言馆、京师同文馆出身
沈佑甫		中	英	不详	不详
瞿昂来		中	英	不详	广方言馆、京师同文馆出身
黄致尧		中	法	不详	广方言馆、京师同文馆出身
舒高第		中	英	1877 年	留学美国医生，神学博士
游学楷		中	法	不详	福州船政学堂毕业，留学法国
冯国钧		中	德	不详	不详
凤仪		中	英	1895 年	京师同文馆出身
吴宗濂		中	法	不详	广方言馆、京师同文馆出身
朱敬彝		中	英	不详	广方言馆、京师同文馆出身，留学英国
周传经		中	法	不详	广方言馆、京师同文馆出身
徐绍甲		中	法	不详	广方言馆、京师同文馆出身

资料来源：苏精．清季同文馆及其师生[M]．台北：上海印刷厂，1985：102。

由上表可以发现，上海同文馆历年洋教习总计 7 人，而由中国人担任外语教习的人数高达 17 人，是洋教习的两倍之多。这些中国本土外语教习中有 9 人出身上海同文馆，后被选派到京师同文馆学习深造，毕业后受聘回上海同文馆任教；其中还有两人来自福州船政学堂，一人毕业于京师同文馆。一定程度上可以认为，京师、上海两地同文馆除培养外交翻译人才外，还弥补了当时中国本土外语教师的缺口，算得上是近代中国官办学校培养的较早一批本土外语教师。上海同文馆在晚清外语学堂中建立了一支以中国人为主，洋人为辅的师资队伍，且中国人担任西语、西学教习的人数越来越多，这对晚清中国本土外语教师队伍建设无疑作出了有益的实践探索与经验积累。

上海同文馆未并入江南制造局之前，馆内教习由江海关道负责，并入后则转由江南制造局总办接管。上海同文馆办学之初只开设英语一门，光绪五年(1879 年)总理衙门函告上海同文馆，责令开馆教授法文，建议从英文馆学生中挑选资质聪颖学生，转学法文，以备日后所用，后又开设德文专业。上海同文馆首任英文教习为林乐知，法文教习为英国传教士傅兰雅，德文教习为美国传教士金楷理，后来因为德文教师金楷理离开，而停止开办德文馆，“惟英、法二馆及算学馆仍旧”。并入后的光绪七年(1881 年)，上海同文馆只开设三馆，中国自己培养的外语教习开始逐步接替洋教习，该年英文馆教习改由浙江镇海人舒高第担任，“该教习自少赴美，隶籍十余年，始行返华，西学甚深，引导得法”①。同年法文馆教习改由福建船政局毕业的上海人顾文藻接任，林乐知、傅兰雅不再兼任教习一职，专职江南制造局翻译馆译书。同时，江南制造局还委托出使法国大臣曾纪泽代聘法文教习，“卜沃野或即因此而来华任职”②。

与京师同文馆一样，上海同文馆外语教习除担任西文、西学课程教学外，还兼顾有江南制造局翻译委员一职，他们既是学堂教习同时也是制造局翻译，双肩挑，如此安排也是当初上海同文馆并入江南制造总局重要原因之一。例如：英文教习林乐知就曾是英文教习兼制造局翻译；傅兰雅与金楷理先是担任翻译一职，然后兼顾教学，他们上午在馆内教学，下午则在翻译官译书；舒高第后来也参与了译书工作。另据光绪二十年(1894 年)《简明条规十条》记载，西学正副教习共计 7 名，除算学正副教习，另外五名正副教习均兼有翻译一职，且薪水均是在“翻译项

① 朱有瓛．中国近代学制史料：第 1 辑：上册[M]．上海：华东师范大学出版社，1983：237.

② 苏精．清季同文馆及其师生[M]．台北：上海印刷厂，1985：2.

下”支领。可见上海同文馆无论是外籍正教习还是中国外语副教习，都身兼翻译与教习二职。上海同文馆外语教习同时兼任教习与翻译员二职的安排，一方面由于当时上海外语教习人员缺乏不得已为之，双肩挑既可以满足翻译馆翻译西方科技书籍的迫切需要，又可以达到培养外语人才的目的；另一方面无论是洋教习还是由学生兼任的副教习，其供职于翻译馆都可以扩充自身的知识储备，提高翻译水平，正如傅兰雅在写给他父亲和姐妹的信中所表述："我一直喜欢科学，但是从来没有时间或机会研究它……我立刻开始学习和翻译三个科学。早上我学习煤矿知识，一切细节都不放过，下午我钻研化学，晚上攻读声学。和我一起工作的中国人有一些确实聪明人。"①

三、复合型课程、教学与教法

(一)京师同文馆课程教学与课外实训相结合

1. 课程与教学

京师同文馆于同治六年(1867 年)成功开设天文算学馆后，同治八年(1869 年)丁韪良受总税务司赫德力邀从美国休假返华主持京师同文馆馆务工作。丁韪良入主京师同文馆，无疑给起步阶段的外语人才培养注入了一剂强心剂，无论是来自赫德的资金支持，还是他对京师同文馆的教学改革，都起到立竿见影的功效。同治六年(1867 年)后，京师同文馆除开设中外语言课程外，陆续开设有算学、天文、格致、化学、医学、测算等自然学科课程及公法、富国策、各国史地等社会学科课程。单以开设的课程而言，京师同文馆已经完全脱离了当初狭隘的译员学校(School of Interpreters)性质，朝近代意义的高等教育方向发展，人才培养模式开始朝“外语+西学”的复合型方向发展。这种转变，从光绪二年(1876 年)丁韪良制定的八年制新课程和课时安排可

① 张功臣．洋人旧事——影响近代中国历史的外国人[M]．北京：新华出版社，2008：105.

见一斑(见表4-5)。

表4-5 **京师同文馆八年制课程**

年度	八年制
首 年	认字写字、浅讲词句、讲解浅书
第二年	讲解浅书、练习文法、翻译条子
第三年	讲各国地图、读各国史略、翻译选编
第四年	数理启蒙、代数学、翻译公文
第五年	讲求格物、几何原本、平三角、弧三角、练习译书
第六年	讲求机器、微分积分、航海测算、练习译书
第七年	讲求化学、天文测算、万国公法、练习译书
第八年	天文测算、地理金石、富国策、练习译书

资料来源：朱有瓛. 中国近代学制史料：第一辑：上册[M]. 上海：华东师范大学出版社，1983：71-72。

这份课程表充分体现了京师同文馆“由洋文而及诸学”的人才培养思路，即从培养外交翻译专门人才到培养通晓西语与西学的复合型人才。八年制课表中安排有大量的机器、化学、国际公法、富国策等西学课程，外国语言不再只是单一的语言课程，而是西学科目的教学用语。这样的课程设置旨在使学生能够“不仅掌握了大量的英语语言知识，而且还掌握了广泛的其他领域专业知识，学生已被培养成了复合型人才，所以能够胜任多种工作”①。在教材选择上，京师同文馆“自然应该选择(外文) 原文授课的方案，教学用语既然是外语，就没有理由不用原文教材”②，如：“富国策”这门课程即由总教习丁韪良用英文讲解，所用教材为英国经济学家法思德的 *A Manual of Political Economy*。学生不

① 苏肖 . 论清末同文馆英语教育课程设置[J]. 石家庄学院学报，2008(1).

② 高晓芳 . 晚清洋务学堂的外语教育研究[M]. 北京：商务印刷馆，2007：93.

仅学习这些原版教材，在洋教习带领下，高年级的学生还参与这些书籍的翻译，诸多西学入门课程被译成中文分发给洋务官员阅读，或是作为初年级学生的辅助教学课本，但馆内使用的大部分教材还是原版教材。

京师同文馆西学课程采用外文教授，前提条件是学生外文基础达到一定的水准。为此，总教习丁韪良制定的八年制课程计划表中，外国语言文字的学习在八年时间里贯穿始终，学生由最初的认字写字，过渡到练习文法、句子翻译，到翻译公文，最后达到翻译西书的培养目标，整个过程循序渐进，完全符合现代语言习得的规律。京师同文馆结合总理衙门外交需要，以外交文书作为课堂练习与考试内容，各国照会、条约成了课堂外语教育的重要素材，日常练习和月课、季考、年考、大考都以各国外交条约或外交公函翻译的精准、通畅与否作为评价标准。这样的课程内容训练，既满足了总理衙门处理外交事务的需要，又为学生提供了翻译实战的锻炼机会，一举两得。

从所列课程及学年制可得知，此时的京师同文馆已经开始采取分科教学，教学内容由浅入深：头三年为外语学习基础阶段，主要以语言学习为主，其中包括外国语文和中文的学习；第四至第八年为提高阶段，西学类课程学习与翻译同步进行，西学课程内容广泛，既有西方自然科学知识也包括社会政治科学知识，且绝大多数西学课程都由洋教习采用外文讲授，这样在获得西学知识的同时也能习得外国语言，实现了从单纯的外国语言教学转向西语、西学同时讲授的教学阶段。在整个课程学习过程中，外国语文和汉文、算学为主修科目，另外学生可以自由选修其他学科或第二种外国语文学习，但前提是“功课以洋文、洋语为要，洋文、洋语已通，方许兼习别艺”，同时上述所列科目并非都必须精学，而是“天文、化学、测地诸学，欲精其艺者，必分途而力求之”①。这种选修制在齐如山回忆录中有所提及：“因为彼时只有洋文功课一门，小孩或成人愿入后馆，兼学汉文者，那就又有汉文功课，否则只是

① 朱有瓛．中国近代学制史料：第1辑：上册［M］．上海：华东师范大学出版社，1983：72.

洋文，俟洋文学有根基，再任意挑选一门科学，也只是化学、算学、天文几种。”①在其后京师同文馆题名录榜单中也得到了证实，以第一次题名录为例，“参加光绪四年岁考的 98 名学生中，只考一科的有 62 名，两科的 15 名，三科的 14 名，四科的 7 名”②，考试的西学类试题包括洋文算学、汉文算学、洋文天文、格物测算、公法学、汉文化学、医学七类。每次岁考，参与考试的科目除主修的外国语文外，其他科目通常都不一样，这种情况可以一定程度上说明京师同文馆学生有选修课程的自由。在《花甲回忆录》中，丁韪良也说明了京师同文馆学生是在学习一门外语的同时兼顾西学。

> 中国学生理解力很强，而且在实际运用中非常耐心，所以格致科课程学得不错。他们最喜欢学习化学，这也许是因为化学源自中国的炼金术，而他们在广泛涉猎的中文书中已经对炼金术耳熟能详。有一次在上完化学课以后，有一位学生的身上突然起了火。原来是他过分热衷于科学，偷了一根磷棒藏在上衣口袋里。而磷棒是比斯巴达的狐狸更难于隐藏的，对于外语学习来说，他们的基础稍差一点，这也许是因为他们本国的文字比较特殊，没有字母表，单词中也没有性别、单复数和时态的区别，音节也很有限。所以我们从不要求学生学习第二外语，因为能掌握一门外语对于他们来说，就已经是难能可贵了。英、法、德、俄四个文馆的学生来源也截然不同。全部课程(包括理工科课程和一门外语)分八年完成。③

可以看出丁韪良对京师同文馆学生的学习态度是肯定的，尤其是对待西学，中国学生学习兴趣较高，他考虑到汉语汉字与西方语言的差异，坚持因材施教，只允许学生学习一门外语，然后兼顾西学，这正是复合型

① 齐如山．齐如山回忆录[M]．上海：上海文艺出版社，2014：31-32.

② 苏精．清季同文馆及其师生[M]．台北：上海印刷厂，1985：33.

③ 丁韪良．花甲忆记——一位美国传教士眼中的晚清帝国[M]．沈弘，等译．桂林：广西师范大学出版社，2004：212.

外语人才培养模式在京师同文馆的实践。

2. “语法—翻译”教学法

19世纪“语法—翻译”教学法由西方引入中国，首先在传教士开办的教会学校盛行一时，后被官办学校所采用。所谓“语法—翻译”教学法，是指课堂教学注重语法知识的系统讲授，以翻译为主要教学手段，通过大量的语法、句子、语篇互译等练习，从而获得对另外一种语言的掌握。晚清官办外语学校“语法—翻译”教学法的使用，与其人才培养目标、课程设置及考试制度密切相关。

首先，办学目的是培养外交需要的翻译人才。外交翻译追求文本翻译的准确与严谨，这正是“语法—翻译”教学法所具备的特点，“语法—翻译教学法强调书面表达的完整和准确，这和其他教学方法相比，在评判价值标准上避免了随意性和主观性，更显客观和公正”①。尽管部分外语学堂后来走向了复合型外语人才培养之路，但在外国语言文字传授乃至西学讲授上，仍然采用“语法—翻译”教学法。以京师同文馆为例，在光绪元年(1876年)公布的八年制课程表中，翻译和文法占据了整个八年学习时间的大部分，从词、句、条子翻译，到公文翻译、译书，由浅入深，由低级到高级，充分展现了语法—翻译教学法在京师同文馆外语人才培养中的重要地位。京师同文馆西学课程由于缺乏教科书，加上西学教师均为洋教习，故不得不使用原版教材。虽如今很难确切查找到馆内所用教材的名称，但从“其习英文者，能藉之以及诸课，而始终无阻”，可以推测英文馆的西学课程使用的应该是原版教材，且采用英文授课。

其次，“语法—翻译”教学法有其特殊的教学功效。“语法—翻译”教学法强调大量的语法、翻译、作文和练习，注重书面表达的完整和准确，因而在培养学生准确地“写”和“译”等书面表达能力方面有着其他教学方法所无法替代的功效，能在较短时间内提高学生的书面表达能

① 顾卫星. 晚清“语法—翻译”教学法剖析[J]. 苏州大学学报(哲学社会科学版)，2002(2).

力。晚清中西之间外交更多的是文书往来，相比之下现场的口译机会并不多，因此进行大量的翻译练习能够起到快速学以致用的功用。尽管“语法—翻译”教学法最大的缺陷就是强调死记硬背，不利于跨文化交际意识与能力的培养，但在晚清中国，传统教育从来就不强调教学方法的重要性，大量的记忆就是最好的教学法，因此语法翻译教学法的引入，自然契合了中国学生的学习习惯。

再次，“语法—翻译”教学法与京师同文馆考试制度密切相关。京师同文馆月课、季考、年考、大考，都以各国外交条约或外交公函翻译为考试内容，学生翻译的精准、通顺程度成为评价学业水平高低的标准。考核官员只需对照外国使馆派送的中外文文本，即可判别学生翻译水平高低，因此考核操作简单易行。语法—翻译教学法对教学条件与教师要求并不高，因此当时简陋的办学条件、高素质外语师资队伍的匮乏，都决定了采用语法—翻译教学法是最适合不过了。

3. 口、笔译翻译实践

总教习丁韪良十分重视学生翻译训练，认为翻译实践就是课堂教学的延伸，除课堂上安排学生翻译公文、照会等外交文件外，译书也是一种十分重要的训练手段，为此，经过总理衙门批准，丁韪良专门成立了译员班，组织翻译包括国际公法、经济学、化学、格物学、自然地理、历史、生物学等诸多门类为题材的翻译活动。这一功绩在其回忆录中专门被提及：“我就任总教习之后，便组织了一班译员，其中有教习，也有冒尖的学生。这是经总理衙门批准成立的，凡工作勤勉、成果斐然的人都能得到奖励。”①京师同文馆译书类型的选择主要与译者的知识结构背景和兴趣爱好有密切关系，最初的书籍翻译主要是洋教习牵头，与同文馆“冒尖学生”，特别是副教习合译。随着翻译水平的提高，学生开始逐渐独立承担翻译书籍的任务。翻译的书籍由馆内印刷所刊印，免费分发给清政府官员，用以了解西方社会；还有一部分翻译书籍则成为京

① 丁韪良．花甲忆记——一位美国传教士眼中的晚清帝国[M]．沈弘，等译．桂林：广西师范大学出版社，2004：216.

师同文馆初学者的入门教程，例如《英文举隅》《星学发轫》《英字指南》《公法便览》《法字入门》和《英文话规》等一些入门级教材，这样既能在一定程度上缓解眼前教材短缺问题，也有利于扩展晚清官员们的眼界，起到开化社会风气的作用。正如丁韪良对其翻译西书行为所评价的："这些书籍就像是一个杠杆，有了这么一个支点，肯定能撬动某些东西。假如说科学的创造是凿了一口自流井的话，那么翻译者不就是在安装输水灌溉的管道吗？"①丁韪良创办翻译班无疑是十分具有远见和预见性的，他和他的翻译团队为后世留下了大批西方社会的翻译著作，不能说影响深远，至少一定程度上为后来者更进一步了解西方世界迈出了重要一步。

京师同文馆究竟编译出版了多少书籍，哪些书籍曾经作为馆内教材，至今仍未能精确统计，有300多部一说，也有35种之说。鉴于本节主要研究学生参与译书实践考察，因此引用了官方资料《同文馆题名录》的译书情况统计。据毕乃德《同文馆考》记载："八年毕业诸生，最末两年都须译书，而留馆学生也讲求翻译书籍。无论教习学生，译书有成的，均有奖励；一八八五年十一月有两位教习升授官职，一半就是译书甚多之故。"②依光绪二十四年(1898年)《同文馆题名录》所记载的翻译书籍，由京师同文馆学生参与翻译的著作共为九类：

> 第一类，外国文字工具书。《英文举隅》(副教习汪凤藻译，总教习丁韪良鉴定)
>
> 第二类，算学。《算学课艺》(副教习席淦、贵荣编辑，算学教习李善兰鉴定)
>
> 第三类，国际法及各国法律。《公法便览》(副教习汪凤藻、凤仪等译，总教习丁韪良鉴定)，《公法会通》(总教习丁韪良译，副

---

① 丁韪良．花甲忆记——一位美国传教士眼中的晚清帝国[M]．沈弘，等译．桂林：广西师范大学出版社，2004：216.

② 朱有瓛．中国近代学制史料：第1辑：上册[M]．上海：华东师范大学出版社，1983：205.

教习联芳、庆常等助译)，《中国古世公法论略》(总教习丁韪良著、副教习汪凤藻译)，《新加坡刑律》(副教习汪凤藻译，待刊，总教习丁韪良鉴定)。

第四类，化学。《分化津梁》(化学教习施德明口译，纂修官化学副教习王钟祥笔述)

第五类，天文。《坤象究原》(副教习文祐译，总教习欧礼斐鉴定，待刊)，《星学发轫》(副教习熙璋、左庚等译，天文教习骆三畏鉴定)，《(戊寅)中西合历》(天文教习海灵敦算辑，学生熙璋等译，《(己卯、庚辰)中西合历》(天文教习海灵敦、费理饬算辑，学生熙璋等译)，《((辛巳、壬午、癸未、甲申、乙酉、丙戌、丁亥、戊子、己丑、庚寅、辛卯、壬辰、癸巳、甲午、乙未、丙申、丁酉、戊戌)中西合历》(天文教习骆三畏算辑，副教习熙璋等译)。

第六类，格致。《格物测算》(总教习丁韪良口授，副教习席淦、贵荣、胡玉麟等笔述)

第七类，历史地理。《各国史略》(学生长秀、杨枢等译，未完)

第八类，经济。《富国策》(副教习汪凤藻译，总教习丁韪良鉴定)

第九类，外交。《星轺指掌》(副教习联芳、庆常译，总教习丁韪良鉴定)①

从这九类译书中可以发现，由教习主译、学生辅助完成的著作有四部，由学生独立翻译、教习鉴定的有十二部之多。可见，通过译书实践，学生逐渐掌握了一定翻译技巧和要领，提高了翻译水平，直至独立承担西书翻译任务，一定程度上说明这种译书实践训练方式有益于外语翻译人才的培养，不仅仅提高了学生外语语言能力，对学生西学知识的

① 朱有瓛．中国近代学制史料：第 1 辑：上册[M]．上海：华东师范大学出版社，1983：153-154.

掌握也大有裨益。京师同文馆课堂语言教学与课外西书翻译相结合的教学模式，很好地实现了学生外语语言能力与西学知识的融合，诸多西方科技书籍的成功翻译也证明了京师同文馆复合型外语人才培养的显著成效。

此外，学生随行出洋以及参与总理衙门外事口译活动，也是提高学生翻译特别是口译能力的重要渠道。尽管所能涉及的范围较窄，能被传唤出国的学生有限，但对这些有限的学生来说确实起到了增长见识、提高口译能力的效用。总理衙门除文书、照会等外交文件需要京师同文馆学生参与翻译外，实时的现场口译或旁听也是重要的外交活动。京师同文馆学生最早出洋是在同治五年(1866 年)，时值总税务司赫德回国休假前夕，恭亲王奕䜣奏请派送京师同文馆学生随赫德前往美国考察："臣等久拟奏请派员前往各国探其利弊……若令前往该国游历一番，亦可增广见闻，有裨学业。"①奕䜣等大臣设想通过出国考察既能了解外国情形，也为学生提供了语言训练的难得契机。当时京师同文馆第一批学生刚学满三年，总理衙门就迫不及待地派其出国一探各国虚实，足见总理衙门对认识外部世界的渴望之急。这次随行出国考察的机会落到了大考中表现最为优异的凤仪、德明、彦慧三名同文馆学生身上，他们有幸成为晚清第一批随行出国考察的学员；第二年，清政府专门派出一个外交使团出国考察，美国驻华公使蒲安臣受总理衙门之命带领学生张德彝等六名学生出访美、英、法、德、俄等国；同治九年(1870 年)，大臣崇厚因天津教案被派往法国道歉，庆常、张德彝作为翻译一同随行。随着晚清政府出洋考察及驻外使馆的设立，京师同文馆学生随行充当翻译和驻外使馆翻译官的机会日益增多。光绪四年(1878 年)时任英国兼法国钦差大臣曾纪泽出使两国，英文馆学生左秉隆、法文馆学生联芳一同随行。同年郭嵩焘以清朝驻英国兼驻法国使臣身份赴法国递交国书，学生德明、联芳作为翻译官随行。难得的随大臣出洋考察，总理衙门给予

① 宝鋆．筹办夷务始末：同治朝卷三十九[M]．北京：中华书局，1981：1621.

京师同文馆学生极大的鼓励和支持，出洋期间还“给予十两膏火或六两膏火”补助。

与此同时，京师同文馆选派优秀学生参与总理衙门外事口译活动也为学生提供了不错的口译实战机会。光绪十四年六月(1888 年 7 月)，总理衙门奏请添设翻译处，专门处理涉外翻译事务，而这些现场口译任务主要也由京师同文馆留馆学生负责，特别由曾奉差出使，有丰富外事经验的归国学生充任，其中优秀者还被授予翻译官一职。

> 至臣衙门办理交涉事务甚繁，翻译尤为紧要，必须于外洋情形阅历较深者方资得力。臣等公同商酌，拟添设英、法、俄、布文翻译官正副各一员，于曾经出洋充当参赞、翻译差满回京者拣选派充……此项翻译官遇有各国使臣到署会晤时，即令随同传宣问答之词，兼充翻译华洋文字之职。①
>
> 察近年馆生多有奉派随使出洋，襄办翻译。爰于光绪十四年六月二十二日(1888 年 7 月 30 日)本署奏请添设翻译处，凡奉差旋华，择其优者，俾充其选。乃以张德彝、沈铎充补英文翻译官。②

为防止外国译员“翻译参差”，所派遣的学生还负有监察洋译员的职责。齐如山在回忆录中曾提到这种见习实践活动：“洋文稍有程度，可以被派到总理衙门旁听，因为国人懂得洋文的太少，最初衙门中并不预备翻译人员，后虽添设，然亦很少，且洋文程度多不够，所以遇有与外国使臣会晤……往往招一两名学生去旁听，以便练耳，只许听不许说话。”③总理衙门将同文馆作为储备外语人才重地，遇有部院寺监和各省将军督抚咨调差遣，即会派送京师同文馆优秀学生当差，据光绪二十一

① 中国史学会．中国近代史资料丛刊：洋务运动：二[M]．上海：上海人民出版社，1961：67.

② 朱有瓛．中国近代学制史料：第 1 辑：上册[M]．上海：华东师范大学出版社，1983：18.

③ 齐如山．齐如山回忆录[M]．上海：上海文艺出版社，2014：32.

年(1895)堂谕记载，当时俄国兵船暂借山东胶州湾，水师提督奏请总理衙门派通晓俄语、法语的人员去照料，总理衙门敦促学堂总教习推荐品学兼优的学生，于是法文馆副教习德昆、俄文馆记名副教习萨荫图和学生刘崇惠三人一同前往。这种外地当差的口译实践，有利于进一步提升学生副教习的现场翻译水平、积累实战经验、增长社会阅历。

(二)上海同文馆分班教学与双语教学

上海同文馆于同治九年(1870年)并入江南机器制造总局后，总办冯焌光、郑藻如二人模仿各地书院学规，为上海同文馆重新拟定《广方言馆课程十条》和《再拟开办学馆事宜章程十六条》。新的办学章程及课程要求较之前发生了三大变化。首先，学堂更重视中学学习，中学所涵盖范围更广、内容更为详尽。其次，西学课程不仅得到相应的扩充，并且与机器制造等西方科学技术相融合。再次，教学分为两个阶段，较之前的三年一贯制，合并后分为层次不同的上、下两个班，采取分级教学。合并之前，上海同文馆学堂章程对学生经史文词学习只作一般要求，仅仅停留在泛泛而谈层面，合并后的新定课程则要求所有学生都学习中文课程，每周进行一次为时一整天的写作论文考试。不仅要求学生读经读史，而且鼓励学生作以应科举的时艺、八股。“课程十条”前五条均是关于国学及八股制艺方面内容，分别为：辨志、习经、习史、讲习小学诸书、课文。第一年，下班所有的学生都要学习同样的课程，在入学前就必须对中国传统文化知识有相当的基础。入学后，要求学习经学、史学、哲学和写作，不只是要求阅读，还要认真学习基本的作品和权威的注释，撰写阅读心得，定期上交老师检查。《春秋》《左传》，司马光的《资治通鉴》，朱熹的《小学》和《近思录》，宋代儒家著作《性理精义》等皆是学生每天必学课程。上海同文馆十分强调学生的文章写作练习，注重文章的形式和文字表达，对于写作未达到“清晰程度”者，必须从训练八股文入手，勤加磨炼。在《再拟开办学馆事宜章程十六条》中规定中学课程的讲授方法为：

“四书”经史教习，适宜分日讲解，而生徒欲有进益，非讲论无以浚其灵，非体认无以课诸实。故讲论者知之事也，体认者行之事也，各艺既已分途，全材岂易多得？就其性之所近，因时而教导之，而必以读书明理为本。每月除初一、十五西教习课试西学外，初八、二十四日就所读经史，试以策论，或以觇其心得，间课以八股制义，如兼通算学制造，则试以条说，果能有所发明，即列上等优奖。①

《广方言馆课程十条》第六条为“习算学”。算学不仅仅是中国传统“六艺”之一，也被认为是西方科学技术的基础，“孔门六艺不废书数”“况西人制造日新月异，俱从算学而出”②。时任两江总督曾国藩尤其强调算学的重要性：“盖翻译一事，系制造之根本，洋人制器出于算学。”③所以算学在上海同文馆课程中占有主要地位，下班所有学生都必须每天学习中西算学。第九、十条详细论述了学堂西学课程的开设情况及分班教学：

学生分为上下班。初进馆者先在下班，学习外国公理法，如算学、代数学、对数学、几何学、重学、天文、地理、绘图等事，皆用初学浅书教习。若作翻译者，另习外国语言文字等书。诸生每日于午前，毕集西学讲堂，专心学习。

上班分七门：一、辨察地产，分炼各金，以备制造之材料；二、选用各金材料，或铸或打，以成机器；三、制造或木或铁各种；四、拟定各汽机图样或司机各事；五、行海里法；六、水陆攻战；七、外国语言文字，风俗国政。生徒学此各事之时，仍须兼习下班之学，以翼精深。④

① 杨逸，等．广方言馆全案[M]．上海：上海古籍出版社，1989：132.

② 杨逸，等．广方言馆全案[M]．上海：上海古籍出版社，1989：121.

③ 魏允恭．江南制造局记[M]．光绪三十一年编印，第 207 页。

④ 朱有瓛．中国近代学制史料：第 1 辑：上册[M]．上海：华东师范大学出版社，1983：223-224.

从这份课程表可以看出，并入机器制造局的上海同文馆已经完全超越了一所语言学堂的办学范畴，不仅非语言类西学课程大量增加，而且结合机器制造局的特点，开设了各类制造专业的课程。对于将来准备从事翻译官一职的学生，入学即开始学习外国语言文字。学堂上班专业划分更明晰、具体，带有明显的分科性质，进入上班后，学生根据个人兴趣及水平任选一门专业课程“专习一艺”。江南制造局考虑到国难当头，上海身处海防之冲，学生毕业后可能从事与海舰打交道的职业，因而开设有航海和水陆攻战的课程。上班总共有七门专门课程，上班学生除学习这七门高级课程外，还需要继续学习下班的课程，“生徒学此各事之时，仍须兼习下班之学，以翼深精”①。上、下两个班课程要求在三年内完成，但部分学生可以被留下来再接受两年的专门训练，主要学习上班的高级课程。改组后的上海同文馆课程设置体现了因地制宜与因材施教的现实需要，在改善外语人才知识结构，培养复合型外语人才方面走出了重要的一步。《再拟开办学馆事宜章程十六条》在“定课章以循诵习”一条中还规定了西学课程讲授方法：

> 课读讲解之时，适宜用中国语言，讲明意旨。次以西语口授，不但审其字音，并分明句读，以西语连贯读之，日久习熟。其学生能通西语者，即以西语讲解其义，或以中国文义译出西文，而以西语解之，如能译出西书全帙，则西语西文无不贯通矣。②

从中可以看出，上海同文馆课堂教学采取的是双语教学，洋教习与中国译员同堂授课，双语交替传授西学课程。由于当时外文资料极其有限，只能依靠外国传教士、商人等从国外带回来的外文书籍作为教科

---

① 朱有瓛．中国近代学制史料：第 1 辑：上册[M]．上海：华东师范大学出版社，1983：224.

② 杨逸，等．广方言馆全案[M]．上海：上海古籍出版社，1989：132.

书。然而刚刚入学的新生，外语基础薄弱，洋教习当中除林乐知外，均不懂汉语，于是在“馆中选派通习西文、西语之委员董事四人”“传递语言，发明西教习意指，使诸生易于领受”①。在讲授西学课程前，先由“董事”用中文讲解课文要旨，然后由洋教习用外语口授，逐句讲解，最后达到成篇解读。等到学生外语水平熟练后，就开始用全英文讲解课文意思。馆内“懂事”既承担了课堂翻译任务，“为诸生传话”，又起到洋教习助教的作用，“照应西教习”并“随同督课”②。双语教学的形式在其他洋务学堂中也存在，特别是在讲授非语言类西学课程时，不得不先由翻译人员事先讲解大意，然后学生才能更好地接受和消化洋教习全外文授课内容。此外，还有一种授课形式是由教习先讲授外国语言文字，待学生有一定语言基础后，再由洋教习讲授西学课程，例如法文馆的国际学课程讲授：

> 自译学教员傅兰雅博士去职后，其继任者为一法律学家鲍安氏（Mr. Boyer），由中国特向巴黎聘至，欲其以国际学教授学生，为将来列身外交界之预备者。鲍莅任后，第一步以法文教授学生，待其于法文既有门径，而后再授以国际学。③

用法文教授国际学，首要条件便是学生法文水平达到一定水平。因此鲍安氏采取先打好法文基础，尔后再讲授国际法，最后实现法文与国际法的融合的教学方法，达到培养复合型法语人才的办学目标。

关于西学和汉语课程授课时间的分配，上海同文馆采取外语课程与汉语课程严格分开的办法，每周七天时间，前四天读英文，后三天学习

---

① 朱有瓛．中国近代学制史料：第1辑：上册[M]．上海：华东师范大学出版社，1983：217.

② 朱有瓛．中国近代学制史料：第1辑：上册[M]．上海：华东师范大学出版社，1983：218.

③ 《甘作霖：记上海广方言馆教习和毕业生》，转引自高时良，黄仁贤：《中国近代教育史资料汇编·洋务运动时期教育》，上海：上海教育出版社2007年版，第221页。

四书五经，这样的课时分配，在上海同文馆毕业生张君劢零星的回忆中得以证实。他于光绪二十三年(1897年)考入江南制造局内的广方言馆学习，据他在《我的学生时代》一文中回忆：

> 我们当时却是四天读英文，三天读国文。不过还补充数句，在四天读英文的时间，并不完全读英文，而是包括了数学、化学、物理、外国历史等，都属于英文。每一科都好像四书五经似的，全要读熟。以上指的是四天的上午，至于下午，先生就改课本，学生就自修或上体操。三天读国文，就由先生指导看三《通考》，弄点掌故，作论文等功课。①

从张君劢的回忆可以得知上海同文馆英文馆课程设置及教学的三个重要信息。其一，课堂教学采取的是以英文为媒介语言，讲授西学课程，突破了传统的语言教学范畴；其二，学习方法仍然采用的是中国传统的死记硬背，方法单一且枯燥；其三，此时的上海同文馆已经引入西方体操科目，注重身体锻炼和身体教育。

四、同文馆学生留学欧洲深造

光绪十六年(1890年)，詹事府詹事志锐奏请："应请饬下每于轮换出使大臣之时，令其带出四人，仍照学生支给薪水，专习语言，三年之间，断无不能通晓之理"②，他建议出洋大臣随带京师同文馆学生一同出行作为例行制度固定下来，以此方式磨砺学生外国语言能力，但这项颇具前瞻性的建议当时并未被采纳。直到光绪二十二年(1896年)，总理衙门才正式申请奏派学生出洋学习："臣等共同商酌，拟于英法俄德四使馆，各拨学生四名，分往学习语言文字算法，以三年为期，责成出

---

① 陈学恂．中国近代教育史教学参考资料：上册[M]．北京：人民教育出版社，1986：58.

② 中国史学会．中国近代史资料丛刊：洋务运动：二[M]．上海：上海人民出版社，1961：69-70.

使大臣，严为稽核”①，为此，专门拟定《出洋学生经费章程》，并申明留学目的是“磨炼真才，讲求实学”。于是，清廷在当年五月向英、法、德、俄四国各派四名学生留学，期限为三年，学习外国语文及算学，目的在于养成外交翻译官。光绪二十五年(1899 年)初，总理衙门再度选拔 16 名学生，于当年 7 月启程，准备换回上届留欧学生，但九月，总理衙门奏准章程六条，修改了留学计划，学生学习期限延长至六年，学习科目改为法政及农工各门，留学目的不再局限于培养翻译官，而延伸到其他专业，培养以专业为依托的复合型外语人才。第三届京师同文馆学生出洋不久，国内即遇义和团事变，随后京师同文馆也归并京师大学堂。因此，京师同文馆先后仅派遣两届共计 32 名学生留学欧洲。根据有关学者整理同文馆题名录、京师同文馆学友会报告、总理衙门档案等资料，现将第一、第二届留欧学生情况列表如下(见表 4-6、表 4-7)：

表 4-6　　京师同文馆第一届留欧学生名录

姓名	籍贯	入馆时间	出国年龄	留学国度、科目及学校	离校时间及原因	主要经历
陈贻范	江苏吴县	光绪十六年(沪)	26	英国 法律 林肯学院	光绪二十五年毕业	清驻英参赞、云南迤西道民江苏外交特派员、西藏宣抚使
朱敬彝	—	光绪十六年(沪)	—	英国 铁路	—	清广方言馆教习
王汝淮	汉军镶黄	光绪十六年(粤)	25	英国 矿务	光绪二十七年丁忧回华	清农工商部员外郎

① 马挺亮．京师同文馆学友会第一次报告书[M]．京华印书局代印，1916：18.

续表

姓名	籍贯	入馆时间	出国年龄	留学国度、科目及学校	离校时间及原因	主要经历
丁永焜	—	光绪十六年（粤）	—	英国	光绪二十五年在英病故	—
世敏	—	光绪十七年以前	—	法国	光绪二十四年在法自戕	—
伊里布	—	光绪十一年以前	—	法国	光绪二十四年在法戕人自戕	—
双苐	满洲镶白	光绪十一年以前	—	法国	—	清兵部、陆军部员外郎
汇谦	汉军	光绪一年	35	法国	光绪二十五年改就使馆翻译	清驻法翻译、北洋翻译官
桂芳	汉军镶蓝	光绪七年	31	俄国	光绪二十五年改就使馆翻译	清驻海参崴总领事民黑龙江都督、将军、省长
邵恒濬	山东交登	光绪十二年	26	俄国	光绪二十四年调回	清译学馆监督、民俄文专修馆校长、驻海参崴总领事、唐山大学分校校长
陈嘉驹	四川金堂	光绪十二年	26	俄国	—	清译学馆教习、驻法随员民外交部主事、国务院主事
李鸿谟	山东牟平	光绪十七年以前	—	俄国	—	清奉天交涉委员、师范学堂监督、民吉林滨江道尹
杨晟	汉军正红	光绪十六年（粤）	28	德国 法律柏林大学	光绪二十六年毕业	清驻德公使、民江苏外交特派员、沪海道尹

续表

姓名	籍贯	入馆时间	出国年龄	留学国度、科目及学校	离校时间及原因	主要经历
金大敏	江苏宝山	光绪二十一年	21	德国 矿务 矿务大学	光绪三十二年毕业	民统率办事处调查员、陆军部奥俘收容所检查员
治格	蒙古正白	光绪十七年以前	28	德国	—	清总理衙门翻译官 民都护副使、陆军中将
黄允中	—	光绪十七年以前		德国	—	清总理衙门翻译官

资料来源：苏精：《清季同文馆及其师生》，台北：上海印刷厂，1985 年版，第 236-237 页。

表 4-7　　　　　京师同文馆第二届留欧学生名录

姓名	籍贯	入馆时间	出国年龄	留学国度、科目及学校	离校时间及原因	主要经历
国栋	满洲镶蓝	光绪二十二年(粤)	—	英国 伦敦大学	—	清法部主事
柏锐	满洲镶白	光绪二十二年(粤)	24	英国 工科 伦敦大学	光绪二十九年调回京师大学	清京师大学堂教习、外务部翻译官、民蒙藏院司长
六保	满洲正黄	光绪十七年以前	21	英国 工科 伦敦大学	光绪三十一年毕业	清邮傅部主事、民交通部佥事
恩厚	蒙古正白	光绪十九年	22	英国 工科 伦敦大学	光绪二十八年回华省亲	清外务部翻译官 民外交部交际司长、参事

续表

姓名	籍贯	入馆时间	出国年龄	留学国度、科目及学校	离校时间及原因	主要经历
文 惠	蒙古正蓝	光绪二十二年	22	法国 内政 巴黎政学院	光绪三十一年改就使馆学生	清驻法翻译官、京师大学堂教习、驻义(意)书记官
贵 和	满洲镶黄	光二十二以前	15	法国 财政 巴黎政学院	光绪三十一年留级、光绪三十三年病离	清驻新加坡总领事翻译官民驻加拿大随习领事
唐在复	江苏上海	光绪二十二年(沪)	21	法国 外交 巴黎政学院	光绪三十一年毕业	清驻法荷俄参赞、代办民外部参事、驻荷义公使
戴陈霖	浙江海盐	光绪二十年	27	法国 法律 巴黎政学院	光绪三十一年毕业	清驻西葡法参赞、代办民驻西葡瑞挪丹公使
张庆桐	江苏上海	光绪二十二年	25	俄国 法律 圣彼得堡大学	光绪三十一年毕业	民黑龙江外交部特派员、恰克图佐理员、阿尔泰办事长官
陈 瀚	江苏江浦	光绪二十二年以前	23	俄国 铁路工程 铁路大学	宣统一年毕业	民交通部技正、海宁塘工总局局长、中东铁路监事会长
郝树基	河北三河	光绪十七年以前	26	俄国 矿务 矿务大学	光绪三十一年毕业	清译学馆教习、民驻俄商务委员、农工商部佥事、矿政局科长
范其光	江苏江宁	光绪二十一年	20	俄国 铁路工程 铁路大学	宣统一年毕业	民中东铁路理事、黑龙江外交特派员、驻海参崴总领事

续表

姓名	籍贯	入馆时间	出国年龄	留学国度、科目及学校	离校时间及原因	主要经历
程经世	安徽潜山	光绪十九年	20	德国	光绪二十七年北洋调回	清北洋翻译官、外部翻译官、民交通部参事、国务院秘书
唐德萱	湖南芷江	光绪二十年前后	17	德国 法律 柏林大学	—	清京师大学堂教习、民汉粤川铁路汉宜湘鄂工程局局长、京绥铁路局局长
恩 祐	蒙古正白	光绪二十二年	23	德国	光绪二十八年回华省亲	清外务部翻译官、译学馆教习、民外交部佥事
永 祜	满洲	光绪二十二年	17	德国 法律 柏林大学	光绪三十三年山东调回	清山东办理洋务候补道民山东交涉署科长

资料来源：苏精：《清季同文馆及其师生》，台北：上海印刷厂，1985 年版，第 238-239 页。

从上表可知，第一届留欧学生出国时年龄较大，年均二十七岁，原因在于入馆时间较早，在馆学习时间较长；第二届留欧生大多在光绪二十年(1894 年)以后入馆，在馆学习时间较短，因此出国时的平均年龄降低了六岁，出国年龄的提前有利于学生语言能力的获得。京师同文馆留欧生出国前大多在国内已经过一段时间的外国语言和西学知识训练，打下了一定的语言和西学基础，出国后多以学习非语言专业为主，尤其以法律和矿务专业居多，这与当时的洋务发展需要密切相关。他们毕业回国后，大多从事与外交翻译有关的工作，如第一届中有 10 人进入外交领域，第二届有 12 人，其中包括 3 名驻外公使。从留欧生的毕业去向来看，两届学生的出才率很高，这与留学欧洲深造直接相关。无论是提高学生外国语言水平，还是深化所掌握的西学知识，能在当时最发达的欧洲国家学习其语言及西学，必然能够起到事半功倍的成效。尤其是第二批留欧生，直接以西学为专业依托，能够达到外国语言与西学的深度融合。

社会的转型与经济的发展影响着学校人才培养的规格。尽管晚清中国真正意义上的“专业”还不存在，但已经出现专业雏形。京师同文馆与上海同文馆各分馆即类似于今天大学当中的各个语言专业。京师、上海同文二馆进入发展中期后，开始突破单纯培养语言类翻译人才的限制，“由单一的学习语言文字的翻译学校变为一个既读外文又兼学实用科学的学校”①。这样的转变，一方面体现了洋务派官员对西方语言及科学技术知识认识的进一步成熟，能够根据洋务事业发展需要适时调整人才培养规格和模式，以应对日益繁杂的对外交涉需求；另一方面也折射出西方语言与近代自然、社会科学在晚清中国逐渐扎根，日益本土化，中西之学的融合与嫁接渐显成效，近代学科雏形已初见端倪，为步入近代高等教育时代的分科大学打下了一定历史根基。

第二节　湖北自强学堂复合型外语人才培养

19世纪90年代后的中国，开始踏入重商主义时代，社会风气日益开放，中外贸易往来不断，“外国商业扩大到中国内地，促进了中国商人阶级的发展，他们不久就接管了西方商品的销售”②。时人不再像鸦片战争之前那样将与外商打交道看作“奸细”或“卖国贼”行为，国人消费西洋商品也被视为一种时尚行为，趋之若鹜。在“自强”与“求富”观念驱使下，清政府洋务官员也极力推动与列强之间的正常商贸往来。尽

① 李良佑，张日升，刘犁．中国英语教学史[M]．上海：上海外语教育出版社，1988：28.

② 斯塔夫里阿诺斯．全球通史——1500以后的世界[M]．上海：上海社会科学院，1999：472.

管如此，中国商人在对外商品贸易中，并未出现由他们占主导地位的局面，除半封建半殖民社会下中国商业基础极其脆弱的因素以外，更为重要的原因在于刚刚兴起的中国本土商人基本不通外语，不懂新型商业经营技巧，也不熟悉国际贸易惯例，就如同不平等条约签订时期的清政府，不懂国际法，只能任人摆布。中国商人如果在对外贸易上不能畅通交流、通晓规则，在弱肉强食的晚清中国，必然受制于外国商人及中国买办的操控、盘剥，甚至欺诈。此外，与商业密切相关的洋行、外资企业以及在华外国势力控制的海关、铁路等领域急需破除语言障碍的翻译人才，一时间懂外语且熟悉商务的外语人才需求旺盛。此时的教会学校、外语书馆相继开设了外语及商务课程，而这些教育机构并不像早期那样属于义学性质，来学者必须付费，且费用高昂，是一种利益驱动下的办学行为。

日渐开放的社会风气及消费观念，成为晚清商务外语人才走俏的社会和心理基础；晚清洋务事业的蓬勃发展是商务外语人才需求陡增的内驱动力；外商、外资企业的纷纷涌入是引发商务外语人才需求旺盛的外推力。在这三种力量的共同作用下，湖北方言商务学堂(后改名湖北自强学堂)应时而生，成为这一时期内陆地区官方培养商务外语人才的嚆矢。

一、调试期：一波三折下的方言商务人才培养尝试

湖北地处长江中游，武昌作为中国南北战略要冲，素有“九省通衢”之称，汉口、宜昌为长江重要通商口岸，对外交涉日趋频繁。19世纪90年代，汉口由商业重镇一跃成为国内屈指可数的中外贸易商埠。商业贸易，尤其是与外商茶叶贸易盛行，而当时中外贸易不得不依赖粗懂外语的买办或通事人员，这群人在京师同文馆开办之初即已被洋务官员所蔑视，认为他们大多是“声色货利之徒”，然而，买办、通事之流在当时却是唯一具有排除语言障碍的人群。为了在与外商打交道中不受欺蒙、在中外“商战”中立于不败之地，湖北地区洋务官员认为，培养一批既懂商务又通西语的人才已是迫在眉睫。

光绪十五年(1889年)，张之洞奉命调任湖广总督，此后在鄂长达十余年，直到光绪三十三年(1907年)赴京师任军机大臣。张之洞自诩“一生精力几全用之于鄂，而成功亦以鄂为最大”①，在鄂期间，由他倡导的湖北新政是他一生中最佳业绩。所谓湖北新政不外乎三端：一曰办厂，二曰练兵，三曰兴学。而兴学事业中，他于光绪十九年(1893年)一手创办的湖北自强学堂尤为令人瞩目。《清史稿》记载：“查京外学堂，办有成效者，以湖北自强学堂、上海南洋公学为最。”②但张之洞在创办湖北自强学堂之前经历了近两年时间的调试期，可谓一波三折。

(一)张之洞的洋务外语人才情缘

张之洞在清政府中崭露头角，发端于他以京官词臣身份跻身“清流”，频频上书言事，纠弹朝政，尤以改订中俄条约过程中，慷慨陈词，连续上奏十多次，极力维护国家主权而被朝野上下所称颂。光绪七年(1881年)张之洞受清廷重用，以内阁学士补授山西巡抚，开始封疆大吏之旅，同时也由清流党人逐渐演变为洋务派头面人物。在光绪八年(1882年)的一封信中，张之洞流露出参办洋务、讲求实务的心愿：“鄙僻在一隅，大事都不闻见……如蒙朝命，洋务亦许与闻，下采刍荛，则当抒其管蠡，不致后时发议，徒为不切题之文章也。”③

担任山西巡抚期间，张之洞聘请了英国传教士李提摩太(Richard Timothy)为顾问，介绍西方科技知识，了解西方世界。光绪九年(1883年)，张之洞在山西设立洋务局，正式开始筹办洋务事宜，在此之后，他对中外关系的认识逐步加深，求富以富民与储才以自强的意愿日益强烈。在光绪十年(1884年)发出的《札司局设局讲习洋务》公牍充分体现了他发展洋务、广收洋务人才的愿望。

---

① 清史编委会．清代人物传稿：下编[M]．沈阳：辽宁人民出版社，1982：200.

② 赵尔巽．清史稿：第170卷[M]．北京：中华书局，1976：3128.

③ 苑书义，孙华峰，李秉新．张之洞全集：第12册[M]．石家庄：河北人民出版社，1998：10142.

照得地球上下各国通商以来，中外交涉，事体繁多，自应筹知彼知己之法、为可大可久之图。开物成务以富民，明体达用以自立……现于省垣建设洋务局，延访习知西事、通达体用诸人，举凡天文、算学、水法、地舆、格物、制器、公法、条约、语言文字、兵械船炮、矿学电气诸端，但有涉于洋务，一律广募。①

在同时公布的《延访洋务人才启》中，他再次申明：

盖闻经国以自强为本，自强以储材为先。方今万国盟聘，事变日多，洋务最为当务之急。海疆诸省设局讲求，并著成效。查中外交涉事宜，以商务为体，以兵战为用，以条约为章程，以周知各国物产、商情、疆域、政令、学术、兵械、公法、律例为根柢，以通晓各国语言文字为入门。世用所资，至广且急。晋省僻处山陬，亟愿集思广益。②

山西地处中国内陆偏僻地区，与沿海及通商口岸城市相比，洋务活动开展举步维艰，但从他的言辞中可以看出，在山西主政时期，他的思想已经属于十分超前，但由于种种原因他并未在山西培养洋务人才，而只是呼唤储备此类人才，朦朦胧胧认识到"中外交涉事宜""以通晓各国语言文字为入门"。真正让张之洞的洋务思想开始付诸实践的则是在他担任两广总督期间，此际他已充分意识到办洋务必须依赖洋务专才，因此他广收人才，在广州任职期间创办的洋务局一时间人才济济：

至于抚绥之本、因应之方，必须合通省有职掌之大员，悉心筹划，同任其责，且须广集群材，以资练习。应即兼派在省四司道，

① 苑书义，孙华峰，李秉新．张之洞全集：第4册[M]．石家庄：河北人民出版社，1998：2399-2400.

② 苑书义，孙华峰，李秉新．张之洞全集：第4册[M]．石家庄：河北人民出版社，1998：2400.

督同大小各员筹办。司道为总办，如候补道中有得力之员，一体派委。

广州府暨候选知府蔡守锡勇为提调，蔡守为坐办提调，员外郎衔辜汤生为德文翻译委员，通判张懋德为法文翻译委员，布理问、邝其照为英文翻译委员，署虎门同知试用通判王存善、试用通判许如驷、奏调贵州候补知县王秉恩为该处办事委员。其该处稽核文案，编录密件，听候差委、各员应择明习条约，通知洋情，而又素行端谨署，详请酌派数员，即备差遣，兼资造就。即于本衙门附近毗连地方，设立办理洋务处，即与在本部堂署内无异。①

蔡锡勇(1850—1896年)即为前文提到的广州同文馆第一次保送入京的英文馆毕业生，入京前在广州已经“分派等将军、督抚、海关衙门充当翻译差使，酌给薪水，仍在同文馆练习”②。同治十一年(1872年)咨送入京，在京师同文馆学习多年，成绩斐然，“精通西语，对于天文、格致、测算等学，尤为精晓，于西洋各国政治外交，亦畅悉其利弊，日长于交涉，不愧于一杰出的人才”③。他曾随出使大臣陈兰彬出使美国，担任驻美翻译官，后经出使大臣郑藻如奏请派充为驻日参赞，后因“母老多病未能远离，力辞参赞一差”，留在广州办理防务事宜。光绪十年(1884年)，张之洞接任两广总督后，立即看重他的才干，并委派他负责洋务局。从此，蔡锡勇开始追随张之洞，成为张的主要幕僚之一。辜汤生即辜鸿铭(1857—1928年)，出生于南洋马来半岛西北的槟榔屿，一个英国人的橡胶园内，十四岁随义父布朗(F. S. Brown)前往英国接受教育，中学毕业后，分别在英国伯明翰大学、爱丁堡大学和德国的莱比锡大学学习土木工程学和文学，后去法国学习语言文学和历

① 苑书义，孙华峰，李秉新．张之洞全集：第4册[M]．石家庄：河北人民出版社，1998：2523-2524.

② 朱有瓛．中国近代学制史料：第1辑：上册[M]．上海：华东师范大学出版社，1983：263.

③ 苏云峰．张之洞与湖北教育改革[M]．台北：台北永裕印刷厂，1976：97.

史，留学欧洲达 11 年之久，精通英文、德文、法文、拉丁文、希腊文等近十国语言文字，尤其擅长英文写作，被孙中山、林语堂推为中国第一人，“其英文文字超越出众，二百年来未见出其右者，选词用字皆属上乘”①。光绪十一年(1885 年)经人举荐成为张之洞幕僚成员，颇受张之洞器重，主要负责翻译和外事顾问等邦交事务，同时给张之洞讲“西洋那些事”。光绪十九年(1893 年)，在辜鸿铭鼎力谋划并拟稿，再经张之洞审定下，《设立自强学堂片》得以上奏光绪帝并得到清廷的认可。在此之后，以张之洞名义颁布的自强学堂章程均充满了对西方教育制度的借鉴，无疑辜鸿铭在其中扮演了很重要的谋士角色。湖北自强学堂正式成立后，蔡锡勇受命担任总办(校长)，辜鸿铭任方言教习，成为自强学堂一代名师。除蔡、辜二人外，张之洞在广州办洋务期间网罗的一批外语人才，作为其办理洋务的重要幕僚，在张之洞赴武昌任职时，一同奏调五人前往湖北协助办理洋务。

(二) 两湖茶商呼吁下的湖北方言商务学堂

光绪十五年(1889 年)，张之洞奉调离粤来鄂，他认识到：“湖北地处上游，南北冲要，汉口、宜昌均为通商口岸，洋务日繁，动关大局，造就人才，似不可缓，亟应及时创设学堂，先选两湖人士肄业其中。”②光绪十六年(1890 年)，张之洞在位于武昌境内的都司湖创办了两湖书院，该书院创立之初，准备开设经学、史学、文学、理学、算学及经济学六科，“调取两湖诸生各一百人，入院肄业”③。为了筹集经费，培养两湖人才，两湖书院另设商籍课名额，用以调动商人办学的积极性，“因茶业各商筹捐两湖书院经费，特调其子弟入院肄业，以昭奖劝”④。

---

① 孔庆茂，张鑫．中华帝国的最后一个遗老辜鸿铭[M]．南京：江苏文艺出版社，1996：21.

② 《张文襄公奏稿卷二十一》，转引高时良，黄仁贤：《中国近代教育史资料汇编·洋务运动时期教育》，上海教育出版社 2007 年版，第 271 页。

③ 朱有瓛．中国近代学制史料：第 1 辑：下册[M]．上海：华东师范大学出版社，1986：392.

④ 苑书义，孙华峰，李秉新．张之洞全集：第 4 册[M]．石家庄：河北人民出版社，1998：2757.

光绪十七年(1891年)，受张之洞所派考察两湖书院落实情况的湖北试用知县曾广敷呈折上报：

每与南茶商人谈及，近来茶事，每为孖占所困，而南茶商人，向来不悉洋务，较他省尤为吃苦。缘孖占能通彼国语言文字，货物之优劣、价值之低昂，胥由孖占操纵，是以茶商诸事隔阂，亦不能不仰给于孖占。①

这份折子中所提到的“孖占”并非职业商人(merchant)，而是夹杂在商人和洋人之间交易的中介人，即晚清前制度化时期活跃在广州地区的买办之流。他们因为“能通彼国语言文字”，又懂商务，十分熟悉货物优劣、价格行情，孖占之流能操纵货价及茶叶质量鉴定，垄断茶叶市场，从中大肆盘剥。而“南茶商”因不懂外语“诸事隔阂”且“不悉洋务”，而不得不依赖他们，吃尽苦头，受尽其害。“南茶商”只为做生意，不计较科举名衔，他们更希望政府能够开办一所供茶商子弟“专习各国语言文字”的学堂，因此曾广敷建议：

不若即以所定商额，改为通商西学，即延请华人之能西学者，以训诲之，俾专习各国语言文字，二三年学成之后，南北茶商皆可自专，而孖占之挟制可除，即茶市之利源益广。②

茶叶贸易历来是湖南、湖北商业发展的基石，武汉三镇又为全国重要茶市，属于全国大宗商品出口重地，“每年上市的茶叶价值高达一千多万两，如向茶商认捐认资，办学经费一定会滚滚而来。自同治以降，武汉茶叶多系从湘省运来的‘南茶’，每100斤仅捐7分，如再捐输1

① 苑书义，孙华峰，李秉新．张之洞全集：第4册[M]．石家庄：河北人民出版社，1998：2814.

② 苑书义，孙华峰，李秉新．张之洞全集：第4册[M]．石家庄：河北人民出版社，1998：2814-2815.

钱，北茶增助 3 分。如此一来，茶捐总计集资 10000 两以上，遂为商籍子弟设斋”①，但近年来“洋货畅销，财用外耗，全挟恃丝、茶两项行消外洋，籍资补救，事关大局”②，因此曾广敷的建议得到了张之洞首肯。张之洞认为：“精通外语，是湖北走向世界、开放自强的第一步阶梯，舍此便不能洞察西方动向，向西方学习仅能学到一些皮毛，无法取我所需，把握西学的精髓。”③上述曾广敷的建议与张之洞不谋而合：

据此，查两湖书院，设有算学经济学两门，讲求实务，本已包括其中。兹据称拟请于所定商额改为通商西学，专习各国语言文字等，系为振兴茶叶商务起见，正与本部堂维持茶务本意适相符合，所议尚属可行。④

随即张之洞提出专门设立一所学习外国语言文字学堂：

应即于两湖书院外，另设学堂，设立方言学、商务学、专习各国语言文字，及讲求商务应如何浚利源、塞漏卮，畅销土货，阜民利用之术。均延华人精通各国语言文字暨晓畅时务者，分门教习。除此次甄别录取商籍内课外课各生外，南茶商子弟有愿习方言、商务者，应由该商自行禀请，江汉关道申送，入学堂肄业。北茶及各省茶商子弟，均准其自行禀由关道申送。即非茶商，凡有子弟聪颖，愿习方言及通晓泰西情事者，均准其随时具禀本部堂衙门查核，送入学堂。总共额数，约以五十名为率。一切详细章程，统候本部堂斟酌妥善，分别饬遵。应即先由江汉关道，谕知各该茶商等

① 董宝良，熊贤君．从湖北看中国教育近代化[M]．广州：广东教育出版社，1996：82.

② 苑书义，孙华峰，李秉新．张之洞全集：第 2 册[M]．石家庄：河北人民出版社，1998：790.

③ 熊贤君．湖北教育史：上卷[M]．武汉：湖北教育出版社，1999：203.

④ 苑书义，孙华峰，李秉新．张之洞全集：第 4 册[M]．石家庄：河北人民出版社，1998：2814.

遵照。①

这便是由张之洞在两湖书院外另立湖北方言商务学堂的由来。"招收学生 50 名，除专习各国语言外，并讲求商务，研究浚利源，塞漏卮，畅销土货，阜民利用之道"②。很显然，这所方言学堂是以外语为依托，讲求经商之道。然而张之洞打算从茶商处集资办学的做法，一开始就遭到了非议和抵制，被人告到朝廷，连光绪帝都亲自过问此事，"所奏茶商输捐一节，如果属实，自应裁撤，以恤商困"③。为此，张之洞专门给光绪帝奏折中阐述了办学的目的及招生办学实际状况，予以辟谣：

> 向来南北业茶各商不通外国语言文字，与洋商交易均由洋行买办为之经纪。商情隔阂，弊窦丛生，南茶各商尤以为病。复议于两湖书院外，另设方言、商务两学堂，专习泰西各国语言文字，及讲求整顿茶务种植制造之法、一切浚源塞漏、通商惠工之事。其经费即就该商等所捐匀拨，不敷之数另行筹足，不令再捐。各商子弟愿入书院与学堂者，均听其自便。昨经甄别书院肄业各生，商籍申送及投考者至一百余人之多，士论欢欣，群情景附，毫无间言。④

与此同时，他还"传集南茶各商面加询问，佥以书院培植本省人才，各商输捐甚微，收效甚大，且学堂讲习洋文、商务，兼与茶务有

① 苑书义，孙华峰，李秉新．张之洞全集：第 4 册[M]．石家庄：河北人民出版社，1998：2814-2815.

② 郝林涛，黄仕荣．中国历代学校制度通考[M]．太原：北岳文艺出版社，2008：214.

③ 苑书义，孙华峰，李秉新．张之洞全集：第 2 册[M]．石家庄：河北人民出版社，1998：788.

④ 苑书义，孙华峰，李秉新．张之洞全集：第 2 册[M]．石家庄：河北人民出版社，1998：790-791.

益，愿仍照旧抽捐，并无异议”①。可见，张之洞从茶商处集资办学是有相当阻力的，是有人故意刁难，抑或茶商并不乐意捐资办学，只是迫于张之洞湖广总督的权势而不得不为之。但张之洞办学的决心依然坚定，光绪十七年七月(1891 年 8 月)，他指示铁政局修算学、方言、商务各学堂并拟定章程：“算学最切实用，天文地舆，水利武备，无不相需甚殷。至方言、商务，亦为今日自强要图……应于铁政局附近，选择宽敞爽垲之地，专建算学学堂一区，并将方言、商务两学，附列其中，分别延访教习，另行酌定学生额数章程，以资讲习。”②尽管张之洞坚持认为捐资办学不会增加茶商的负担，办方言、商务学堂不仅有利于新式教育发展，同时对两湖地区商贸发展百利无害，但不到一年时间，张之洞再次被告上朝廷，光绪帝再次提示他：“务须体恤商艰难，如果实有不便，自应早为裁撤，以苏商困。”③

两次被告御状，张之洞并未灰心，更没有放弃办学念头。在他看来：“楚省洋务交涉，近年日益繁多，关系大局，实非浅鲜，必应极力讲求。”且“本部堂前拟创设方言、商务学堂叠经奏明在案”④。此时湖北方言商务学堂已经成立，在此基础上，光绪十八年七月(1892 年)张之洞打算再添设格致课程，形成算学、格致、方言、商务四门同时开办的格局：

> 至算学一道，必须融贯中西精蕴，应即将算学并入此堂，并添设格致一门，以期于制造工商等事，考求实用。即名曰学堂，内分算学、格致、方言、商务四门。查文字语言，乃中外交涉之要领；

① 苑书义，孙华峰，李秉新．张之洞全集：第 2 册[M]．石家庄：河北人民出版社，1998：791.

② 苑书义，孙华峰，李秉新．张之洞全集：第 4 册[M]．石家庄：河北人民出版社，1998：2888-2889.

③ 苑书义，孙华峰，李秉新．张之洞全集：第 2 册[M]．石家庄：河北人民出版社，1998：846.

④ 苑书义，孙华峰，李秉新．张之洞全集：第 4 册[M]．石家庄：河北人民出版社，1998：3024.

> 格致，乃制器开矿之本源；算学，穷船炮之精微；商务，关富强之大计。候即延致教习，分门教授，以期广收人才，裨益时局。应由北善后局筹拨经费，铁政局酌议章程。其经费应于新筹善后经费项下酌拨，不足则于新增筹定各款酌量拨足。其学堂与铁政局为邻，且一切事理本属相通，应即委铁政局总办蔡道(锡勇)兼管。①

湖北地区对商务外语人才的需求与开办培养此类人才的新式学堂，是一种被动开放下的主动行为，最初源于通商乃时政的朝廷要求，开始培养"精通番语"，读书明理之人"，后因"求强"与"求富"的需要，意识到"商务，关富强之大计"，最终产生了兴办方言商务学堂的想法。很可惜的是，由于创办时间较短且充满争议，留存资料极少，从现存的资料只能了解到当时确实创办了这样一所培养外语商务人才的学堂，具体的培养活动及成效无从得知。一年后，光绪十九年十月二十二日(1893 年 11 月 29 日)张之洞终于正式向朝廷上奏《设自强学堂片》，这次得到了朝廷的认可，于是一所以培养外语商务人才的学堂正式成立。

二、定型期：复合型外语人才培养实践

光绪十九年(1893 年)，《招考自强学堂学生示并章程》的颁布标志着张之洞对西学、西语的认识有了一个质的飞跃。他从自强的办学目的出发，办学讲求实务，融贯中西，培养以备国家使用的西学人才。张之洞认识到精通外语，是走向世界、自强求富的第一步阶梯："惟是自强之道，贵乎周知情伪，取人所长。若非精晓洋文，即不能自读西书，必无从会通博采。"②学堂开设有方言、格致、算学和商务四科，属于一所中西结合的综合性学堂。光绪二十二年(1896 年)张之洞进一步改进学堂章程，学堂亦由综合性的西学堂转变为偏重方言的语言学堂，在《札

① 苑书义，孙华峰，李秉新．张之洞全集：第 4 册[M]．石家庄：河北人民出版社，1998：3024-3025.

② 高时良，黄仁贤．中国近代教育史资料汇编：洋务运动时期教育[M]．上海：上海教育出版社，2007：271.

道员蔡锡勇改定自强学堂章程示》中，他将原本分为方言、算学、格致和商务四斋的格局进行改革重组，算学一门改归两湖书院；格致和商务两门，为避免“多空谈而少实际”，同时“其格致、商务两门，中国既少专书”，因此“改课方言，可为一切西学之阶梯，而格致、商务即包其内，自后两门毋庸命题专课，一律改课方言”①。张之洞认为不学习泰西语言，而要探究商务之精微便不可能，“现将格致、商务两门停课，先行统课方言，以为一切西学之阶梯，将来格致、商务，即可自行诵译探求”②。于是将原本单列的商务和格致两门课程划拨到方言斋，商务与格致两门课程内容融进外语学习的材料中去，这样学生在学习方言过程中，亦将格致和商务的内容也同时掌握，实现了西学与外国语言的深度复合。

这次改革在艾尔斯(William Ayers)的《张之洞和中国教育改革·记自强学堂》中也有记载：“通过泰西方言的学习，让学生间接地慢慢地接近格致和商务，在学习泰西方言的过程中，把格致和商务材料选作课本。”③此后自强学堂的考试内容也反映出其“商务即包其内”的特点。光绪二十五年(1899年)冬，自强学堂英文斋英语考试题中有三道翻译题，第一道为“译奥员虐待瑞民记一则”，第二道为“译通工、通商说一则”，第三道为“译游西克记一则”④。第一道题是关于国际民事纠纷问题，第二、三道题分别涉及工商类和旅游类题材。考试内容通常也是日常学习内容的检测和反映，在当时教材和阅读资料极其有限的情况下，学生能够学习到的西学知识也只能来自日常授课内容，因此可以推测，

① 高时良，黄仁贤．中国近代教育史资料汇编：洋务运动时期教育[M]．上海：上海教育出版社，2007：274.

② 高时良，黄仁贤．中国近代教育史资料汇编：洋务运动时期教育[M]．上海：上海教育出版社，2007：271.

③ 艾尔斯．张之洞和中国教育改革：记自强学堂[M]．霍益萍，译//高时良，黄仁贤．中国近代教育史资料汇编：洋务运动时期教育．上海：上海教育出版社，2007：284-287.

④ 高时良，黄仁贤．中国近代教育史资料汇编：洋务运动时期教育[M]．上海：上海教育出版社，2007：282.

学生在学习外语的同时将国际法、工商、旅游等西学知识融入其中，这正是遵循了“将有关内容融进外语学习的材料中”的办学要求，外语成为其他西学的阶梯。

在《札道员蔡锡勇改定自强学堂章程示》中，张之洞叮嘱蔡锡勇：“讲求各国语言文字之意，在于培植志士，察他国之政，通殊方之学，以期共济时艰，并非欲诸生徒供翻译之用。”①这充分表明自强学堂办学目标是培养兼通外国语言与西学的复合型人才，而不仅仅是译员。光绪二十八年(1902年)，张之洞决定设立方言学堂一所，将自强学堂原有学生移入，提调仍是程颂万等原班人马，在招生人数上有所扩充，由之前的每届120人扩充为150人，办学目标“以养成外交人才为宗旨”②。

(一)学生招录与教习聘用

1. 面向各省，公开招考

自强学堂创办之初，张之洞打算从湖南、湖北两省中招选学生，“湖北、湖南两省士子方准与考”③。但招生过程中未能招到足够的合格生源，于是打破地域限制，四年后颁布的《招考自强学堂学生示并章程》明确规定，“各省举贡生监职员官绅子弟等知悉，凡有华文精通、年在24岁以内15以外者，无论本省外省悉准报名与考”④。公开招考、面向各省的举措，打破了京师同文馆最初只收旗人的规矩，也打破了上海、广州同文馆的地域限制。根据自强学堂提调程颂万整理的光绪二十五年(1899年)湖北自强学堂学生来源及人数统计，来自湖北、湖南两省的学生共计45人，占总人数的60%，其余生源来自江苏、四川、福建、浙江、山东、河南、广州、安徽和贵州，其中江苏人数最多，达

① 高时良，黄仁贤．中国近代教育史资料汇编：洋务运动时期教育[M]．上海：上海教育出版社，2007：275.

② 吴贻谷．武汉大学校史(1893—1993)[M]．武汉：武汉大学出版社，1993：19.

③ 张之洞．设立自强学堂片[M]//陈山榜．张之洞教育文存．北京：人民教育出版社，2008：103.

④ 高时良，黄仁贤．中国近代教育史资料汇编：洋务运动时期教育[M]．上海：上海教育出版社，2007：272.

19 人，占比约 25%。是时自强学堂招生主要以湖北、湖南籍为主，面向全国各省招生，来源颇广。学生年龄限定在 15 岁到 24 岁之间，强调应招者应有一定的华文及国学根柢："必须以华文为根柢，以圣道为准绳。儒书既通，则指授西文，亦可收事半功倍之效。"①同时特别强调"吸洋烟者断不收录"。考选过程包括"先考华文一次，照定额加倍挑选"，再进行面试，面试要考查学生外形是否"器宇端正，口齿灵敏，体质壮实"。从招考章程的规定可以看出，较"同文馆三馆"开办迟了近三十年的湖北自强学堂，充分吸收了其他外语学堂办学的经验和教训。首先，招考范围覆盖全国，避免囿于一地，可以充分吸收全国各省优质生源，提高办学质量。其次，年龄限制在 15 岁到 24 岁之间，年龄段区间更大，既避免了学生年龄偏小，华文功底不深，不利于中外语言的同步学习，又不至于年龄太大，错过了学习第二种语言的最佳时期。再次，充分认识到外语与汉语两种语言在人才培养中的互利互补、不可偏颇的紧密关系。最后，在晚清新式学堂招考中首次对外形提出要求，考虑到语言学习，必须口齿清晰，处理涉外事务，常常事关紧急，必须随叫随到，因此学生只有拥有强壮的体魄，才能够承受一定的脑力和体力活动压力；同时考虑到一国或一省外事活动中，翻译人员作为大清国代表之一，在形象上"器宇端正"也是维护国体所需。

关于自强学堂招生人数，光绪十九年(1893 年)章程规定："英、法、德、俄语言文字四门，每门学生以 30 名为额，四门共 120 名"，但考虑到"目下诵堂住舍尚未造就，先行每门招 15 名入堂肄业。其余 15 名，俟诵堂斋舍造齐，再行来堂。"②因此，每年招生人数都不足 120 名，直到光绪二十八年(1902 年)，自强学堂更名湖北方言学堂后改课五国方言："日本及英、法、俄、德五堂，选以通中文者为学生，每堂

① 高时良，黄仁贤．中国近代教育史资料汇编：洋务运动时期教育[M]．上海：上海教育出版社，2007：273.

② 高时良，黄仁贤．中国近代教育史资料汇编：洋务运动时期教育[M]．上海：上海教育出版社，2007：272.

30 人，共 150 人。”①此后，招收人数才达到 120 人，且“每届新生均接近满额，且多系富豪子弟”②，光绪三十一年(1905 年)在校人数竟达 354 人，达到办学以来最大规模人数。据有关学者统计，列表如下(见表 4-8)：

表 4-8　**湖北自强学堂光绪十七年至三十一年(1891—1905 年)学生人数**

年份	1891	1893	1896	1897	1898	1899	1903	1904	1905
定额	50	80	120	120	80	80	150	150	150
实际在校人数	?	?	41	60	?	75	120	240	354

资料来源：苏云峰. 张之洞与湖北教育改革[M]. 台北：永裕印刷厂，1976：100。

更名湖北方言学堂后，除部分未毕业的旧生经过甄选留堂肄业外，每年招收学生仍旧为 150 名，五年毕业为期，第一届新生于光绪二十九年(1903 年)十月入学，第二届于光绪三十年(1904 年)十月入学，第三届于光绪三十二年(1906 年)正月入学，每届大多能接近满额，如表 4-8 所述，到光绪三十一年学堂人数已经达到 354 人。

在学生待遇上，学堂办学之初除提供膳宿和书籍、纸笔外，为了让学生安心学习，每月还给学生膏火银五元，但光绪二十三年(1897 年)后，张之洞仿照西方办学，“目下虽不能尽照西法令学生出资，然亦宜略参其意……参酌西法，必须不发膏火方有真才实效”③。同时也考虑到“常年经费每年尤需巨款”，而“有名为向学、实图膏火者”，张之洞决定以后膏火银五元不再发，其他办学费用照旧。膏火制度废止，但为

① 高时良，黄仁贤．中国近代教育史资料汇编：洋务运动时期教育[M]．上海：上海教育出版社，2007：278.

② 吴贻谷．武汉大学校史(1893—1993)[M]．武汉：武汉大学出版社，1993：20.

③ 高时良，黄仁贤．中国近代教育史资料汇编：洋务运动时期教育[M]．上海：上海教育出版社，2007：277.

了奖励学业优异者，张之洞决定改用奖学金制，“按月比较华洋文字进境分数，分别甲乙，给予奖赏，以资鼓励”。为了杜绝部分学生学艺不精，未毕业便步入社会谋职，甚至充当翻译，章程规定“若藉端求去，改习卑下之业，甚或不自爱惜，受洋行雇充翻译，须将其历年薪水伙食及本身一切费用追缴”①。

湖北自强学堂如此种种招生规定，充分体现了张之洞在招考中坚持“博采众长，因地制宜”的原则。既充分考察国内外语学堂人才培养的丰富经验教训，取其所长，避其所短；也借鉴国外先进的办学理念，在有限的办学条件下，最大限度地调动学生学习的积极性，确保培养真材实料的外语人才。

2. 构建华人教习优先，洋教习为辅的师资队伍

在教习聘用上，自强学堂充分吸取了“同文三馆”办学经验，所定章程多切中时弊，切实可行，无论是聘用管理人员还是教学人员，都优先合格的华人，尤其是洋务学堂优秀毕业生以及留学归国人员，他们受到张之洞的极力笼络，成为自强学堂外语与西学教学的主力军。对于聘请洋教习，自强学堂并不像“同文三馆”唯洋人马首是瞻，而是因地制宜，力戒铺张浪费，能用中国人充当教习时，尽量不聘请外国人。因此，自强学堂教师队伍呈现出以华人为主、洋教习为辅的结构特点，这也是自强学堂之所以被称为“中国近代教育史上第一所真正由中国人自行创办和管理的新式高等专门学堂”②的重要原因之一。

光绪十九年(1893 年)颁布的《招考自强学堂学生示并章程》认为：“英文、法文各省传习较久，目下四学始基，即派华员教习。俄文、德文通习素罕，分派俄员、德员为教习，辅以华员协同课授。”③这是自强

① 高时良，黄仁贤．中国近代教育史资料汇编：洋务运动时期教育[M]．上海：上海教育出版社，2007：273.

② 张美平．晚清外语教学研究[M]．北京：中国社会科学出版社，2011：100.

③ 高时良，黄仁贤．中国近代教育史资料汇编：洋务运动时期教育[M]．上海：上海教育出版社，2007：272.

学堂第一个办学章程，所有学员均刚入学，因为处于初学阶段，并不需要传授太深的知识，故此华人教习能够胜任。再者英文和法文在"同文三馆"已经开办多年，这两类语言人才较为充足，而俄文和德文学习人数较少，且是四门语言中最难的，因此聘请俄国和德国教习讲授这两门语言，同时考虑到学生初次入学基础较差，因此分派华人协助授课，采取双语教学方式开展课堂教学。光绪二十二年(1896年)，张之洞在《札道员蔡锡勇改定自强学堂章程示》进一步认识到：

> 英文为东方各国所通用，故学者较多，法文、德文虽属无多，尚易访求。目下初学基址，可先延通晓英、法、德文之华人为教习。惟俄文向只总理衙门同文馆一处专课，外省从未开设，殊属珍罕。中俄近邻，需用尤殷，况俄文原本希腊，与英、法、德文之原本拉丁者不同，更为专门之学，自宜延访俄人之通华语者为教习，庶裨指授。①

张之洞已经开始意识到不同语言所属语系的不同，难易有别。晚清中国与西方各国接触程度不一，地理位置有别，因此语种的选择及重视程度也有所偏向。俄国不仅与中国毗邻，外交频繁，同时与湖北的茶叶贸易历史悠久、需求量大，因此成为张之洞重点考虑的设教语种，教习的聘请自然也是比较慎重，在他看来最理想的俄语教习是"通华语"的俄国人。

光绪二十四年(1898年)颁布《自强学堂改课五国方言折》，此时自强学堂又添设有日文一堂，形成英、法、德、俄、日五大语种并列的格局。考虑到自上年冬天以来，时局紧迫，俄文和日文尤为切时之用，因此，自强学堂东文、俄文、德文延请洋教习课授，而英、法两国语言，中国研习多年，即选华人充当教习。对五种外国语言教习的聘请，张之

---

① 高时良，黄仁贤．中国近代教育史资料汇编：洋务运动时期教育[M]．上海：上海教育出版社，2007：274-275.

洞已经形成了比较成熟的思路，即根据国内师资情况决定使用华人还是聘请洋人，同时兼顾时局的紧迫性，有所偏重。

根据提调程颂万《十发盦丛书类稿·强学篇》记载的有关自强学堂光绪二十五年(1899年)所开办的五大语种及华、洋教习信息，现将其时教习情况整理列表如下(见表4-9)：

表4-9　**湖北自强学堂光绪二十五年(1899年)汉、洋教习名录**

姓名(国籍)	教授科目	备注
郑毓英[中]	英文兼算学	福建闽县人
许寿仁[中]	法文兼算学	福建闽县人
杨本适[中]	德文兼算学	江苏金匮人(杨氏可能于本年七月到堂，接替德人贝伦司多尔夫遗缺)
罗运来[中]	英法堂汉文	湖北试用知县
梅际郁[中]	俄德堂汉文	湖北试用知县，本年十一月离职
况周仪[中]	俄德堂汉文	分省候补同知，本年十二月委职
顾印愚[中]	东堂汉文	湖北适用知县，本年三月离职
周得馨[中]	东堂汉文	同知衔，湖北补用知县，本年三月委任，八月离任
李宝沅[中]	东堂汉文	候选知县，本年九月代任
朱金祺[中]	东堂汉文	湖北大挑知县，本年九月委任
波立沙[俄]	俄文	由总署衙门推荐，约光绪二十四年春到任，次年五月离职
萨哈哪甫斯祁[俄]	俄文	本年五月订约到任
喀凌呵(原籍俄人，寄籍顺天)	俄文	本年十月订约为帮授
贝伦司多尔夫[德]	德文	光绪二十二年五月到鄂，任护军营工程队总教习，兼任教习，本年七月离职
柳原又熊[日]	日文	光绪二十四年到职，二十九年赴三江师范任教

续表

姓名(国籍)	教授科目	备注
古山荣三郎[日]	普通学兼体兵操	
根岸福弥[日]	普通学兼体兵操	
骆丙生 Robinson[英]	矿化学	光绪二十二年六月到堂，二十五年五月离职

资料来源：程颂万：《十发盦丛书类稿·强学篇》，光绪二十五年(1899 年)，中国国家图书馆古籍馆。

上表显示，自强学堂光绪二十五年(1899 年)共计聘有 18 名华、洋教习，其中华人教习 10 名，洋教习 8 名。华人教习中有 7 人被分派到各个学堂教授汉文，3 人分别教授英文、法文、德文兼算学。这只是这一年的统计名录，虽然从目前的史料无法确定是否还有其他教习曾经或在此之后任教自强学堂，但有一个人不得不再次提及，他就是张之洞从广州带到湖北的辜鸿铭。此前已有所介绍，辜氏作为“海归派”在自强学堂中也曾讲授英语课程，但并未出现在这一年的教习名录中，因此可以大胆地推测，很有可能还有其他人员也曾在这所学堂讲授外语或西学课程，只是某些原因致使他们没有作为教习一员被列入其中，抑或是任教时间较短，未统计入册。除此之外，自强学堂还从馆内学习时间较长、学业成绩优异的学生中选任领班学长，类似于京师同文馆的副教习。光绪二十五年(1899 年)记载的领班学长共有六人，他们分别是：英文领班学长杨熊祥(湖北人)、姚嘉麟(湖北人)；俄文领班学长萧焕烈(湖南人)；法文领班学长陈篆(福建人)；德文领班学长洪忠(江苏人)；东文领班学长瞿世瑛(江苏人)。不过程颂万光绪二十四年(1898 年)自强学堂学生名册中并未出现这六名领班学长的姓名，这六个人应该是在学堂中享受介于学生与教习之间的待遇，因而未被列在学生之列。领班学长在学习之余，还负责低年级学生学习辅导，经过一段时间的历练，他们日后很可能成为学堂外语师资的后备力量，升任教习一职，这或许正是湖北自强学堂培养外语师资的一种举措。

在中国传统文化教育熏陶下成长起来的张之洞，当然不会忘记对学生灌输中国传统文化知识，因此他在汉教习的聘用上不遗余力，一次就聘用了七名汉语教习。汉教习除每天讲授一个半小时的国学课程外，还要监督学生的品行表现，巡视西学课堂和斋舍，“是否肃静听受，是否用心”。自光绪二十三年(1897年)以来持续不断的学潮，使得张之洞深感清政府政权及社会传统秩序受到挑战，为此，他下令加强学生汉文学习及思想控制，指示汉文教习“所有中学教习，不独讲明经史，课作论说，尤须约束诸生，率循规矩，时时切加训迪，勉以修身立品，成才报国之道”①，这样的安排，在其光绪二十四年(1898年)问世的《劝学篇》中展现得淋漓尽致，这就是坚持“中学为体，西学为用”的育人原则。

整体而言，在湖北迈向近代化、走向世界的过程中，张之洞坚持华人教习为主、洋教习为辅的师资建设原则，有其深刻的历史缘由及未来规划。但毕竟是学习他国语言，一定数量的外籍教习在提高学生语言能力和创造语言环境是必不可少的，因此他也适时、适量地聘请一些学有所长的外籍教习讲授西学。在自强学堂所聘请的八名洋教习中，骆丙生(Robinson)为牛津大学硕士，教学能力强，教学经验丰富，他曾经在汉阳铁厂附近化学堂讲授化学一科。化学堂合并入自强学堂后，“仍以骆丙生继续教授”②。光绪二十八年(1902年)自强学堂更名湖北方言学堂后，大量引进外籍洋教习，增强师资力量。张之洞在华、洋教习课程教学安排上稍作调整，规定学生基础阶段由华人教习教授，进入中高级阶段后便由洋教习讲授。由于张之洞提倡留日，据光绪二十八年(1902年)统计，“仅这一年到任的洋教习共计15人，其中日本籍最多11人，

① 苏云峰．张之洞与湖北教育改革[M]．台北：台北永裕印刷厂，1976：107.

② 湖北自强学堂改定章程[M]//高时良，黄仁贤．中国近代教育史资料汇编：洋务运动时期教育．上海：上海教育出版社，2007：276.

其他国籍4人"①。聘请的11位日籍教习之中教授日语的只有2人，另外9人中有2位充当日文翻译，1人教卫生课，2人任助教，1人主编贸易报，3人教其他科目(理化、公法和图书)，奇怪的是这11人中竟有3人为日本军官。日籍教习的大量引入与晚清十年新政密切相关，"以日为师"成为这一时期中国教育的显著特点。与此同时，方言学堂还积极招聘归国留学生到学堂任教，例如曾留学日本的田吴炤、陈毅、陈问咸、刘鸿烈、胡钧、吴道南、李猿公(继鹰)、毕惠康等均先后在方言学堂执教多年。这些外籍洋教习与留日学生为方言学堂带来了海外清新的学术空气和新思想，推动了学堂外语教学建设及新思想的传播。

(二)"中西结合"的课程设置与教学

在光绪二十四年(1898年)之前，自强学堂课程以西学和西语为主，并未对汉语作强制性要求。初次招考章程中规定："学生必须以华文为根底，以圣道为准绳。儒书既通，则指授西文，亦可收事半功倍之效果。"②学生入校之前就必须具备一定华文功底，因此在入学后的课程设置中汉语课程未被列为必修课程，而仅仅规定学生在每日西学功课之外，利用闲暇时间学习汉语，根据个人汉语水平安排学习时间和内容，以自学为主，汉教习辅导为辅："学生有年齿稍长或已列胶庠者，必已通晓儒书。每日除西学功课外，尽可自温旧业。其年齿稍稚、华文较浅之学生，另于该学堂设立华文教习，于西文之暇，课授儒书华文，并作论说，庶几中外兼通，不致忘本。"③但受光绪二十三年(1897年)开始的维新变法思想影响，自强学堂多次发生学生酗酒滋事事件，张之洞为此深感忧虑，认为只有用"中学"才能稳定学生思想，不至于"犯上作乱"，于是将汉文课正式纳入日常课程表。张之洞同时强调："学生宜

① 吴贻谷．武汉大学校史(1893—1993)[M]．武汉：武汉大学出版社，1993：21-22.

② 高时良，黄仁贤．中国近代教育史资料汇编：洋务运动时期教育[M]．上海：上海教育出版社，2007：273.

③ 张之洞．招考自强学堂学生示并章程[M]//高时良，黄仁贤．中国近代教育史资料汇编：洋务运动时期教育．上海：上海教育出版社，2007：273.

专心致志，习学堂讲授诸课，不准在堂兼做时文试帖，亦不准并应书院课试，以致两误。”①从这点来看，张之洞充分吸取了“同文三馆”外语人才培养过程中的教训，学生既接受新式教育，同时还参加科举考试，精力分散，十分不利于外语人才的培养。同时学堂章程规定每届学生招满后，不得中途再招收新生入学，避免新旧学生掺杂而“令教者窘于指授”“即使来堂求学者众，亦只能俟下届招考新生之时令其投考，另作新班教授，不得中途收补搀入旧班”②。自强学堂规定的学生不得做八股以及其严格的分级招生制度，有利于学堂制定一套更为系统、科学的“学堂课程”，为学堂外语人才培养提供制度上的保障。尽管此时科举制度尚未被废除，但可以看出张之洞的人才培养思想超越了时代，在外语人才培养上颇具超前意识。

程颂万在光绪二十六年(1900)年整理的《自强学堂英法德三馆日常时刻表(己亥)》和光绪二十七年(1901 年)《自强学堂俄东两馆时刻表(己亥)》，为我们更进一步了解自强学堂课程教学提供了非常宝贵的史料，现将英、法、德、俄、日五馆课表列表转载如下(见表 4-10、表 4-11)：

表 4-10　湖北自强学堂英、法、德三斋日课时刻表(己亥)

课程 / 节次	星期	星期一	星期二	星期三	星期四	星期五	星期六
上午	8:00—9:25	方言	方言	方言	方言	方言	方言
	9:35—10:50	方言	方言	方言	方言	方言	方言
	11:00—11:50	历史	数学	历史	数学	历史	数学
午餐	12:00						

① 高时良，黄仁贤．中国近代教育史资料汇编：洋务运动时期教育[M]．上海：上海教育出版社，2007：273.

② 高时良，黄仁贤．中国近代教育史资料汇编：洋务运动时期教育[M]．上海：上海教育出版社，2007：273-274.

续表

节次 \ 课程 \ 星期		星期一	星期二	星期三	星期四	星期五	星期六
下午	1:00—1:50	数学	理科	数学	理科	数学	理科
	2:00—2:50	体操	地理	体操	地理	体操	地理
	3:00—3:50	汉文	兵操	汉文	兵操	汉文	
	4:00—5:25	汉文	汉文	汉文	汉文	汉文	

资料来源：程颂万：《十发盦丛书类稿·强学篇》，光绪二十五年（1899 年），中国国家图书馆古籍馆。

表 4-11　　**湖北自强学堂俄、东两斋日课时刻表（己亥）**

节次 \ 课程 \ 星期		星期一	星期二	星期三	星期四	星期五	星期六
上午	8:00—9:25	方言	方言	方言	方言	方言	方言
	9:35—10:50	方言	方言	方言	方言	方言	方言
	11:00—11:50	数学	数学	数学	数学	数学	数学
午餐	12:00						
下午	1:00—1:50	历史	地理	历史	地理	历史	地理
	2:00—2:50	体操	理科	体操	理科	体操	兵操
	3:00—3:50	汉文	兵操	汉文	兵操	汉文	
	4:00—5:25	汉文	汉文	汉文	汉文	汉文	

资料来源：程颂万：《十发盦丛书类稿·强学篇》，光绪二十五年（1899 年），中国国家图书馆古籍馆。

从上列二表可以看出，英、法、德、俄、日五馆课程均为八门，每馆的课程量和课时量均保持一致。这种安排已经具备现代课程教学特征，唯一不同的是西学课程在时间安排上有所错开，应该是考虑到同一个教习可能同时在多馆轮流上课的需要。整个八门课程中，方言是自强学堂课程教学核心，为每日必修科目，且被安排在每天的黄金时段（上午8点到10点50之间），课时分配上占每周课时总量的38%之多。虽然汉文所占课时量仅次于方言，达到22%，但上课时间段明显不如方言有优势，被安排在每天下午最后两次课，这是学生一天中精力最差的时刻，不得不说这是张之洞“中体西用理论在实际执行上偏差的一个证明”①。算学在自强学堂每周课时量约占12%，这也是晚清官办外语学堂一直所器重的科目之一，算学被认为是一切西方科学技术的根基所在，中国要发展现代科技离不开算学，重视算学也在情理之中。此外还安排有数学、体操、历史、兵操、理科和地理等课程，尤其值得一提的是，体操和兵操科目被安排进入每天的课程计划，这两科属于体能训练科目，占比约14%。从自强学堂近代体操和兵操科目的开设，可以看出19世纪90年代以后，晚清政府或是张之洞主政的湖北政府开始意识到，良好的身体素质无论对于学习还是国民素质而言，都显得十分重要，这种具有现代意义的课程安排，一定程度上彰显了晚清教育日趋近代化和国际化特征。

自强学堂正式改名为方言学堂后，每年计划招生150名，仍然以5年为毕业期。课程也由原来的8门增加至16门：人伦道德、经学、中国文学、外国文、地理、历史、算数、博物、物理化学、教育、理财、公法、交涉、绘图、体操、兵操。西学课程得到进一步的扩充，但是这些课程具体安排和课时分配情况，是否仍旧寓西学于外国语言之中，抑或是已经开始自编西学教材，由于并未发掘到相关史料，因而无从得知。只知在光绪二十二年（1896年），湖北自强学堂增设了译书机构（翻译处），原因是“与当时翻译得较多的西方科学技术类书籍相比较，所翻译的西方商学书籍数量相当有限，国人缺少了解西方经济贸易、商

① 苏云峰. 张之洞与湖北教育改革［M］. 台北：台北永裕印刷厂，1976：95-96.

业学科知识的‘管道’”①，因此将商务一类西书确定为学堂专门翻译的对象之一。在《札道员蔡锡勇改定自强学堂章程示》中，张之洞也强调：“方今商务日兴，铁路将开，则商务律、铁路律等类，亦宜逐渐译出，以资参考”②，但这类书籍的翻译是否如“同文三馆”一样作为学生课堂教学的延伸，用于学生笔译实战训练，翻译的书籍中是否有部分被用作学堂初学者的入门教程，或是分发给洋务官员及茶商作为了解西方商贸往来的参考资料，由于现存史料并无具体说明，故而无法确定其具体用处。但自强学堂寓商务于外国语言之中的课程安排，以及“外语为‘一切西学之阶梯’的思想及其对外语基础性作用的重视对于当今复合型外语专业（尤其是商务英语专业）的人才培养和课程设置，具有很大的启发和借鉴意义”③。

（三）学生考核与评价

考核是教学评价的重要手段之一，既是检查教学质量的晴雨表，也是确保人才培养质量的重要保障。自古迄今，办学者都十分重视考试这一衡量办学成效的重要形式。但较其他官办学堂不同，自强学堂历年章程中均未具体明细学堂考试方式和内容，仅有张之洞在《自强学堂不给膏火》一则告示中提及：“按月比较华洋文字进境分数，分别甲乙，给予奖励，以资鼓励。”因此，迄今唯一知晓的是自强学堂按月进行月考，通过华、洋文翻译水平评定等级。程颂万在《十发盦丛书类稿·强学篇》中专门提及了光绪二十五年（1899年）自强学堂举行的三次月考情况，台湾学者苏云峰在其《张之洞与湖北教育改革》中对此也有所评述：

---

① 莫再树．基于语言经济学的商务英语教育研究［M］．长沙：湖南大学出版社，2014：85.

② 张文襄公公牍稿：卷十二［M］//高时良，黄仁贤．中国近代教育史资料汇编：洋务运动时期教育．上海：上海教育出版社，2007：275.

③ 莫在树．晚清商务英语教学源流考镜［D］．湖南大学博士论文，2012：49.

> 汉文方面，每次月考出十三至十六题，内容多以《春秋》《左传》《汉书》《四书》等书为范围，然而亦有涉及事务者，如：问学堂之设与书院不同，试析其故；问意人索我三门湾，近又欲索我唐山，议者多主战，然否？问英与脱兰士战，英为欧洲最强之国，脱为非洲至微之国，何英反为脱困，试陈其故等。①

程颂万一书中还保留了光绪二十五年（1899年）大考外国语文试题，为深入了解自强学堂学生考核及课程教学提供了珍贵史料。

自强学堂试题光绪二十五年（1899年）试题

> 这年（1899年）冬天的总考，包括各门课程，除五堂汉文各二题外，各堂西语题目大概如下：英文堂出英文八题，其中，文法与改错五题，翻译三题。这三个翻译题为："译奥员虐待瑞民记一则"，"译通工、通商说一则"，"译游西克纪一则"。俄文堂出俄文十三题，其中四题属文法，余九题则翻译"微普斯克书"各课。法文堂出法文九题，其中文法二题，默写"欧洲史略各一段"一题，余为翻译，如"译大彼得传略"，"译合众国自主一章"，"译一千七百九十二年战纪"等。德文堂出德文九题，其中文法四题，翻译五题，如"译普鲁士自主战争纪一则"，"译矿说"等。东文堂出日文十六题，其中文法五题，论说二题为："阿非利加洲说"与"日本北海道说"；翻译九题，如："译支那史禹治水一章"，"译苏秦事迹一则"，"译孟尝君事略"，"译诸葛忠武侯前出师表一节"，"译后出师表一节"，"译日本古书二节"等。②

---

① 苏云峰．张之洞与湖北教育改革［M］．台北：台北永裕印刷厂，1976：102-103.

② 程颂万．十发盦丛书类稿：强学篇［M］．光绪二十五年（1899年），中国国家图书馆古籍馆藏。

从这次大考试题形式来看，自强学堂主要考查学生文法与翻译两个方面能力，各馆考查题型有少许差别。英文学堂考试题型主要有文法、改错和翻译；俄文学堂为文法和翻译；法文学堂为文法、默写和翻译；德文学堂为文法和翻译；东文学堂则为文法、论说和翻译三类题型。从考试体量来看，东文学堂有 16 道题，俄文学堂 13 道题，德文、法文学堂各 9 道题，英文学堂 8 道题。题量的多少似乎也能从一定程度上反映出自强学堂对五大语种的重视程度差异。俄文在自强学堂开办之初就为张之洞所重视，主要缘于湖北茶商与俄罗斯贸易往来频繁所需。日文则是后来才添加，虽然开办较晚，但自甲午战争后，中日往来日益增多，光绪二十四年（1898 年）自强学堂应总理衙门要求，选派了一批学生留学日本，由钱恂带领入日留学，“翌年，日人大谷方丈来鄂参观自强学堂后，又选带两人赴日，入西本愿寺学习”①，因此日语人才培养颇受两国政府重视，赴日留学高潮也在不久后到来。张之洞认为“去年以冬，时局紧迫，该两文尤为切时之用”，因此自强学堂坚持以俄语和日语人才培养为重，也是应时所需，坚持人才培养以社会需求为准绳的原则。

到光绪三十四年（1908 年），湖北方言学堂三届学生相继毕业，“可能由于馨龄的泄怠，学生生活奢侈，学习不够认真，成绩较差，学部不准比照奏定外省方言学堂及京师译学馆的资格给奖”②，这对学堂毕业生的积极性有很大打击，毕业人数不断下降。第一届毕业生有 72 人，到第三届毕业生时仅有 20 人，三届毕业生共计 140 人，尚不及入学人数的 40%。苏云峰分析认为：

> 方言学堂应招中学毕业生，因此，其程度应相当于奏定学堂章程高等学堂，但因开办时尚无中学毕业生，所以他们的程度与资

① 苏云峰. 张之洞与湖北教育改革［M］. 台北：台北永裕印刷厂，1976：94.

② 苏云峰. 张之洞与湖北教育改革［M］. 台北：台北永裕印刷厂，1976：109.

格，于宣统元年时受到学部的批驳。学部认为他们的算学程度仅相当于中学堂第二、三年；博物与理化二门尚不及中学程度；交涉、理财与教育三门的讲课时间不足；而最糟的是外文程度竟比中学堂所胜无几。因此，只准照中学堂资格给奖，并令其延长修业年限为半年，以符合译学馆程度，或改为别的学堂，纳入奏定的学制体系，但湖北当局，因经费奇缺，乃决定自宣统三年起停办方言及农务学堂。方言学堂至此便告结束。①

湖北自强学堂后期，尤其是更名为湖北方言学堂后，学堂内部各种制度、学规已不大如开办初期严格，学堂管理日渐腐败，招生中徇私舞弊现象丛生，无奇不有。光绪三十年（1904 年）11 月 7 日《警钟日报》曾有专门报道：

方言学堂招考之异闻

（湖北）方言学堂毕业奖励最优，湖北读书人未有不见而垂涎者。然该学堂始终未出示招考，向来收人皆系官场函荐。现因铁良将到，该堂尚有空额四、五十名急于补足，然又恐来者过多不能安置私人。所以于前日出牌招考，仅悬一点钟即收去。到考仅五十余人（皆系号房传考）。届期诸生到堂投考，来往街市，为外州县来省谋入学堂诸生所察觉，竟邀紧二百余人前来方言学堂门口请给卷补考。监督无如之何，准如所说，然揭晓被取者，皆系前号房所传诸生，外来者亦只吞声饮恨而已。②

苏云峰也认为自强学堂的办学成效甚微：“自强学堂自设立迄停办

① 苏云峰．张之洞与湖北教育改革［M］．台北：台北永裕印刷厂，1976：109-110.

② 李良佑，张日昇．中国英语教学史［M］．上海：上海外语教育出版社，1988：44.

为止，前后十八年，估计仅培养二百余人，为数实在很少，无法满足需要。”①

尽管对自强学堂后期办学批评声音不断，但作为自强学堂创始人的张之洞在光绪三十三年（1907 年）《请奖各学堂毕业生及管理员教员折》中，专门为自强学堂办学成效请奖：

> 至方言学堂，先名自强学堂，开办最早，后经迁移修改，始定今名。现在各堂学生陆续举行毕业考试，合格者甚多。在堂管理员、教员任事多年，颇著成效……至方言学堂第一班学生尚在四年级，未届毕业之期，其前在自强学堂之旧学生，曾经两次考试毕业，率皆分往各省，或任教习，或充翻译，并办理厂局、商务各事。现在湖北及因事回省者只三十名②。

在张之洞自己看来，湖北自强学堂办学成效卓著，在自强学堂已毕业学生中，达到学堂毕业要求的外语人才居多；学堂管理人员的管理工作及教习的教学成效也值得肯定。在自强学堂历年毕业生中，学生的就业去向十分宽广，分布全国各个省份，大多从事与洋务相关的工作，例如学堂教习、涉外翻译、工商事务等。大多数学生做到了学为所用，但最终有多少任职于这些行业以及任职情况如何，目前并未发现有具体统计数据，只在上述请奖奏折中提及有三十人回到湖北任职，苏云峰《张之洞与湖北教育改革》一书认为毕业生中留在湖北各学堂教书的有二十人左右。

综合看来，晚清官办学校“外语+西学”的人才培养模式，是在专业外语教学过程中加载另外一门或几门西学课程，以达到外语与西学的主从复合。京师同文馆人才培养自咸丰六年（1856 年）天文算学馆招

---

① 苏云峰．张之洞与湖北教育改革［M］．台北：台北永裕印刷厂，1976：110.

② 苑书义，孙华峰，李秉新．张之洞全集：第 3 册［M］．石家庄：河北人民出版社，1998：1812-1813.

考开始，课程安排即已从“单纯的西文走向西艺科目”，人才培养亦由纯粹单一的外交翻译人才培养开始转向复合型外语人才培养。上海同文馆自同治九年（1870年）并入江南机器制造总局，“学生分为上下班，初进馆者先在下班，至年底考试可取者，察其性情相近，并意气所向，专习一艺”①，这种分班制度使得外语学习成绩优异者能够根据个人兴趣所向，进入某一西学专业领域继续学习深造，在学习外语基础上融入另外一个专业，实现外语与专业的复合。湖北自强学堂在创办之初即有培养外语人才服务本地商业的目的，为此专门开设有方言、格致、算学、商务四斋，初步形成“外语+西学”的雏形。但这样的探索在学堂开办当年即告失败，但张之洞并未放弃外语与西学的嫁接，在优先培养学生外语语言能力基础上，“建议将有关内容（格致、商务）融进外语学习的材料中”②，如此寓西学于外语教学之中的教学模式，很好地实现了外语与西学的更深层次融合。

① 高时良，黄仁贤．中国近代教育史资料汇编·洋务运动时期教育［M］．上海：上海教育出版社，2007：191.

② 高晓芳．晚清洋务学堂的外语教学研究［M］．北京：商务印书馆，2007：176.

第五章　京师大学堂译学馆外语“通才”培养实践

在人才培养规格中，古今中外早有通才与专才之分，究其实质，即人才所掌握的知识是广博还是精专，所具备的能力是相对全面还是较为单一。“通与专”的讨论与分歧主要体现在人才的知识面和能力结构上，二者存在量的差异，没有本质的区别。但古今中外，从未有过能通晓一切、全知全能的人才，即使像苏格拉底、柏拉图、亚里士多德、爱因斯坦等这些大师级巨匠，也仅仅只是在某一些学科或学科群中卓有建树，并非精通一切学科、所有领域。同样，即便是终其一生研习一艺的人也不可能只通晓某一领域知识而对其他一无所知。严格地说，世间没有绝对的专才，也没有纯粹的通才，两者只是相比较而存在。近代以降，中国传统教育不断受到西学东渐的侵蚀，进入 20 世纪的晚清，近代高等教育开始萌芽，西方大学通才教育思想得以引入并嫁接到高等教育领域，洋务运动期间倡导的专才培养模式及复合型人才培养模式此时进一步深化。清廷一方面认识到培养专门人才以自强求富的必要性，另一方面也意识到专习一技一艺还不足以满足中国现代化发展的更高要求。清末出台的《壬寅学制》与《癸卯学制》均提出以“端正趋向，造就通才”为办学宗旨。总体而言，进入高等教育时代的晚清中国官办学校人才培养游离于“通”与“专”之间。

第一节　通才教育与专才教育的离异与融合

不同历史时期，社会经济发展对人才规格都有着不同的现实诉求，对教育亦提出相应的发展改革要求。第一次工业大革命以前，人类社会知识积累量相对有限，知识更新速度也较为缓慢，社会分工也并不发达，教育仍然停留在对少数统治阶层的“精英教育”。因而，主张“博”的通才教育很好地适应了社会发展的要求。随着工业革命时代的到来，社会分工越来越细，新知识的产生与更新速度开始加快，这要求教育能够培养出社会不同领域、不同部门的专门人才，使他们能够成为某些领域、某个行业的“行家能手”，教育由此逐渐转向大众教育，主张“专”的专业教育很快地适应了新的社会发展要求。

社会大分工一方面要求专业教育能够继续培养出各行各业的“专门人才”以适应工业社会大生产的需要，另一方面也要求教育培养出可以整合自然、人文以及社会科学不同领域的“通才”。这部分“通才”不仅要懂技术，有科学素养，还应该懂得如何正确处理好人与人、人与自然、人与社会、人与国家之间的关系，通过人文精神来驾驭科学精神，避免成为“技术的奴隶”而藐视人文精神对完整人格的塑造作用。因此，通才教育在20世纪90年代的晚清，被教育家和有识之士从西方大学中引入中国，他们结合儒家所倡导的“博学鸿儒”式君子之教，提出“中西贯通”“智、仁、勇”并存的“通人”教育，试图实现西方通才教育与传统通才教育的融合。通才教育与专才教育作为两种不同人才培养模式，在晚清最后十多年时间里共存与融合，为晚清乃至民国时期新式人才培养开拓了新的局面，做出了有益的探索。

一、通才教育与专才教育的辩证统一

通才教育是根据英文词组“General Education”翻译而来，也有学者译为“通识教育”“博雅教育”“普通教育”等。通才教育最早可以追溯到古希腊亚里士多德提出的“自由教育”，古罗马时期提出的“自由人的教育”，此类教育以培养多才多艺、博雅和有教养的贵族为宗旨。古希腊罗马时期的自由人，即奴隶、工匠等从事手工业和农业职业以外的“自由人”，教育机构根据“自由人”的兴趣、需要和职责提供一种享受闲暇的教育，在闲暇中发展理性、培养德性和自由精神。简言之，这种“自由教育”旨在发展人的心智而不是培训某种实用性技能。近现代以来，自由教育“被认为是自由地去学、使人学而自由的教育。即使人博学多才，保持自主的心态自由地思考和探索，能够在复杂的人生和世界中安身立命，应对未来的各种局面的教育，这正是现代通才教育的精神”①。

中国传统教育以道德教育为主，强调“君子不器”“士先器识而后文艺”，孔子并不排除才识学问，只是认为君子不应该以专注一技一艺为目标。相比西方贵族教育，孔子的教育思想更加民主化和平民化，认为人人都可以接受教育，皆可以为圣贤，因此有学者认为，孔子不仅是开平民教育之先河，而且开了通才教育之先河。20 世纪以降，近代科学技术快速发展又日趋综合，边缘学科与交叉学科不断涌现，产业结构不断调整与变革，职业选择的频繁变动以及人自身的全面发展，都对人才培养提出了更多、更高的要求。近代以来引入中国的通才教育试图将人培育成为具有一定自然、社会和人文科学基本理论、基础知识和技能，个性得到全面发展与提升的人才。

通才教育是相对专才教育而提出的，爱因斯坦也曾指出：

> 只教给人一种专门知识、技术是不够的，专门知识和技术虽然使人成为有用的机器，但不能给他一个和谐的人格。最重要的是人要藉着教育得到对事物及人生价值的了解与感觉，人必须对从属于道德性质的美和善有亲切的感觉，对人类的各种动机，各种期望，各种痛苦有了解，才能和别的个人和社会有合适的关系。②

因此，教育不仅要为社会输送技术支持的专门人才，所培养的人还需是具备“学贯中西、博古通今”的本领。“这样的人应是文理兼备、

① 杨东平．通才教育论［M］．沈阳：辽宁教育出版社，1989：61.
② 刁培萼．教育文化学［M］．南京：江苏教育出版社，1992：75-76.

中西贯通、仁智勇并存、德智体全面发展的人才"①。通才教育提出的直接目的即为纠正过于专门化的教育所造成的知识的割裂和偏狭的"工匠式人才"。通才教育首先关注的是"人"的培养，其次才是将人作为职业人来培养，其核心思想是强调人的均衡发展，为以后的专业发展奠定坚实的基础。但通才教育亦容易演化成"辞海"或"百科全书"式的教育，造成学生的知识杂而不深、"专精"欠缺，实际工作中分析问题和解决问题能力欠缺，因此社会中有人将通才教育理念下培养的人才当作"万金油"使用和看待，即所谓的工作中"无所不能"的人。

专才教育旨在培养具有某一学科的基本理论知识和专业技能，并能够从事某类职业或进行某项领域研究的人才，专才教育的重点不在于促进人的能力和素质的全面发展，而更强调所培养的人所具备的实践技能以及是否能够胜任某一行业的实际需要，重点培养人的实际工作能力，使人成为某领域的专家，有效地解决人类社会发展中所需要的"技术问题"，其目的在于培养专门人才。但这种专才教育存在的一个弊端就是其培养出来的人知识面窄、技能单一，他们虽然"能够在所学习的范围内有效地工作，但缺乏灵活地调整职业前途和继续发展的潜力，相应地，个性的发展往往也不太和谐和全面"②。因此过分强调通才教育或专才教育，都有失偏颇。通而不专，无法解决社会经济发展过程中的专业问题，难以适应社会大分工的需要；专而不通容易导致知识过于专业化、思维片面化、兴趣单一化，难以适应社会发展对人才的综合要求。

从培养模式上来说，通才培养和专才培养都是符合人的发展与社会发展规律的两种模式。人自身的发展有着多维多向性的特点，过早地定向可能造成潜在才能的扼杀，通才教育与专才教育二者并非对立、非此

---

① 袁川、董泽芳．在"通才"抑或"专才"之间作何选择——兼谈社会转型期我国高等教育目的价值取向［J］．现代教育管理，2012（9）．

② 杨东平．通才教育论［M］．沈阳：辽宁教育出版社，1989：8．

即彼的关系，而是并存兼顾。一个人完全有可能成为专精的通才，也可以是广博的专才。社会对人才能力结构的需求是多元化的，通才或专才都可以在社会中找到自己的位置，做出自己独特的贡献。从教育学自身发展规律来看，通才教育与专才教育的理论根基，即普通教育（或通识教育）与专业教育，两者不能截然割裂，而应并行不悖。普通教育为专业教育提供坚实的基础和宽广的视野，专业教育为进一步深化基础知识提供可能，没有专业教育的普通教育只能培养出缺乏专精特长的庸才，而没有普通教育的专业教育亦只能培养出缺乏创造性和适应性的“工匠”。

不同的时代背景决定着教育对“通”与“专”教育的不同选择。近代以来，西学东渐，科举渐废，新式学科不断兴起，人才培养的知识源大为拓展，某一学科的专才又必须通晓多门学科知识以满足交叉学科发展的呼声四起。近代中国高等教育深受西方教育思想的影响，对人才培养的知识结构提出在“专”的基础上达到“博”，在“博”的同时做到“术业有专攻”，既博通又有专长的理想人才培养模式。该模式的核心在于课程体系中“通”与“专”的融合。学校教育提供的课程设计，首先应该注重传授通才与发展通才智力的课程，合理地规划通识教育课程与专业教育课程的比例分配与布局，适时调整，因地制宜。其次，通才教育应该以培养学生健全的人格为宗旨，促进人文科学与自然科学、社会学科的有机融合。在教学内容上注意将人文科学知识体系、能力培养体系和良好的人格培养三者相结合，使所培养的人才在知识、能力、品德三个方面协调发展。但一个人的知识和技能不可能毫不限制地博通与全面，无节制的“通”与“博”必然会削弱“专”的精与深，因此，通识课程设置并非越多越好，而是在充分考察受教育者实际情况前提下适度安排相关的通识课程。同时专才教育部分应该注重学生的实践技能培养，在专业课程设计上，需要探索专业课程学习与社会实践能力培养相匹配的教学模式，以达到学以致用的目的。

二、京师大学堂译学馆的“通”与“专”

19 世纪末创办的京师大学堂是维新变法的仅存硕果。相比洋务派只看到西方教育中自然科学和工艺技术所具有的实用价值，维新派更重视教育的社会功用，主张学习和引进一整套西方教育制度，在更深、更广的范围内传播西学，培养通古今、中西的人才。具体来说，对西学不能拘于一技一艺，而是通达西学，深究本原；对中学，不限于通经书，课策论，而是博综中学，精研体要；从中学中探求社会变革缘由，从西学中找到社会变革的根本之道，“中西兼举，政艺并进”，融会贯通，以成通才。洋务派所追求的“中体西用”人才观开始向“会通中西”转变。

京师大学堂的创建一方面体现了晚清政府对旧的教育制度与教育体系的革新，另外一方面也折射出其人才培养目标和教育内容上带有的浓厚封建性与保守性，此时的京师大学堂还算不上完全意义上的现代大学，更多地体现了中国传统教育向近代高等教育过渡的时代特征，究其本质而言，他仍是新旧教育碰撞与糅合下的时代产物。创办初期的京师大学堂以培养“西艺”“西政”兼备的高级专门人才为目标，侧重政治人才的培养，以造就国家富强与民族振兴所需的治世之才；在培养目标上，光绪二十四年（1898 年），《奏定京师大学堂章程》规定“激发忠爱，开通智慧，振兴实业，端正趋向，造就通才，为全学之纲要”①，光绪二十九年（1903 年）出台的《奏定大学堂章程》再次强调学堂办学：“以谨遵谕旨，端正趋向，造就通才为宗旨”②，“通才”的培养目标被正式写入大学堂办学宗旨中，其具体要求主要体现在“德”与“智”两方面，在“德”方面，要求“激发忠爱，端正趋向”；在“智”方面，要求以中西之学“开通智慧”。相比较而言，晚清政府对

① 舒新城．中国近代教育史资料：中册［M］．北京：人民教育出版社，1981：544.

② 舒新城．中国近代教育史资料：中册［M］．北京：人民教育出版社，1981：572.

“德”的要求更高一些，在京师大学堂办学章程中就强调“中国圣经垂训，以伦常道德为先；外语学堂于知育（智育）体育之外，尤重德育，中外立教本有相同之理”。因此重视德育，“于修身伦理一门视他学科更宜注意，为培植人才之始基”①。显然，这种人才培养规格的设定，体现了晚清政府既想通过学习西方，培养新式人才，实现救亡图存的目的，但又无法全盘接受西方国家的道德文明，坚持人才培养以“忠君爱国”为道德标准，认为“学校必须以忠孝为本，以中国古典文化和历史为基础。当学生的思想变得正直而纯正时，才能辅以西方文化知识来增长学生的才识，改进技能”。②因此在课程设置上，京师大学堂在移植西方课程同时，又结合中国自古以来的道德伦常以及文史哲课程，固守中国传统纲常伦理、孔孟之道。在此基础和前提下有重点、有选择地学习西方富强之术，针对学生将来所学专业有所侧重。光绪二十四年（1898年）总理衙门奏拟京师大学堂章程就是参照日本及西方大学办学章程制定，“西国学堂所读之书皆分为两类：一曰溥通学，二曰专门学。溥通学者，凡学生皆当通习者。专门学者，每人各占一门者也。今略依泰西日本通行学校功课之种类，参以中学。”③ 于是《章程》如此规定：

> 经学第一，理学第二，中外掌故学第三，诸子学第四，初级算学第五，初级格致学第六，初级政治学第七，初级地理学第八，文学第九，体操学第十，以上皆溥通学……无论何种学生，三年之内必须将本局所纂之书，全数卒业，始得领学成文凭。惟体操学不在功课书内。英国语言文字学第十一，法国语言文字学第十二，俄国

① 舒新城．中国近代教育史资料：中册［M］．北京：人民教育出版社，1981：544.

② 魏定熙．北京大学与中国政治文化（1898—1920）［M］．金安平，张毅，译．北京：北京大学出版社，1998：33.

③ 北京大学校史研究室．北京大学史料：第1卷（1898—1911）［M］．北京：北京大学出版社，1993：82.

语言文字学第十三，德国语言文字学第十四，日本语言文字学第十五。以上语言文字学五种，凡学生每人自认一种，与溥通学同时并习，其功课书悉各该本国原本……以上十种专门学，俟溥通学卒业后，每学生各占一门或两门。①

京师同文馆于光绪二十八年（1902）年并入京师大学堂后改名翻译科，光绪二十九年（1903年），总理衙门设立译学馆，将翻译科与之合并，仍隶属于京师大学堂。译学馆在遵循京师大学堂“造就通才”办学宗旨前提下，结合自身专业特点制定人才培养目标，其规定见于《拟定大学堂译学馆章程》总纲：

本馆以造就译才品端学裕为宗旨，务使具普通之学识，而进于法律交涉之专门，通一国之语文，而周知环球万国之情势，体用兼备，本末交修。上有以应国家需才之殷，下有以广士译书之益，兼编文典以资会通。②

光绪二十九年（1903年）颁布的《奏定译学馆章程》进一步规定了译学馆五年课程安排，其中囊括人伦道德、中国文学、历史、地理、外国文、算学、博物、图画、物理及化学、体操、交涉学、理财学、教育学共计13门课程，总共36个课时，尽管外国文占据其一半的18个课时，但开设的课程门类不可谓不全，学习要求“于语言文字之外，辅之以普通学、进之以专门学，非徒以备舌人也”“求学问之贯通，裕为全才，以备国家之用”③。可见，译学馆所培养的不仅仅是精通外语，

① 北京大学校史研究室．北京大学史料：第1卷（1898—1911）［M］．北京：北京大学出版社，1993：82.

② 北京大学校史研究室．北京大学史料：第1卷（1898—1911）［M］．北京：北京大学出版社，1993：160.

③ 北京大学校史研究室．北京大学史料：第1卷（1898—1911）［M］．北京：北京大学出版社，1993：180.

专职翻译的专门人才，而是要培养知识面完全、学问贯通的外语“通才”。京师大学堂对译学馆学生的中学基础尤为重视：“向来学方言者，于中国文词多不措意；不知中国文理不深，则于外国书精深之理不能确解悉达。且中文太浅，入仕以后，成就必不能远大。故本馆规定课程，于中国文学亦为注重。”①

总体来说，晚清政府一方面将教育视为维护其专制统治的重要工具和手段，另一方面又被迫向西方学习以达自强求富。作为转型时期晚清官办学校的一个缩影，京师大学堂译学馆融合了“通”与“专”两类人才的培养，在“通”的基础上有所专才，在“专”的同时相对通达。

第二节　译学馆外语“通才”培养实践

庚子事变后，晚清政府开始了最后十年的所谓“新政”，京师大学堂在一定程度上也得到了恢复与发展。光绪二十七年十二月（1902年），清政府正式下令恢复京师大学堂办学招生，任命张百熙为管学大臣，“将学堂一切事宜，责成经理，务期端正趋向，造就通才，明体达用，庶收得人之效”②。由于恢复初期条件有限，京师大学堂暂不开设大学本科，先办预备科和速成科，为开办本科做准备。预备科分为两科，“一曰政科，二曰艺科”，学限三年，考试合格者升入大学本科。速成科分为二馆：“一曰仕学馆，二曰师范馆。”同年，慈禧太后发布上谕：“所有从前设立同文馆，毋庸隶外务部，著即归并大学堂，一并责成张百熙管理，务即认真整顿，以副委任。”③ 同文馆并入大学堂之后，又改为翻译科，“拟于预备、速成两科中设英、法、俄、德、日本

① 北京大学校史研究室．北京大学史料：第1卷（1898—1911）［M］．北京：北京大学出版社，1993：169.

② 为切实举办大学堂谕［M］//北京大学校史研究室．北京大学史料：第1卷（1898—1911）．北京：北京大学出版社，1993：51.

③ 为同文馆归并大学堂上瑜［M］//北京大学校史研究室．北京大学史料：第1卷（1898—1911）．北京：北京大学出版社，1993：51.

五国语言文字之专科，延聘外国教习教授”①。到光绪二十九年（1903年），清政府为了培养一批高级别的外交翻译人才，命张之洞会同张百熙、荣庆共同重新修订学堂办学章程，并在京师大学堂附近设立译学馆，将翻译科再次并入，由京师大学堂代为管理，着手将外交翻译人才培养融合于大学教育之中，以顺应清末新政“政事所需”以及近代外语教育的“大势所向”。至此，京师大学堂形成了两科三馆的建制规模，直到宣统二年（1910年）三月京师大学堂才开始分科大学教育，共设7科13门，遗憾的是学生入学后仅一年，辛亥革命就爆发了。

光绪二十九年（1903年）后设立的京师大学堂译学馆，招生与教学开始走向一定程度上的独立，译学馆设有自己独立的办学章程：“设译学馆，令学外国语文者入焉，以译外国之语文，并通中国之文义为宗旨。以办交涉教译学之员均足供用，并能编纂文典，自读西书为成效。”② 人才培养目标设定为对外翻译人才与外语教师人才，这与光绪二十九年（1903年）《奏定学务纲要》所规定的译学馆人才培养目标一脉相承，即“意在通晓各国语文，俾能自读外国之书，一以储交涉之才，一以备各学校教习各国语文之选，免致永远仰给外国教师”③。《奏定译学馆章程》规定译学馆所造人才能力素养，需达到“品端学裕为宗旨，务使具普通之学识，而进于法律交涉之专门，通一国之语文，而周知环球万国之情势，体用兼备，本末交修”④。此外，《奏定译学馆章程》专门规定译学馆学生需要具备编纂文典的能力，并在第七条中详细陈述了编纂文典的目的和要求，这是近代以来官方通过教育机构以文典官书形式系统认识外部世界的开始，在中外学术会通以及文化教

① 钦定京师大学堂章程［M］//谭承耕，李龙如，校点．张百熙集．长沙：岳麓书社，2008：116.

② 奏定译学馆章程［M］//北京大学校史研究室．北京大学史料：第1卷（1898—1911）．北京：北京大学出版社，1993：169.

③ 璩鑫圭，唐良炎．中国近代教育史资料汇编：学制演变．上海：上海教育出版社，2007：495.

④ 拟定大学堂译学馆章程［M］//北京大学校史研究室．北京大学史料：第1卷（1898—1911）．北京：北京大学出版社，1993：160.

育事业交流上迈出了极为重要的一步。

一、学生的招录与教员的聘用

在译学馆的发展历史上，清政府一共制定了两个办学章程，分别是《拟定大学堂译学馆章程》和《奏定译学馆章程》。两个章程在内容上大体一致，对译学馆的办学纲领、学生、教习、学堂管理等方面均做了十分详细的规定，形成了一套十分严密、系统、科学的办学体系，即便是在今天看来，也是达到相当现代化的水平，绝大部分规定与今天大学外国语学院的规章制度高度吻合，甚至有更为严格和细致之处，对清末民初乃至当今外语人才培养，都具有十分重要的启发意义。《奏定译学馆章程》的颁布与实行，进一步加强了译学馆的专门性和独立化发展格局，光绪二十九年（1903 年）七月译学馆开始招收第一届甲级学生入学，九月正式开学授课。

（一）译学馆的招考

光绪二十九年（1903 年）学务大臣荣庆发布招生告示，译学馆正式开始招生办学。初次招生名额定为 120 名，学生来源有两类，第一类为中学堂五年毕业生，及京师大学堂简易科与进士科肄业生；第二类是在第一类招生未满情况下，考虑到“现在创办，可暂行考取文理明通及粗解外国文者入堂”①，因此面向社会公开招考。考生年龄以 16 岁以上 20 岁以下为限。招考者需要开具年龄、籍贯、父祖三代履历到京师大学堂总办报名处造册，八旗子弟“按本籍八旗取具本旗佐领图片”“各直省取同乡京官印结”②，亲自赴大学堂报名考试。招生公告发布后，报考译学馆者甚为踊跃，每年岁招时，“抱文书，担簦笈，望门而求试者，率常达数千人”，经过多轮笔试、面试，“择其尤颖异者而进之，大率数十人而得一焉”③。为了防止招生考试冒名顶替，译学馆规

① 奏定译学馆章程［M］//北京大学校史研究室．北京大学史料：第 1 卷（1898—1911）．北京：北京大学出版社，1993：171-172.

② 《译学馆招考告示》，1903 年 4 月 29 日《大公报》。

③ 方梦之．译学词典［M］．上海：上海外语教育出版社，2004：363.

定：“特将考试日期开列于后，应请贵学堂届时（本馆准上午七点钟点名）派员前来识认。如有学生在场顶名冒考以及抢替等弊，务请切实清查，俾可扣卷不录。”①

根据招考告示要求，考试仍分两场进行：“第一场试以修身伦理大义一篇、中外史学六问、算学三问。第二场试以中外地理六问、物理学三问、外国文论一首或笔对数条。”② 考虑到投考学生年龄不一，基础各异，译学馆考试命题较为灵活：

> 每门由浅入深，深者以待通才，浅者以试初学。各门科学大要，取其披目条对，粗识源流，籍觇素学，无取琐细烦难。其外国文分为英、俄、德、法、日本五国。年幼未习者，考试可从宽免，年岁稍长者，必取已经习过之人，考试时即报明。如功候较深，作外国文论一首；功候较浅，面询笔对数条，记其分数。③

该年八月底，京师大学堂译学馆公布考生排名，要求上榜学生于两日后参加大学堂举办的复试，“取一百九十七名，于初七日早间悬榜，限于九日卯刻在本堂复试”④。一同公示的还有“管学示谕”，为防止考生冒名顶替，要求对学生复试试卷照相保存，以便开学后核对笔迹。绝不允许有烟瘾考生参加考试。从初次招考的要求和规定可以看出，译学馆的招生考试是十分严格缜密的，入学条件要求甚多，这样是为了防止有人为了入馆学习不惜造假，确保译学馆生源质量。这在一定程度上说明了晚清此时外语学习的社会认可度大幅提升。相比京师同文馆办学之初，学生入馆学习被视为“畏途”，此时外语学习与外语人才颇受社

① 译学馆招生考试为防抢冒咨请大学堂派员认识［M］//北京大学校史研究室．北京大学史料：第1卷（1898—1911）．北京：北京大学出版社，1993：289.

② 学务大臣荣为招生事告示［M］//北京大学校史研究室．北京大学史料：第1卷（1898—1911）．北京：北京大学出版社，1993：177.

③ 学务大臣荣为招生事告示［M］//北京大学校史研究室．北京大学史料：第1卷（1898—1911）．北京：北京大学出版社，1993：177.

④《译学出榜》，1903年8月31日《大公报》。

会认可，因此才出现少部分人造假入馆的现象。尽管译学馆初次招考，报名人数较多，但考生整体水平并不算高，“佳卷甚少，论题合旨者尤少”。为了能够尽可能选拔高水平学生入馆学习，管学大臣决定在学堂开学后再次登报刊发招考启事。最终，在100多名参加复试的学生中，“选学有根底，曾习外文，及年幼广敏，及师范仕学两馆学生之能习外文者，隶译学馆，约70余人”①。也就是说甲级学生只有70多人，直到下一届学生招考，馆内人数才达到百人。

除招收的甲级学生外，根据译学馆章程规定，学馆还可以设置附学。因此，译学馆仿照湖北自强学堂招收了少量自费附学生，目的是“推广传习造就成童以教育普及为宗旨”。初次招收的附学生名额暂定为20名，试办数月后视情况决定是否扩充名额数量。附学生龄要求在15岁至20岁，口音清俐，中文通畅，无顽疾、无恶习，八旗学生“取具本旗佐领图片”，各直省考生“取具同乡京官印结”。据《大公报》公布的“译学馆第三次考试附学题目”来看，此次附学生考试至少经过了三轮筛选，考查内容涉及中国文学、政治、历史、地理、数学等多门课程。经过最终筛选考核，共录取甲级附学生20名，备取20名，如果馆中有开除者，“即于附学中挑选充补”。译学馆从光绪二十九年（1903年）开馆，到宣统三年（1911年）十月归并北京大学，前后9年，招收了从甲级至戊级共五级学生，每级招生人数视当年情况而定。根据《五级同学姓名录》统计，译学馆在册学生共计443人，毕业347人：“其中光绪三十四年（1908）毕业42人，宣统元年（1909）毕业69人，宣统二年（1910）毕业37人，宣统三年（1911）毕业140人，同年后期再提前毕业59人。”② 从生源地来看，学生几乎遍布全国，包括满洲（镶黄旗）在内的共计19个省区。译学馆官学生与附学生均以五年为毕业年限，官费生“暂拟不收学费，其伙食、体操、衣履、纸

---

① 蔡璐．京师译学馆始末［M］．中国人民政治协商会议全国委员会文史资料委员会．文史资料选辑：第四十辑．北京：中国文史出版社，2000：193.

② 黎难秋．清末译学馆与翻译人才［J］．中国翻译，1996（3）.

笔课本均由学堂备给，与速成科一律办理”①，“附学生一名每年缴学费龙银一百元（内计修金三十元、伙食费五十元、体操衣靴费二十元，分两期缴纳，均于开学时缴齐），其在本馆住宿者每年另纳房舍金十元”②。

尽管译学馆有着严密的招考制度，但是托情说理的人还是不在少数，尤其是科举废除后，传统的仕途之路被堵死，作为清末新政的重要举措，译学馆被清朝廷及统治阶层所倚重，奖励出身制度及优越的学习生活环境成为一些达官显贵们新的晋升途径。如，丁级英文班学生瞿宣颖，他便是军机大臣瞿鸿禨的儿子，同班的吴学勤则是时任邮传大臣吴郁生的儿子，除此以外，张之洞的侄孙，谭绍裳的儿子等都曾在译学馆学习外文。这些背景深厚的官宦子弟，即使馆内监督想要将他们一视同仁也不易。“记得有一次，张之洞的侄孙犯规被记了一过，张之洞为此大发脾气，并狠狠地骂了监督一顿。由此可见监督对处理学生的难处了。”③ 除了一些背景深厚的官僚子弟，大学堂各个馆都有一些已经取得功名或官阶的人士存在，这和京师同文馆时期一样，馆内听差（仆役）对各馆及预科学生一律称老爷，这些“老爷”有的甚至自带仆役，在馆内常年伺候。可见，在封建官僚气息浓厚的京师大学堂各馆，要做到完全公平公正是几乎不可能的事情。

（二）教员的聘用

根据《奏定译学馆章程》规定，译学馆所设教员管理员如下：“监督、教务提调、专门学教员、外国文教员、普通学教员、助教、庶务提调……各员职任，均照现定之高等学堂章程斟酌办理。”④ 光绪二十四

① 北京大学校史研究室．北京大学史料：第1卷（1898—1911）［M］．北京：北京大学出版社，1993：177.

② 北京大学校史研究室．北京大学史料：第1卷（1898—1911）［M］．北京：北京大学出版社，1993：172.

③ 戴修俊．京师译学馆［M］//马玉田，舒乙．文史资料存稿选编：教育．北京：中国文史出版社，2002：797.

④ 北京大学校史研究室．北京大学史料：第1卷（1898—1911）［M］．北京：北京大学出版社，1993：172.

年（1898年）七月，朝廷决定任命孙家鼐为管学大臣，负责京师大学堂的创办。在学堂人事任命上，“办事各员，由该大臣慎选奏派，至总教习、总司功课，尤须选择学赅中外之士，奏请简派。其分教习各员，亦一体精选，中西并用”①。总体而言，译学馆教员的选择坚持“中西并用”的原则。

具体而言，译学馆设有外国文教习五员，普通学总教习一员，普通学教习四员，交涉专门学教习则在两年后才设置。外国文教习由大学堂聘用外国人担任，普通学总教习由大学堂总教习兼任，普通学教习则由译学馆自行招聘，经过监督及总教习认可，申告管学大臣，即可由译学馆监督与教习签订合同。外国文教习主要负责各国语言文字的传授以及各自所授语言国家文典的编撰。译学馆总教习，主要审核教学法，教材使用，稽查教习勤惰，考验学生优劣，“有实施教育之责，有整理学务约束学生之权”。同时考虑到“外国教习亦未必尽谙华语，应暂设助教五员，随同外国教习在讲堂传授”②，外国文助教必须深通外国文并兼通中文，如此才能以“中文达外国文之意”。对于课堂教材的使用，外国文教习首先需要开列书目并陈述其概要，经过监督及总教习审核后，统一购置，每学期完毕，外国文教习需要将本学期授课情况报告监督，并送总教习查核。根据外国文教习及外国文助教课内授课是否勤奋以及能否胜任此项工作，馆内监督及总教习均有权利对其进行延聘与辞退。普通学教习每学期开课之前同样需要将授课书提前送总教习审定，学期授课完毕，作授业报告送总教习查核。同时，译学馆采取“记分册”与“记过册”办法用于考查学生日常表现，各科教习负有每星期记载学生表现的职责，并呈送总教习处汇总成册。译学馆监督与教习签订的合同以五年为期，五年之内不得擅自离职，如遇朝廷录用或家庭要事必

① 派孙家鼐管理大学堂事务谕［M］//北京大学校史研究室．北京大学史料：第1卷（1898—1911）．北京：北京大学出版社，1993：60.

② 拟定大学堂译学馆章程［M］//北京大学校史研究室．北京大学史料：第1卷（1898—1911）［M］．北京：北京大学出版社，1993：160.

须离馆，教习首先得举荐合格之人顶岗，所举荐之人必须得到监督及总教习的认可，该教习方能离馆。

庚子之后，张百熙奉命恢复京师大学堂的开办。他首先制定了《奏定任用教员章程》，用以规范教员的聘用，对于外国教师或是有游学经历的人员给予优先聘用。《章程》对大学堂及高等学堂正副教员聘用条件作出如下规定：

> 大学堂分科正教员：以将来通儒院研究毕业，及游学外洋大学院毕业得有毕业文凭者充选。暂时除延访有各科学程度相当之华员充选外，余均择聘外国教师充选。副教员：以将来大学堂分科毕业考列优等，及游学外洋得有大学堂毕业优等中等文凭者充选。暂时除延访有各科学程度相当之华员充选外，余均择聘外国教师充选。
>
> 高等学堂正教员：以将来大学堂分科毕业，考列优等及中等，及游学外洋得有大学堂毕业文凭，暨大学堂选科毕业考列优等者充选。暂时除延访有各科学程度相当之华贵充选外，余均择聘外国教师充选。副教员：以将来大学堂选科毕业考列优等及中等，及游学外洋得有大学选科毕业文凭者充选。暂时延访有各科学程度相当之华员充选。①

由上可以看出，译学馆在教员招聘上坚持以海外游学生优先的原则，在招聘不足的情况下再考虑招聘外籍教师，从教师选聘上反映了清末大学追求中西结合、华人优先的特点，这既是近代西学东渐的大势所趋，也是晚清高等教育不得已而为之的结果。在以西方学术为参照的大时代背景下，全方位地学习、引进西方学术在中外教师的招聘上可见一斑。晚

① 北京大学校史研究室．北京大学史料：第1卷（1898—1911）［M］．北京：北京大学出版社，1993：316.

清政府自洋务运动以来坚持优秀外籍人员“引进来”的同时，也积极派遣中国学生“走出去”。清末以来留学西方及日本的人员络绎不绝，尤其是甲午海战败给日本后，国人急于向日本探究自强之术，大批青年东渡日本留学，他们后来成为晚清教育领域的重要师资来源。美国学者任达分析认为，清末新政十年，日本与中国的关系可以算是“黄金十年”，它不同于近代以来西方国家在中国所扮演的角色，日本对中国的影响和改造几乎是全方位的，在中国的近代化进程中起着非常独特而又积极的作用。根据汪向荣的统计和分析，截至宣统元年（1909年），在华日本教习及教育顾问分别达到424人和125人，其中任职于京师大学堂各馆的日本人就达33人，其中不乏岩谷孙藏、服部宇之吉等日本著名人物。

在教习聘任上，译学馆基本延续了京师大学堂的做法，坚持以游学华人教习为主，同时考虑到译学馆作为专习外国语言的教育机构，译馆分别从英、美、法、俄、德、日六个国家引进外籍教习，分别负责各国语言文字的教学与指导。译学馆共计聘用教员103人，其中中国教员92名，由中国人担任英、法、德、俄、日五国外语教员的有25名，7人系同文馆出身，外籍教员仅11名。现据《京师译学馆始末》所列译学馆教习名录略作整理，列表如下（见表5-1）：

表5-1　　**译学馆教员名录**

科目	姓　　名
国文	张缉光、蔡元培、曾广垣、顾栋臣、杨守仁、谢绪璠、缪纶藻、刘焜、郭立山、陈云诰、喻长霖、高振霄
伦理	陈云诰、高振霄、刘焜、喻长霖、陈衍
教育	伍崇学、范源濂
理财	陆梦熊、楼思诰、陆世芬、陈威、钱应清
交涉	王鸿年、顾鳌、袁荣麦、周宏业、曲卓新

续表

科目	姓　　名
中国史	汪荣宝、杨敏曾、林锡光
西史地	蔡元培、许寿裳、叶澜
舆地	韩朴存、冯明馨
算术	丁福保、王文持、周道章、吴保诚、顾澄、薛光錡、何燏时
理化	姚志光、陈䜣、王季烈、王季点
博物	叶基桢、姚志光
卫生	丁福保
图画	钱崇垲、杜超
体操	杜超、彭国嘉、张金芳、杨恩波
英文	华人：欧阳琪、林葆恒、胡复、萧敏、魏易、王建极、胡振平 美籍：安德生、傅玉珂；英籍：巴克斯、双浩德
法文	华人：郭嘉骥、德生、胡德望、恩庆、彬熙、水钧韶、沈崇勋 法籍：何世昌、何福爱、苏馨、柏良材、卜朗西、华仁寿、贾思纳、铎尔孟
俄文	华人：葛理格、余大鹏、范绪良、陈嘉驹、郝树基 俄籍：伊凤阁
德文	华人：陈应宗、周英杰、唐德萱、恩祐、程经邦 德籍：华根纳、孔拉德、师德威、徐乐、浩尔、禔芬斯
日文	华人：汪荣宝、祝惺元；日籍：安井小太郎

资料来源：蔡璐：《京师译学馆始末》，转引自中国人民政治协商会议全国委员会文史资料委员会. 文史资料选辑：第四十辑［M］. 北京：中国文史出版社，2000：196-197。

从上表所列译学馆教习名录可知，其中不少中国教员身兼多个科目教习，在馆中教授多门课程，从一定程度上反映了译学馆中国教师较为丰富的学科背景，这也是自洋务运动中后期以来，清政府逐步由专才培养向复合型，乃至通才培养转型的结果。尽管译学馆学生学有专才，但其他学科学习也同步跟进，这样为学生将来可能从事某项职业或研究打下了一定的学科基础。另外，大部分教习都有留洋经历，学科交叉功底深厚，学识渊博，能够承担数门课程教学。作为一所外语人才培养高等学堂，外国语文是译学馆课时安排最多的科目，因此，外文教员人数众多自不必多述；馆内国文、伦理科目教员人数也高达17人，可见译学馆对学生学习中国文学与传统儒家文化的重视。此外，译学馆教师配备严格遵照大学堂章程的要求，除教授中外国语言文字教习外，普通学和专门学教习也配备齐全。总体而言，译学馆各外语语种采取中外教习混搭的形式，既避免了中国教习过多、能力不够的弊端，也不至于唯外国教习马首是瞻，崇洋媚外而饱受攻讦。

二、课程体系的构建与教学

（一）课程体系的建构

《奏定学堂章程》为近代中国第一个正式颁布且在全国普遍实施的学制，又称《癸卯学制》。该学制对近代中国新式教育的发展与改革有着非凡的影响和深远的意义。该章程的制定主要以邻国日本教育体制为蓝本，在学制、办学宗旨、课程设置等方面，均模仿和借鉴日本教育改革经验，即使后来各学馆办学章程有所修改，也“以日为师”，尤其是课程体系的设置，与日本各级学校极为相似。译学馆开办之初，由于缺乏办学经验，加之整个晚清教育界的大环境均偏向以日为师，日本教育对译学馆课程设置与教材选用方面影响尤为明显。尽管如此，“中西并用”与“会通中西”，在译学馆课程体系的探索与构建过程中，始终是清政府坚守的两项重要原则，在引进日本课程体系同时，适度本土化。根据《奏定译学馆章程》所列课程内容，现列表如下（见表5-2）：

表 5-2　　　　　　　　　**译学馆五年制课程表**

学科	第一学年每周钟点	第二学年每周钟点	第三学年每周钟点	第四学年每周钟点	第五学年每周钟点
人伦道德	1	1	1	1	1
中国文学	3	3	2	2	2
历史	2	2	2	2	2
地理	2	2	2	2	2
外国文	16	16	18	18	18
算学	4	4	3	3	—
博物	2	2	—	—	
物理及化学	2	2	—	—	—
图画	2	2	—	—	—
体操	2	2	2	2	2
交涉学	—	—	3	3	3
理财学	—	—	3	3	3
教育学	—	—	—	—	3
合计	36	36	36	36	36

资料来源：《奏定译学馆章程》，转引自北京大学校史研究室. 北京大学史料：第 1 卷（1898—1911）［M］. 北京：北京大学出版社，1993：170-171。

通过分析上列译学馆课程表，可以总结出三大较为鲜明的特点：

第一，“中西并重”的语言课程内容。

《奏定译学馆章程》明确规定：“中国圣经崔训，以伦常道德为先。外国学堂于知育体育之外，尤重德育，中外文教本有相同之理。”①《奏定译学馆章程》更是开宗明义地指出，译学馆以“译外国之语文，并通中国之文义为宗旨”“中文太浅，则入仕以后，成就必不能远大。

① 北京大学校史研究室．北京大学史料：第 1 卷（1898—1911）［M］. 北京：北京大学出版社，1993：87.

故本馆现规定课程，于中国文学亦为注意。”① 因此，译学馆课程内容，除开设“外国语言文字以求外国之学术”外，中国传统文化占有十分重要的一席之地，课程内容整体呈现出中学与西学并重的格局。中国传统文化，以伦常道德为先，因此译学馆将“人伦道德”置于普通学之首，尤其重视学生道德观念的培养，使用教材中还专门开设有“道德实践之篇目，宗旨亦是勉人为善”。课程主要讲授“宋元明国朝诸儒西学案”，内容以“理学诸儒之言论行实，皆为宗法孔孟”为主，讲授者“尤当发明人伦道德为各种学科根本、须臾不可离之故”②。同时辅之以中国文学、历史课程，中国文学以“选读《古文渊鉴》及历代名臣奏议，兼作文”为主，以提高学生古文修养及写作能力。历史课程除讲授“亚洲各国史”和“西洋史”外，前两年主要凭借“二十四史”讲解中国历史。尽管这三门课程每周总共才 6 个课时，不及外国文 16 个课时的一半，但相比洋务运动时期外语学堂的课程安排来看，译学馆不仅“中学”课程课时增加、内容扩大，而且其作为必修课程被安排在每日课程表中，这样的课程安排能系统、持续且有效地传授中国传统文化知识，提高学生的道德修养及中国语言文字水平。

第二，“会通中西”文理并重的课程设计。

较洋务运动时期官办学校的课程设置与教学，京师大学堂译学馆更加注重中西之学的均衡发展，以期培养会通中西的非常人才。同时，晚清政府深刻认识到西文并非西学，学习西文乃为西学之阶梯。

> 同文馆、广方言馆初设时，风气尚未大开，不过欲培植译人以为总署及各馆之用，故仅教语言文字而于各种学问皆从简单略。此次设立学堂之意，乃欲培植非常之才，以备他日特达之用。则其教法亦当不同。夫仅通西国语言文字之人，亦不能谓为西学之人才，

① 奏定译学馆章程［M］//北京大学校史研究室．北京大学史料：第 1 卷（1898—1911）．北京：北京大学出版社，1993：169.

② 北京大学校史研究室．北京大学史料：第 1 卷（1898—1911）［M］．北京：北京大学出版社，1993：171.

明矣。西文与西学二者判然不同，各学堂皆专教西文，而欲成就人才必不可得矣。功课之完善与否，实学生成就所攸关，故定课程为学堂第一要素。今力矫流弊，标举两义：一曰中西并重，观其会通，无得偏废；二曰以西文为学堂之一门，不以西文为学堂之全体，以西文为西学发凡，不以西文为西学究竟。宜昌明此意，颁示各省。①

中外语言是译学馆必不可少的核心课程，但在语言之外，译学馆以造就贯通中西的通才为目标，课程设置还包括普通学与专门学两类课程，因此，译学馆原本打算学生“学语言文字二三年后，择其优者授以法律交涉专科。复奏谓于肄习普通学外，分习各国语言文字。是前之说则习专科学于学语言文字之后；后之说则习普通学于语言文字之初”，最终“参酌二说。前二年于语言文字外兼习普通学，后三年于语言文字外兼习交涉、理财、教育、专门学，而普通学之最要者仍并习之。”② 因此，设置了普通学课程计九门：人伦道德、中国文学、历史、地理、算学、博物、物理及化学、图画、体操。后来因为专习日文学科的学生过少，因此将日语改设为普通学科之一，要求学生“只习文字，不习语言”，且以半年为限。这种安排从一定程度上反映了译学馆有意让所有学生通习日文的动机，这既是加强中日交流的大势所趋，也是学堂大量聘请日籍教师授课的必要之举。九门课程中，博物、物理及化学、图画三门科目均只在前两年学习，后三年逐步增加交涉学、理财学和教育学三门专门学。译学馆普通学的课程既汇聚了中西方之学，也将西方自然科学与社会科学融会其中，文理并用。西学的普通学课程包括地理、化学、物理、博物等基础知识课程，交涉学、理财学和教育学等人文社会学科目作为高年级课程被安排其中。普通学科目课时一般为每

① 总理衙门奏拟京师大学堂章程［M］//北京大学校史研究室．北京大学史料：第1卷（1898—1911）．北京：北京大学出版社，1993：82.

② 奏定译学馆章程［M］//北京大学校史研究室．北京大学史料：第1卷（1898—1911）．北京：北京大学出版社，1993：171.

周两个钟点，课时不多，但开设内容丰富，贯穿五年学习期间，确保了所培养的学生能够成为“知识全面、学问贯通的全才”。

第三，体操课首次引入课程体系。

早在西周时期，奴隶主贵族学校即开设有“礼、乐、射、御、书、数”六艺为主要学习内容的学校教育体系。“六艺”教育旨在培养学生文武素养的同时，兼顾学生身心的全面发展。当时的教育内容，包括了类似当今体育课程如射、御等技能知识。然而进入到中国封建社会，体育教育却几乎中断，尤其隋唐以降，科举制度的完善与实施使得文武分途，从宋至清的学校教育更是因理学占据统治地位，推行静坐思考，文弱之风逐渐占据了国家教育体系，以至于封建社会很长一段时间的学校教育中，既无军事训练与身体锻炼，也没有劳动教育和体育锻炼的课程。直到清朝末年，晚清政府全面学习西方，从日本引进了一整套体育教育课程体系，体育教育才得以在新式学校中推广，并逐渐被社会各阶层民众广泛接受。

作为晚期高等教育重要组成部分的译学馆，五年制课程教学中，体操课是每个学生每学年必修的课程，每周学时为 2 个钟点，课时量不多，但在封建中国长期提倡“心尊身卑”“扬心抑身”的传统身心观下，已属十分难能可贵。光绪三十一年（1905 年）京师大学堂举办了第一届学生运动会。运动会开始前，京师大学堂总监督敬告来宾时指出：

> 盖学堂教育之宗旨，必以造就人才为指归，而造就人才之方，必兼德育、体育而后为完备……东西各国知其然也，故无不以体育一事为造就人才之基。日本体育专重击剑、柔道二门，其国民精勇报国之精神实职于此。英国则以打球为国民体育法，其他德美诸国无不由体育法而养成国民气节，其成效亦略可睹矣。中国古时百技多属兵法……其风声习尚鼓动一世，故此数代武功独盛……今日特开运动大会，亦不外公表此宗旨以树中国学界风声而先。①

① 北京大学校史研究室．北京大学史料：第 1 卷（1898—1911）［M］．北京：北京大学出版社，1993：291.

大学堂总监督从国际社会体育教育以及中国古代重视兵法以提高民族精神的历史与现实角度出发，充分肯定了开学生运动会“丕树风声，鼓舞士气”“使学生等渐知尚武，渐能耐劳”① 的实用功效。

光绪三十三年（1907 年）译学馆参加了京师大学堂举办的第三届春季运动会。在运动会期间，译学馆学生参加的项目有竞走、掷竿跳高、掷竿跳远、掷槌、掷锤、掷球、拉绳等。运动会中所有学生分为三班，在各运动员衣服上分别标出“Ⅰ、Ⅱ、Ⅲ”以示区别。根据各运动员的等次给予分数，计一等者得三分，二等者得二分，三等者得一分，学生所得分数作为其所属班的分数，最后统计各班分数，总计得数最多者为优胜，由会长给予优胜旗。

体操课程的设置与学生运动会的开办，很好地实现了课程与实践的结合。西方体操以及后来引入的“足球、篮球、网球、哑铃及步枪，并设置天桥、浪木、沙坑等”②，不仅仅使晚清大学生身心健康得到全面的发展，而且也承载着传播西方现代文明、引领社会风尚的作用。通过传播西方体育及体育精神，国人开始摒弃封建传统“身心分离”的教育观点，进而接受西方先进的现代体育观，使得欧美体育教育在中国体育运动中逐渐成为主流，竞技比赛中的竞争与平等观念开始在国人心中萌芽，为晚清体育事业从体操到体育的全面深化打下了基础。

（二）课程教学的实施

译学馆以培养外交翻译人才和外语教师人才为主，因此外国语文是整个课程体系中最主要的课程。外国语文分设英文、法文、俄文、德文和日文五科，每人专习一科，不能兼习多门。但无论选学哪门语言课程，都必须学习普通学及交涉学、理财学和教育学三门专门学。三类课程在五年内的讲授顺序大致为，前两年讲授语言文字的同时兼顾普通学课程，后三年讲授语言文字的同时兼顾讲授专门学。其中“普通学用

---

① 北京大学校史研究室．北京大学史料：第 1 卷（1898—1911）［M］．北京：北京大学出版社，1993：291.

② 蔡璐．京师译学馆始末［M］//中国人民政治协商会议全国委员会文史资料委员会．文史资料选辑：第四十辑．北京：中国文史出版社，2000：201.

大学堂速成科现用课本，其有未备，由本馆教习编写”“法律交涉学，用外国学校课本”①，且三门专门学均由外籍教员用外文讲授，融专业于语言教学之中。此时普通学只是选择最主要的课程讲习。译学馆每日作息安排，据英文系毕业生陈诒先回忆说，“译学馆授课情形，为每晨六点兵式体操，一小时操毕，吃粥以后，为外国语言三点钟，午前授毕，十二点午饭。下午为普通课程，五点钟完毕，晚饭后自修二小时，九时后入寝。寝室分为仁、义、礼、智、信五斋。甲、乙两级学生住校，丙级半住校、半走读，丁、戊两级全为走读生。”②

外国语文的讲授遵循由简入繁、由浅入深的教学规律，首先从缀字、读法开始学起，以训练学生的语言基础能力为主；再到译解、会话、文法、作文诸法，以培养学生的翻译及写作能力；五年中的最后两年开始涉及各国历史及文学概要，在学生外语基础达到一定程度后进入文学作品的研习，以提高学生的文学素养及人文修养。根据张心澂等译学馆毕业生的回忆记载，一、二年级的英文课程主要由中国教员教授，三年级以后则由外籍教员教授。例如美籍教员安德逊就曾对三年级以上学生开设过“英文的论文、莎士比亚的戏剧、英文各国宪法条文、海关总税务司和江海关道的往来文书中英文合璧本，并练习作英文论文”③。陈诒先也曾回忆当年上课所使用教程：“予为英文系，最初教员为胡复先生，后为美国人，所读为 Goldsmith 之 *The Vicar of Wakefield*，Addison 之 *Spectator*，Scotts 之 *Ivanhoe*，此为低班。高班之教员为一英国人，所读为 T. R. Green 之 *A Short History of the English People*。”④ 这些作品都是英国文学经典之作。陈诒先的这段回忆说明，译学馆的外语教

---

① 拟定大学堂译学馆章程［M］//北京大学校史研究室．北京大学史料：第1卷（1898—1911）．北京：北京大学出版社，1993：162.

② 陈学恂．中国近代教育史教学参考资料：上册［M］．北京：人民教育出版社，1986：468.

③ 张心澂．译学馆回忆录［M］//中国人民政治协商会议全国委员会文史资料委员会．文史资料选辑：第四十辑．北京：中国文史出版社，2000：178.

④ 陈学恂．中国近代教育史教学参考资料：上册［M］．北京：人民教育出版社，1986：468.

学已经突破了洋务运动以来以外国语言文字为主的外语学习模式，开始从注重语言训练方式向外国文学方向的转变，为民国时期外国文学在外语人才培养中的盛行奠定了基础。从课程时间安排来看，前两年每周外国语文学习时间为每周 16 个钟点，占总课时的 44%，后三年每周 18 个钟点，占总课时的 50%，可见外国语文在译学馆课程体系中占有绝对优势地位。

译学馆的办学宗旨是“造就译才”，培养通才，因此，它的人才培养模式按照学生全面发展的要求而设计。但是人才培养如果仅追求通而不专，则显得十分空洞，可能出现学无专长的情况，“在西方学术分科的大潮下，这种培养模式，对引进西学极为不利”①。有鉴于此，张之洞等人在制定大学堂章程时，专门参考日本高等学堂课程设计，每名学生除专习一门外国语文外，前两年还需学习 9 门其他普通课程，从第三年开始学习专门学，包括交涉学、理财学和教育学三门专门学。学堂考虑到如果所培养的翻译人员能通晓国际法，他们将来在对外交涉中就能更好地运用外交规则，完成外交翻译使命；同时外交翻译人员又兼有领事一职，通商事务管理亦属于其职责之一，故他们又须通晓商业经济。因此三门专门学授课内容具体包括法学通论、国事交涉、民事交涉、理财通论、商业理财学、国家财政学，课时列表如下（见表 5-3）：

表 5-3　　**译学馆专门学课程设置表**

学科	授课内容	每周钟点
交涉学	法学通论、国事交涉、民事交涉	3
理财学	理财通论、商业理财学、国家财政学	3
教育学	暂用日本教育诸书讲授	3

资料来源：北京大学校史研究室. 北京大学史料：第 1 卷（1898—1911）[M]. 北京大学出版社，1993：170-171。

① 张洪萍. 京师大学堂师范馆考论 [D]. 北京：北京师范大学 2009 年博士学位论文.

普通学课程是近代大学开办以来，在人才培养中专门开设的一类课程，目的是为造就通才打下坚实的基础。与早期同文三馆、自强学堂等外语学堂相比，译学馆普通学课程内容更加丰富，显示出了更为明显的规范性和现代性特征。五年一贯的学年制以及课程、课时设计，为人才培养提供了制度上的保障。译学馆五年制课程内容具体设置如下（见表 5-4）：

表 5-4　**译学馆五年制普通学课程内容**

学科	第一学年课程内容	第二学年课程内容	第三学年课程内容	第四学年课程内容	第五学年课程内容
人伦道德	摘讲宋、元、明朝诸儒学案	同前学年	同前学年	同前学年	同前学年
中国文学	选读《古文渊鉴》及历代名臣奏，兼作文	同前学年	同前学年	同前学年	同前学年
历史	中国史	中国史	亚洲各国史	西洋史	西洋史
地理	中国地理	亚洲各国地理及大洋洲地理	欧洲各国地理	非洲及美洲地理	地文学
算学	算术	算术、代数	代数、几何	几何、三角	—
博物	生理、卫生、矿物	植物、动物	—	—	—
物理及化学	物理	化学	—	—	—
图画	自在画、用器画	自在画、用器画	—	—	—
体操	柔软体操	器具体操	器具体操	器具体操	器具体操

资料来源：北京大学校史研究室. 北京大学史料：第 1 卷（1898—1911）[M]. 北京：北京大学出版社，1993：170-171。

在译学馆五年制的普通学课程内容中，人伦道德、中国文学、历史、地理、体操五科也是学生每学年的必修科目，其中的人伦道德、中国文学两门课程作为中国传统文化的“代表”，它们的出现并不意外，仅仅只是“中体西用”在课程内容设置上的体现。体操课程的设置体现了清政府开始注重对学生身体的教育与训练，授课内容包括“柔软体操”与“器具体操”两门。柔软体操被安排在第一学年学习，后四年主要学习器具体操。除体操外，历史、地理两科在五年制课表中每年都开设，与上述三科共同构成译学馆“普通学之最要者”，足见学堂管理者对中外历史、地理科目的倚重。后三年的历史、地理课程主要以外国历史和地理为主，包括“亚洲各国史”“西洋史”“亚洲各国地理及大洋洲地理”“欧洲各国地理”“非洲及美洲地理”。这样的课程安排正好配合了外国语言学习的进度，为学生外国语言文字的学习提供了相关的人文历史知识背景，能够更为有效地提高外国语言文字学习效率。

总体而言，《奏定译学馆章程》的课程设计及教学安排，充分考虑到了二语习得规律以及对人的德智体全面发展的要求，从课程及教学设计上为外语“通才的”的培养提供了有效的制度保障和实施规范。

三、译学馆人才培养的延伸：留学教育

甲午战争后，一方面是波澜壮阔的留日浪潮，一方面是不断的赴欧美留学的涓涓细流，并且形成了一定的规模。就为数不多的留学欧美学生而言，他们进入高校后主要以学习实业学科为主，在清末“实业救国”思潮影响下，国内一批新式企业得以建立，使得这些留学生回国后被视为国家未来建设之栋梁。与此同时，新式教育的发展急需大量新式教师及管理人员，教育部门也频频对留学生发出邀请。京师大学堂、京师译学馆都曾函电驻欧美公使，委托他们在当时留学生中招聘格致、英文、法律等新式课程教员。与此同时，京师大学堂师范馆、进士馆、译学馆也加入派遣学生赴欧美及日本留学的洪流中：“京师大学堂，宜派学生出洋，分习专门……以备将来学成回国，可

充大学教习。”①

为鼓励学生出洋肄业，张之洞、刘坤一于光绪二十五年（1899年）呈《变通政治人才为先遵旨筹议折》，其中建议“学成后得有凭照回华，加以复试，如学业与凭照相符，即按其等第作为进士、举贡，以辅各省学堂之不足”②。光绪二十六年（1900年），光绪帝发布上谕，留学生“如果学成得有优等凭照回华，准照派出学生一体考验奖励，候旨分别赏给进士、举人各项出身，以备任用，而资鼓励”③。这是清政府首次采取考试形式授予留学生科名，自费留学与官费留学一体待遇。但所派遣官费留学生“将来毕业归国，皆令充当专门教员五年，以尽义务，其义务五年限未满之前，不得调用派充他项差使”④。

光绪二十九年（1903年），译学馆开始派遣第一批留学生出国深造。根据光绪三十三年（1907年）译学馆呈外务部出国留学生册，共计派遣29人出国留学。按照外务部要求，“将已派出洋学生造具清册，开列姓名、籍贯、年岁、现在何国何学堂肄习何科、何时毕业各字样咨送到部，以凭核办”⑤。从译学馆回复外务部的报告得知，译学馆自光绪二十九年（1903年）十一月由学务处派送留学生6名，光绪三十年（1904年）九月派出留学生1名，光绪三十一年（1905年）九月派送留学生2名，自费出洋留学生6名。这些留学生中只有林行规1人去了英国伦敦大学学习法律，其余人等都是自行选择专业，有的学习工科，有的学习海军。但据蔡璐《京师译学馆始末》记载：“译学馆前后分四次派遣学生出国留学，共派出50人前往八个国家留学，分别为英国9

① 管学大臣奏派学生前赴东西洋各国游学折［M］//北京大学校史研究室．北京大学史料：第1卷（1898—1911）．北京：北京大学出版社，1993：441．

② 张之洞．张文襄公全集（一）：卷52［M］．北京：中国书店，1990：917．

③ 中国历史第一档案馆．京师大学堂档案选编［M］．北京：北京大学出版社，2001：92．

④ 奏官费游学生回国后皆令充当专门教员五年片［M］．北京大学校史研究室．北京大学史料：第1卷（1898—1911）．北京：北京大学出版社，1993：447．

⑤ 咨外务部汇译学馆出洋学生履历清册文［M］．北京大学校史研究室．北京大学史料：第1卷（1898—1911）．北京：北京大学出版社，1993：446-447．

人、法国14人、俄国3人、德国5人、比利时3人、奥地利1人、美国6人、日本国9人。”① 从这份材料来看，在光绪三十三年（1907年）后译学馆可能又派出了一批学生出洋留学。根据光绪三十三年（1907年）九月三十日译学馆呈交外务部出洋学生表册，现将出洋学生情况列表如下（见表5-5）：

表5-5 **译学馆留学各国学生肄习学科及毕业年限清单**

姓名	留学国	学校	学科	毕业年月	出洋年月	费别
林行规	英	伦敦大学校	法科政科	未详	二十九年十一月	公费
范绍濂	英	播克贝克学院	未详	未详	二十九年十一月	公费
杨曾浩	英	在乡闲预备	未详	未详	三十一年九月	公费
徐墀	英	伦敦大学校	预备科	未详	三十年九月	公费
侯维良	英	伯明翰大学	预备科	未详	三十一年九月	公费
吴庆嵩	英	伦敦大学校	预备科	未详	三十一年九月	公费
曹钧	英	皇家大学校	预备科	未详	三十一年九月	公费
靳志	法	利耳工艺学堂	未详	未详	三十年九月	公费
陈祖良	法	罗盎高等工业化学校	未详	三十五年七月	二十九年十一月	公费
周秉清	法	巴黎工程学堂	民事科	三十七年	三十一年九月	公费

① 蔡璐．京师译学馆始末［M］//中国人民政治协商会议全国委员会文史资料委员会．文史资料选辑：第四十辑．北京：中国文史出版社，2000：198.

续表

姓名	留学国	学校	学科	毕业年月	出洋年月	费别
邓寿佶	法	利耳工艺学堂	未详	三十五年	二十九年十一月	公费
周纬	法	利耳工艺学堂	未详	未详	三十一年九月	公费
黄广澄	法	中学堂	未详	未详	三十一年九月	公费
王廷璋	法	岗省大学堂	工程科	未详	三十一年九月	公费
陈浦	法	工科专门学校	未详	二十八年	三十一年九月	公费
金国宝	法	利耳工艺学堂	未详	未详	三十一年九月	公费
程经邦	德	未详	未详	未详	二十九年十一月	公费
张谨	德	柏林法政大学堂	法律专门	三十六年九月	三十一年九月	公费
陈永治	德	工艺专门学校	机器专门	三十五年七月	三十一年九月	公费
顾兆熊	德	柏林工科大学	电气工程专门	三十六年冬	三十一年九月	公费
柏山	俄	森彼得堡大学堂	法政专科	三十四年	二十九年十一月	公费
麟祉	日	高等工业学校	窑业科	三十四年九月	三十一年九月	公费
胡国礼	日	早稻田大学校	政治经济科	三十四年九月	三十一年九月	公费

续表

姓名	留学国	学校	学科	毕业年月	出洋年月	费别
徐鼎元	日	早稻田大学校	政治经济科	三十四年九月	三十一年九月	公费
陈大岩	德	未详	未详	未详	三十一年九月	公费
符鼎升	日	未详	未详	未详	三十一年十月	公费
徐世襄	英	未详	未详	未详	三十一年九月	自费
熊景遇	日	未详	未详	未详	三十一年十月	自费
钟俊	日	未详	未详	未详	三十二年七月	自费

资料来源：咨呈外务部医学馆出洋学生表册请查照文［M］//北京大学校史研究室．北京大学史料：第1卷（1898—1911）．北京大学出版社，1993：444-445。

自上表所列可以发现，译学馆学生出洋留学的目的国主要集中在英、法、德、日四国，这些国家也是当时世界经济军事强国以及中国对外交涉的主要国家。留学生出国后并未以译学馆所学语言专业作为留学的学习专业，大多选择了法律、政治、机电等西学专业，这与晚清政府急需政治外交人才以及实业人才的现实情形相关。一定程度上，这也是译学馆以造就外语“通才”为人才培养目标的结果，译学馆学生不仅外语水平较高，五年的国内学习使他们兼具广博的西学基础，能够很快融入新的专业学习之中，不可不说译学馆外语“通才”的培养模式极具前瞻性，即使对今天的大学教育也是十分值得学习和借鉴的。

第三节　学生的考核与职业选择

译学馆于光绪二十九年（1903年）开始招收第一届甲级学生，到光绪三十四年（1908 年）有了第一届毕业生时，学馆开始面临学生的毕业考核与仕途安排问题。到宣统三年（1911 年），译学馆总共招收有甲、乙、丙、丁、戊五级学生，培养共计 347 名合格毕业生。根据《奏定译学馆章程》入学毕业章第三章第四节规定：“学生五年毕业考验后，应奖给出身，分别录用，取列最优等、优等、中等、下等、最下等者，均照奖励章程分别办理。”① 晚清政府通过出台“奖励出身”政策，解决了毕业生仕途发展的后顾之忧，但毕业考试成绩关乎奖励等级的评定，因此大多数毕业生对平时表现及毕业考试仍相当重视，不敢应付了事。然而，随着毕业人数的逐年增加，一时间译学馆出现了“人满为患”的局面，致使后两届毕业生均未能获得理想的仕途安排，他们也不得不自主择业。

一、日常考核与毕业考试

译学馆学业考试分为临时考试、月考、期考以及毕业考试四类，“临时考每月一两次，月考三个月一次，期考半年一次，毕业考试在五年期满后”②。每次月考由科目教习与总教习负责，期考由总教习与监督联合主持，而毕业考试则由监督邀请管学大臣及总教习共同主持。译学馆无论期末考还是五年毕业考试都非常严格。据英文馆毕业生陈诒先回忆：

> 学校学期考试可以说极为严格，考时仅公布日期，不注明课程，所以第一日考试如需预备，必非同时看十余门功课不可！予在校的经验，即凡考前抱佛脚的同学，其成绩必多半不好，凡考在前二十五名得免费者，考试前三日多不看书，睡眠必充足，加以平时用心听讲，不放松阅读，非有特别事及生病，从不请假旷课，则即

① 北京大学校史研究室．北京大学史料：第 1 卷（1898—1911）［M］．北京：北京大学出版社，1993：172.

② 蔡璐．京师译学馆始末［M］//中国人民政治协商会议全国委员会文史资料委员会．文史资料选辑：第四十辑．北京：中国文史出版社，2000：197.

使考前不抱佛脚，成绩也不见得会坏。①

五年毕业考试总考核方法为："外国文国文成绩分数，与其他普通及专门成绩分数，加入勤学立品分数（固定60分有功过者增减之）为总分数平均计算。"② 除按照学部规定的计算卒业考试各门成绩分数外，还需要统计平时月考、期考成绩："学生功课用计分之法。外国文功课由外国教习按日记分，普通学功课由普通学教习按日计分，学生功课每课以百分为额。届卒业之期，通各科平均计算，得60分以上者为及格……考试评定分数……与平日分数平均计算。"③ 然后根据成绩排出等次：80分以上者为最优等，70~80分者为优等，60~70分者为中等，50~60分者为下等，而50分以下者则为下等。考试排名位列最优等、优等、中等者，按照章程规定给予出身奖励。与此同时，为鼓励学生各门课程全面发展，防止专习某一科或几科而导致偏科，学部还规定"平均分数虽属最优等，而主科中一门不得80分便降为优等，平均分数属优等而主课中的一门不得70分便降为中等"④。学部严格且周密的考核规定，使得译学馆学生不仅在五年卒业考试前刻苦努力、全力备考，在平时月考和年考中也不能马虎，以免影响最终的平均成绩。

译学馆对于每五年举行一次的卒业考试规定非常严格。每年毕业考试前夕，学生都须填写个人履历，然后由译学馆造册呈送学部审核。考试过程中，不遵守要求的考生不准毕业。现将考试规则共计9条列表如下（见表5-6）：

---

① 陈学恂．中国近代教育史教学参考资料：上册［M］．北京：人民教育出版社，1986：468.

② 蔡璐．京师译学馆始末［M］//中国人民政治协商会议全国委员会文史资料委员会．文史资料选辑：第四十辑．北京：中国文史出版社，2000：197.

③ 拟定大学堂译学馆章程［M］//北京大学校史研究室．北京大学史料：第1卷（1898—1911）．北京：北京大学出版社，1993：162.

④ 马玉田，舒乙．文史资料存稿选编：教育［M］．北京：中国文史出版社，2002：763.

表 5-6　　**译学馆考试规则**

1	衣冠由诸生自备。原有官职者准用原有官职之品服，现在守制者用素衣冠。
2	届考试日期，由本馆按日按时前往。其不在馆案宿及自愿由家前往者，不得误时。
3	考场宜恪遵本馆考试规则，遇学部颁示规则之时，一律恪遵。
4	试题若干道，应各按题纸之次第对答缮写，不得先后凌乱。
5	考试卷除外国文、算学、图画均照平日考卷程式缮写外，其余各科试题均低二格写，答案亦低二格写。遇有应行抬头之处，均应照例抬写。
6	试题一律书写全题。
7	缮写不得草率。中国文及人伦理法二门缮写尤宜工整，并以少涂改为宜。
8	考卷系与本馆平日试卷一律。除浮签上已填写有姓名外，不得于卷面自填姓名及其他字迹。
9	怀挟传递最干例禁。犯者即时扶出，不准毕业。

资料来源：北京大学校史研究室．北京大学史料：第 1 卷（1898—1911）[M]. 北京大学出版社，1993：275。

由于译学馆课程开设门类较多，除外国语言文外，还有专门学、普通学的考试，考试科目达十六门之多，每天上午考试一门，下午考两门，总共持续五天半。以甲级毕业生五年毕业考试为例，其考试日期安排如下（见表 5-7）：

表 5-7　　**译学馆甲级毕业考试安排表**

日期	9：00—12：00	13：00—15：00	15：15—17：15
十六日	外国文	人伦道德	历史
十七日	外国文（作论）	外国文（翻译）	地理
十八日	交涉	算学（代数）	算学（几何、三角）

续表

日期	9：00—12：00	13：00—15：00	15：15—17：15
十九日	理财	物理	化学
二十日	教育	图画	博物
二十一日	体操		

资料来源：大学堂译学馆毕业考试规则、日程、试题等［M］//北京大学校史研究室．北京大学史料：第1卷（1898—1911）．北京：北京大学出版社，1993：275。

从考试科目来看，考试内容与平时所学课程保持一致，外国语文考试细分为三门，分别为外国文、外国文（作论）、外国文（翻译），主要考查学生的基本语言能力，以及作文、翻译水平，试题形式与现代外语考试题型基本相似。由于全部课程考试试题内容较多，在此仅列举每门科目考试中的一道题，用以分析其考试难度及考查范围。现将部分试题列表如下：

表5-8　　　　**学部考试译学馆甲级学员毕业试题（部分）**

国文题	子产论
人伦道德题	姚江学派得失论
洋文论说题	居之无卷，行之以忠
洋文翻译题	有圣人者，立，然后教之，以相生养之道……害至而为之备，患生而为之防。
国际公法题	领事裁判权与治外法权有何区别？试论之。
国际私法题	今有甲国人入乙国籍，其所享之权利与乙国人民相同否？
法学通论题	何为国家主权？
国家理财学题	国家募集公债时应当如何募集？如何偿还？
存正经济学题	单本位制与复本位制之利害得失，试详论之。

续表

商业经济学题	近来各国盛行保险事业，其种类如何？其效用如何？能详举否？
教育学题	学校训育与家庭训育应用何法与联络之？
历史题	恰克图条约要领凡七，其悉举以著于篇。
舆地题	问非洲各部有属于英领、葡领、德领、意领、法领者，试以简单之区划举之。
物理学题	电流之磁作用如何？试撮言之。
化学题	试言盐酸之制法。
生理题	眼之构造及卫生法。
植物题	植物之呼吸作用并其实验法若何？
动物题	节是动物之特征若何？试举例详解之。
矿物题	煤之种类及应用法若何？
图画题	求将甲乙直线分为五等分。
算学题	二数之比为2∶3，而其积为486；求此二数。
几何体	以直角三角形之斜边为底之正方形，其面积等于它两边为底之正方形之和，试证明之。
诗学考试题	文科同学毕业赋诗感别，不拘体韵。

资料来源：学部考试译学馆甲班学员毕业全题［M］//北京大学校史研究室．北京大学史料：第1卷（1898—1911）．北京：北京大学出版社，1993：276-277。

分析上述所列各门考试试题，洋文论述题与翻译题主要考查学生对中国传统文化的理解和翻译能力。要求学生以外国文形式表述中国传统文化思想，不仅要求学生国文功底较深，对于外国文的运用能力要求亦非常高，如果遇国文术语并无外国文与之相对应的情况，如何运用翻译技巧化解之，对考生而言是一个不小的挑战。可以推测的是，译学馆学生的日常翻译训练及考试对传统文化翻译有所涉及，但中国传统文化博大精深，而学生所能接触到的外国文相对较少，因此出现中外文不对等情况自然很多。《奏定译学馆章程》对译学馆有专门编纂文典的要求：

"文典以品汇中外音名，会通中外词意……创办文典，为中外学术会通之邮，国家文教振兴之本，海内通儒、游学志士共有斯责。"① 可以看出译学馆章程起草者对中外语文的理解和认识相当透彻，专门编纂文典的做法非常具有预见性，并非一时心血来潮。至于普通学与专门学的考试内容，相对而言较为简单，主要为考查学生对每门课程基础知识的掌握程度，因为涉及的科目较多，学生勤加记忆才能获得较高分数。

此外，京师大学堂十分重视学生的道德品行规范，品行被专门作为毕业考核的一项标准。每学期考试后由译学馆造册呈交总理学务处，最后归入五年毕业平均分中。总理学务处特地告知译学馆监督：

> 造士必以品行为先。各学堂考核学生，均宜于各科学外，另立品行一门，亦用积分法与各门科学一体同记分数。其考核之法，分语言、容止、行礼、作事、交际、出游六项，随处稽察，第其等差等因，前经通行在案。科举停止。京外各学堂肄业诸生人数日众，固多端谨之士，而举止浮薄与议论嚣张者，亦难保必无其人。将来毕业考试，既应注重科学分数，尤当详核平日品行以定等差。学堂为一切新政根本，学生品行为各种科学根本，使德育有阙即具智能亦无足取。兴学诏书以端正趋响（向）造就通才为准则。本大臣近于召对时，仰蒙垂谕，学生当以品行为重，如有实在不服管教者，应即行斥退，等因钦此。各学堂教员、管理员皆有约束陶成之责，亟应加以考核，上纾宸廑。除分咨外，相应咨行贵监督查照定章，商同在事各员将学生品行分数考察确实，详细登记，于每学期考试后造册咨送本处，以凭汇核可也。②

尽管学部与译学馆都有着十分严格的学生考试与考核制度，但始终

① 北京大学校史研究室．北京大学史料：第 1 卷（1898—1911）［M］．北京：北京大学出版社，1993：173.

② 总理学务处为学生品行分数考察事咨译学馆［M］//北京大学校史研究室．北京大学史料：第 1 卷（1898—1911）．北京：北京大学出版社，1993：178.

无法摆脱封建官僚体制对教育的影响，尤其在日渐腐败的清王朝，即便是引进了现代西方考试制度，仍然漏洞百出，学生招录时仍旧有情可托。科举制度废除后，新式教育奖励出身的做法，成为不少贵胄子弟仕途升迁的另一条出路，不少译学馆学生便是冲着功名和职官奖励而来。据曾在译学馆担任国文与西洋史教员的蔡元培回忆，馆内部分学生对学问并没有太大兴趣，其学习年限满后，通过考试，就可获得一张毕业文凭。教员也非人人都认真负责，能够对学生一视同仁，以培养优秀人才为使命。据蔡元培回忆：

> 教员是自己不用功的，把第一次的讲义，照样印出来，按期分散给学生，在讲坛上读一遍，学生觉得没有趣味，或瞌睡，或看看杂书。下课时，把讲义带回去，堆在书架上。等到学期、学年或毕业的考试，教员认真的，学生就拼命的连夜阅读讲义，只要把考试对付过去，就永远不再去翻一翻了。要是教员通融一点，学生就先期要求教员告知他要出的题目，至少要求表示一个出题目的范围，教员为避免学生的怀恨与顾全自身的体面起见，往往把题目或范围告知他们了，于是他们不用功的习惯，得了一种保障了。①

由此可见，译学馆内还是有相当一部分学生存在投机取巧的行为，试图蒙混过关只为得一纸毕业证书。这也许正是译学馆毕业考试中，“中等生”占绝大多数的一个重要原因。

二、“奖励出身”与职业选择

（一）奖励出身政策的存与废

奖励出身政策，最早由张之洞与刘坤一于光绪二十七年（1901 年）在《会奏变法自强第一疏》中提出。该奏折建议，按考试成绩给予新

---

① 蔡元培．我在北京大学的经历［M］//陈平原，夏晓虹．北大旧事．北京：北京大学出版社，2009：30.

式学堂毕业生出身奖励，“授以官职，令其效用”①。该政策的初衷在于推广新式学堂、鼓励学生报考，最终达到新式学堂教育取代科举考试的目的。光绪三十年（1904 年）初，由张之洞、荣庆等人拟定的《奏定各学堂奖励章程》颁布，章程对各级各类学堂毕业奖励出身，给予了详细的规定，其中通儒院、大学堂、分科大学、高等学堂、译学馆等毕业生除给予科举考试中应有的功名利禄外，还可被授予相应的官职，分派至相关岗位任职。

《奏定各学堂奖励章程》的出台与实施，为科举制度的废除、新式学堂的推广创造了有利条件。给予出身奖励的优厚待遇，无形中削弱了科举考试的影响力，使学子们开始逐步认识到新式学堂也可以成为谋取功名、仕途升迁的蹊径。在晚清新旧教育制度更替之际，该章程的出台为科举考试制度向近代新式教育制度的过渡开辟了道路，缓解甚至解决了新式学堂与仕途升迁的矛盾。随着统领全国教育的机构——学部的正式成立以及科举制度的废除，“奖励出身”制度开始受到不少大臣的批评，他们认为“悬官职以诱学生”的做法已经无法起到兴学的效果，反而会导致原本腐败丛生的官僚系统更为臃肿。既然科举制度已经被废除，“奖励出身”的制度自然就不应该再继续实行。于是，在光绪三十三年（1907 年）八月，学部开始裁减学生出身奖励数量，“毕业仅给以学位”，但“奖励出身”的制度是由张之洞制定，而他一直掌管着学部，因此，奖励出身制度直到宣统元年（1909 年）张之洞去世才由大学士李家驹奏请变通奖励办法，变通学堂奖励规定：“凡在高等学堂毕业者，仅给文凭，不予奖励。东西洋留学生考验时，准其一律投考，予以相当之位置。”② 到宣统三年（1911 年），“学部奏请停止各学堂实官奖励”，至此，新式学堂“奖励出身”制度才正式消亡。

新式学堂“奖励出身”制度虽然遭到部分人的反对和诋毁，但在

① 张之洞，刘坤一．会奏变法自强第一疏［M］//舒新城．近代中国教育史料．北京：中国人民大学出版社，2012：47.

② 李学士奏请变通学堂奖励［J］．申报，1909-11-30.

张之洞的坚持及协调下，该制度还是相对稳定地得到执行。奖励出身对于鼓励学生接纳新式学堂、接受新式教育，以及协调新旧教育制度之间的矛盾、冲突发挥了一定积极作用。但废止科举考试制度之后，其弊端也日渐凸现，“滋长了学生追名逐利的恶习，导致官僚队伍更加臃肿”①，对晚清新式教育造成了一定的消极影响。

（二）实官奖励与择优录取

译学馆对毕业生实行毕业奖励，无论自费生与官费生，考试及格者“应得毕业凭照及分等奖励录用；各项章程均与正额学生一律办理，毫无歧视。”② 其办学章程规定具体如下：

> 学生五年毕业考验后，应奖给出身，分别录用，取列最优等、优等、中等、下等、最下等者，均照奖励章程分别办理。其原系进士、举人出身而有官职者，视其所考等级，比照章程，按原官优保升阶。原系举人而无官职者，视其所考等级，比照章程优保官阶。其所考等级，如奖励章程内不应给奖者，均照章程办理。嗣后出使各国大臣、各省督抚咨取译员，并各处学堂延聘外国文教员，均以此项毕业学生为上选。其升入大学堂分科大学肄业者，以政法学科、文学科、商学科三科听其自择。③

译学馆作为培养外交翻译人才及外语教师人才而开办的高等学堂，其大多数毕业生均能根据专业需要进入政府部门任职。如果选择去官办学堂担任外语教师或是进入大学堂深造，这些毕业生都享受优先录用的资格。“毕业给予举人出身，是和其他学堂相同的。给予官职，考最优等的，内用主事外用直隶州知州；考优等的，内用内阁中书外用知县；

① 关晓红．晚清学部研究［M］．广州：广东教育出版社，2000：191.

② 北京大学校史研究室．北京大学史料：第1卷（1898—1911）［M］．北京：北京大学出版社，1993：173.

③ 北京大学校史研究室．北京大学史料：第1卷（1898—1911）［M］．北京：北京大学出版社，1993：172.

考中等的，内用七品小京官外用通判。”① 译学馆第一届甲级学生原本应该在光绪三十四年（1908 年）毕业，但由于课程设置问题，后又补习了相关课程，最终在宣统元年（1909 年）才正式毕业。本次参与考试人数为四十一名，通过毕业考试及平时成绩平均计算，最后评出：

> 最优等者一名，作为举人出身，内以主事分部尽先补用，外以直隶州分省尽先补用；优等者九名，作为举人出身，内以内阁中书尽先补用，外以知县分省尽先补用；中等学生二十九名，作为举人出身，内以七品小京官分部，外以通判分省补用。②

译学馆第二届乙级毕业生于光绪三十年（1904 年）下学期入馆学习，宣统元年（1909 年）上学期毕业。译学馆在该年十一月对 59 名参考毕业生进行考核，最后评定最优等学生 1 名，优等学生 14 名，中等学生 48 名，下等学生 6 名。丙级学生于光绪三十一年（1905 年）入馆，宣统二年（1910 年）毕业，经过最终考核，计列最优等学生 3 名、优等学生 8 名、中等学生 27 名、下等学生 2 名。

译学馆甲、乙、丙三级毕业生由于有“奖励出身”制度的保障，考试合格的毕业生均能根据当年分配情况及自身意愿得到妥善的就业安置，而大部分毕业生被分配到外务部、学部和农工商部等外语人才需求较多的政府部门，这些部门待遇相对也较好。

（三）自主择业

宣统三年（1911 年）后，学部奏请停止各学堂毕业生实官奖励，大学堂毕业生只能得到进士头衔，高等学堂毕业生得到举人头衔。译学馆毕业生此后无法获得实官奖励，仅得到毕业证，毕业合格者统称举人。因此，译学馆丁、戊两级毕业生均未能获得原定章程所规定的出身

---

① 张心澂．译学馆回忆录［M］//中国人民政治协商会议全国委员会文史资料委员会．文史资料选辑：第四十辑．北京：中国文史出版社，2000：181.

② 北京大学校史研究室．北京大学史料：第 1 卷（1898—1911）［M］．北京：北京大学出版社，1993：418.

奖励。宣统三年（1911年）辛亥革命爆发，“所有本馆各级毕业的，无论内用或外用的官职，一概无效”，于是“各以各的关系，各寻各的出路了”①。

选择自主择业的学生主要有两类：第一类是对清廷所奖实官并不满意的毕业生，第二类则是在毕业考试中不合格的学生。后者因为无法获得毕业文凭及毕业奖励，只能自寻出路。例如乙级肄业生杨毓缄，离校后通过自身努力，最后跻身中日实业公司董事之列；韩嘉树毕业后任职于金融行业，最终升任北洋保商银行副经理一职；丙级留美生胡宪生回国后，任教于上海大同学院；英文科毕业生杨亦侯则担任北京通易信托公司经理。清政府倒台后，一部分人仍然任职于中华民国政府，尤其是外交界和教育界居多，大部分人则根据自身专业优势及人脉网络，开始自主选择就业方向。

京师大学堂译学馆于光绪二十九年（1903年）九月成立到宣统三年（1911年）九月停办，历时八年，可谓“欻然而兴，倏然而止，于前无古，于后无今，亦吾国教育史上一特殊掌故也”②。尽管译学馆办学时间不长，培养学生亦不多，但其在外语教育领域所作出的探索性贡献以及其毕业生所取得的成就，充分展现了译学馆在外语教育史上的重要地位及历史意义。一方面，译学馆毕业生对近代中国外交、教育等领域的发展贡献，直接推动了民国乃至以后中国近代化的历史进程；另一方面，译学馆在学科创建、外语人才培养模式、中外教育交流领域的建树，对于近代中国知识体系的现代化，民众外语观的改变亦影响深远。蔡元培曾经总结性地对译学馆成绩给予高度评价：

> 学馆为偏重外国语之学校，其所以与同文馆、广方言馆等不同者，有两点：一兼课国文，二兼授其他科学是也。有此二者，是以

① 张心澂．译学馆回忆录［M］//中国人民政治协商会议全国委员会文史资料委员会．文史资料选辑：第四十辑．北京：中国文史出版社，2000：190.

② 北京大学校史研究室．北京大学史料：第1卷（1898—1911）［M］．北京：北京大学出版社，1993：176.

> 译学馆虽办理不久，同学亦为数不多；然而其中之高才生，或服务社会，卓著成绩；或更求深造，成为专门学者；或从事译著，有信、达、雅三长；使此短期之学校，在历史上可以不朽。①

与此同时，身处社会急剧转型与变革时期的译学馆，在错综复杂的历史背景下，表现出一定的历史局限性，诸如混乱的管理体制、诟病丛生的封建官僚作风、缺乏长远教育规划等问题，同样值得后人去思考和总结。

① 蔡元培题词［M］//沈云龙．近代中国史料丛刊：第8辑．台北：文海出版社，1978：294.

第六章　晚清官办学校外语人才培养成效与评析

自同治元年（1862年）到光绪三十一年（1905年），"同文三馆"办学均超过三十年的历史，受其影响在全国范围内开办的湖北自强学堂、珲春俄文书院、新疆俄文学馆等官办外语学堂，其办学历史也逾十年之久，这段时间正值洋务运动与维新变法兴起的社会大变革时期。尽管在这段特殊社会转型时期，外语人才培养受到诸多方面的困扰，也一直饱受批评指责，但外语人才在近代中国政治、外交、经济、文化、教育等领域均产生了一定的影响，其成效不仅显见于当时，甚至在晚清统治结束后的若干年，所培养的人才仍活跃于中国社会的诸多领域，为中国近代社会作出了一定的历史贡献。尤其是京师大学堂译学馆更是在中国外交、文化、教育领域起到承前启后的作用，为民国时期中国外交以及外语教育奠定了重要的历史基础。鉴于晚清官办学校外语人才活动场域的广泛性和集中性，本章选取了晚清中国政治外交与文化教育两个领域作为外语人才培养成效分析的主要对象，借以评析晚清官办学校外语人才培养的得失。

第一节　外语人才培养的成效举概

一、外语人才与近代中国政治外交

晚清政治外交纵横捭阖，近代中国外交官义不容辞地加入挽救民族危亡与民族振兴的历史洪流中。晚清政府外交活动大致分为国内外交与遣使外交两大类，无论是西方列强强行进入中国后的国内外交，还是清政府的遣使出洋，均实属迫于形势，被逼无奈，但在日积月累的外交实践中，中国外交官逐步适应并接纳了西方的外交使节制度，学会适者生存的国际游戏规则。随着时间的推移，他们在反复斗争与励精学习中不断调整与完善清政府外交制度，力争与国际社会接轨。这段充满痛苦艰辛的外交史，正如台湾地区学者庄吉发所说："道咸两朝是清廷加入近代国际社会的初步，对外战争既遭败绩，对外和局亦因不谙国际形势缺乏外交知识，丧失主权，签订不平等条约。光绪初年，驻外使节的派遣，实为清廷重新调整对外关系的重要措施，在近代中国史上具有重大意义。"①

（一）外语人才与晚清遣使外交

尽管晚清外交始于内忧外患，但外患越频，外交越重，不甘于"天朝上国梦"破裂的清廷十分看重外派使臣的知识结构背景和外交能力。随着晚清社会转型的日趋加剧、西学渗透日益加深、民众思想逐渐开放、出使人才亦不断充备，清廷不断调整外交使才的遴选标准，日趋与国际社会接轨。从最初遣使重视正途出身和洋务能力，到重视西学知识及外交阅历，最后开办新式外语学堂专门培养外交翻译人才，遣使人员知识结构，尤其是外国语语言能力逐渐提高，外交知识日益丰富，一定程度上反映了晚清外交遣使制度的日益成熟以及外交能力的提升。自晚清政府遣使伊始，"同文三馆"等官办外语学堂即源源不断地为晚清政府对外交涉、驻外使馆及出洋大臣输送外交翻译人才，其中不乏近代中国第一批外交翻译官、参赞、领事及公使、大使等。但三馆毕业生真正任职使臣，则始于甲午战争前后，直至外务部成立，此段时期，以"同文三馆"为代表的官办外语学堂毕业生出使盛极一时，一直延续到光绪三十三年（1907 年），外务部改制后，风头才被西语、西学能力更胜一筹的留学生所盖过。

1. 同文馆学生与同治遣使的三次尝试

道光二十四年（1844 年）中法黄埔条约谈判之时，法国政府就曾

---

① 庄吉发. 清季出使经费的筹措［J］. 大陆杂志，1977（2）.

提出两国互派使节的建议，但被当时以天朝上国自居、习惯朝贡外交的晚清政府予以拒绝。直到咸丰八年（1858年）《天津条约》谈判之时，晚清政府才被迫同意与外国政府互派使节，此后，各国公使开始涌入中国。然而清政府除咸丰十年（1860年）成立主管对外交涉事宜的总理各国事务衙门外，迟至光绪二年（1876年）郭嵩焘出使英国，才算真正履行互派使节的承诺。在此期间，清廷也曾反复讨论遣使一事，并且有过三次遣使尝试，京师同文馆有幸把握住这三次难得的历史机遇。

第一次尝试发生在同治五年（1866年），促成此次遣使尝试的是总理衙门和总税务司赫德。赫德在此前一年即同治四年（1865年）九月曾向总理衙门建议委派大臣“驻扎外国以自护”①，随后又建议派遣同文馆学生随其赴外国游历。尽管总理衙门认为“由中国特派使臣前赴各国诸费周章，而礼节一层尤难置议”②，但清政府最终还是同意了赫德的建议。由于此时同文馆外交翻译人才尚在培养和历练阶段，经验不足，资历尚浅，尚未发挥实质性作用，出使任务主要由科举正途出身、略懂洋务的朝廷大臣担任，翻译则聘请来华外国人承担，而同文馆负责安排成绩优异的学员充当辅助性译员角色，随出使团观摩、游览和记录。同治五年（1866年）二月七日，英文馆学生德明（张德彝）、彦慧、凤仪三人随斌椿父子出洋游历泰西诸国，历经英、法、比利时、荷兰、瑞典、丹麦、芬兰、俄国、普鲁士九国，该年九月返回北京。这次尝试性外交虽无正式外交任务，但使团也曾拜见了英皇及各国总理、外交大臣，是中国政府主动派遣官员、学生出国学习游历，在近代中国外交史上具有开创性意义。斌椿遵照总理衙门要求，将各国山川形势、风土人情记载带回，并写有《乘槎笔记》一书上交总理衙门，同文馆学生德明则记成《航海述奇》一书。

第二次尝试发生在同治六年（1867年），清廷一面奏请朝廷内外督

---

① 宝鋆. 筹办夷务始末：同治朝：卷四十［M］. 北京：中华书局，1981：20.

② 宝鋆. 筹办夷务始末：同治朝：卷三十九［M］. 北京：中华书局，1981：1.

抚讨论《天津条约》修约问题，一面请派美国驻华公使蒲安臣代表中国政府出使各国。此次出使，总理衙门认为“钦命之员前赴各国，应带同文馆熟悉西文西语学生一二名作为通事”①，于是：

查同文馆英文学生候选主事德明、凤仪，上年曾随郎中斌椿赴各国游历，情形熟悉；俄文学生八品官塔克什纳、桂荣，法文学生九品官联芳、廷俊，在馆学习数年，均尚熟悉洋文，人亦诚实，应即饬令随同志刚等前往。②

蒲安臣一行先后前往美、英、法、比利时、瑞典、意大利、西班牙、普鲁士、丹麦、荷兰、俄国这十一个国家，于同治九年（1870年）返回北京。此次出使与第一次游历考察不同，这次为担负有外交任务的正式出使，同文馆学生亦负有一定程度的翻译任务。此行出使对签订中美续约，增进中外邦交关系，缓和西方各国对华强硬态度有显著效果，清政府对此次派遣使节的可行性更有信心。

第三次尝试发生在同治九年（1870年），时值天津教案发生，法国领事及传教士多人在华被害，经各国驻华公使斡旋，清廷最终决定派三口通商大臣崇厚赴法致歉，崇厚于当年六月和十月两次带随员前往法国，第一次除配备两名法国译员外，还有跟随他办理洋务多年的黄惠廉、高从望两人以及前两次均随团出洋的同文馆学生德明；第二次崇厚奏请配带了英国人布朗（H. O. Brown）、京师同文馆法文学生庆常及一名医生，崇厚于当年十月出发，年底抵达法国，“因普法战争与法国故意怀葸，崇厚转往美国”③，直到同治十年（1871年）十月初，他才向法国呈递国书，最终完成出使任务返国。

① 宝鋆．筹办夷务始末：同治朝：卷五十三［M］．北京：中华书局，1981：5.

② 宝鋆．筹办夷务始末：同治朝：卷五十二［M］．北京：中华书局，1981：6.

③ 苏精．清季同文馆及其师生［M］．台北：上海印刷厂，1985：140.

同治年间的三次遣使尝试，使晚清政府对派遣驻外使节有了更多了解，积累了一定的外交经验。同文馆学生多次参与其中，虽然尚未担任正式翻译一职，无疑已经获得极好的增长见识、观摩历练的机会。早年出洋的丰富阅历，使得他们后来在光绪年间均有机会随使担任翻译，而张德彝、庆常两人更是分别升至驻英、驻法公使一职，联芳在庚子事变后还担任外务部侍郎。

2. 同文馆学生与驻外使馆翻译官

据光绪二年（1876年）九月奏订的《出使章程》规定，使馆职员均由出使大臣自行酌定人数与咨调任用。其中翻译官一职则由出使大臣从京师同文馆学生中挑选任命，这种情况十分普遍。以下为有关学者统计的光绪五年（1879年）以前各驻外使馆开馆时翻译官任职情形表(见表6-1)：

表6-1 **光绪五年（1879年）以前驻外使馆开馆翻译官**

国别	出使大臣	开馆时间	翻译官
英国	郭嵩焘	光绪二年（1876年）	德明*、凤仪*、马格里
德国	刘锡鸿	光绪三年（1877年）	庆常*、赓音泰*、荫昌*、博朗
日本	何汝璋	光绪三年（1877年）	杨枢*、沈鼎钟、张宗良、梁殿勋、冯昭炜
法国	郭嵩焘	光绪四年（1878年）	德明*、马建中、陈季同、联芳*
美国	陈兰彬	光绪四年（1878年）	陈言善、蔡锡勇*
俄国	崇厚	光绪四年（1878年）	庆常*、桂荣*、塔克什纳*、赓善*、德明*

注：有*者为京师同文馆学生。

资料来源：苏精．清季同文馆及其师生［M］．台北：上海印刷厂，1985：141。

二十名翻译官中，京师同文馆学生占十一个名额，超过了总人数的一半。清政府遣使初期，各出使大臣均不通洋文洋语，只好聘请来华外国人充当翻译一职。后专设翻译官作为中外语言沟通桥梁，但出使大臣无不感慨语言不通对外交所造成的不便，为此驻德出使大臣刘锡鸿专门送其子刘田海入同文馆学习英文，刘田海毕业后也曾担任驻美使馆翻译官。曾国藩次子曾纪泽于光绪四年（1878 年）出使英法，在其《使西日记》中提到慈禧太后曾主动问到是否带京师同文馆学生担任翻译官。这一定程度说明当时同文馆学生担任翻译官之普遍，让太后都有相当深刻印象。根据相关资料统计，光绪五年（1879 年）以后，同文馆毕业生开始出使他国，担任翻译官或从事翻译一职现象较为普遍，现列表如下（见表 6-2）：

表 6-2　**光绪五年（1879 年）以后出使翻译官**

姓名	别号	籍贯	馆别	语种	曾任职务
王丰镐	省山	江苏上海	京馆	英	1890 年随薛福成出使欧洲翻译官
吴宗濂	挹清	江苏嘉定	京馆	法	1885 年任翻译官，后任驻意大使及总统府外交咨议
周自齐	子仪	山东单县	京馆	英	1894—1898 年驻美使馆翻译官，农商总长
治格	鹤农	北京蒙古	京馆	德	1896 年第一届出洋肄业，翻译官
张德彝	心畲	北京汉军	京馆	英	翻译官，参赞，大使
傅柏锐	峻山	广东南海	京馆	英	1905 年随载泽赴日本任翻译
联芳	春卿	京兆	京馆	法	驻外使馆翻译，1908 年外务部左侍郎
瞿昂来	鹤汀	江苏宝山	沪馆	英	驻英使署翻译
李德顺	子元	未详	京馆	德	驻德使署翻译
瞿青松	健人	未详	京馆	法	驻意使馆翻译，驻丹麦代表
联兴	子振	镶白旗汉军	京馆	法	驻俄翻译官
庆常	未详	未详	京馆	法	翻译官，参赞，大使
赓音泰	未详	未详	京馆	德	驻德使馆翻译、参赞
塔克什讷、木庵	未详	未详	京馆	俄	驻俄使馆翻译

续表

姓名	别号	籍贯	馆别	语种	曾任职务
赓善、吉普	未详	镶红旗	京馆	俄	驻俄使馆翻译
福连、远峰	未详	正蓝旗	京馆	法	1878 年随崇厚出使俄，驻俄翻译
巴克他讷	未详	未详	京馆	俄	驻俄翻译官
沈铎	未详	未详	京馆	英	充驻日使馆翻译
萨荫图	未详	未详	京馆	未详	1898 年翻译官，后任出使俄大臣
元章	未详	未详		英	出使美国翻译官
刘田海	未详	未详	京馆	英	靖西厅翻译官，驻美使官翻译官
德林	未详	未详		德	出使德国翻译官
彦慧	智轩	未详	京馆	法	1868 年随斌椿出访西方，为翻译学生；1868—1870 年随志刚出使，任见习翻译官
古廷俊	辅臣	未详	京馆	法	1868 年随志刚出使，翻译官
世增	益三	未详	京馆		1890 年随薛福成出使，翻译官
那三	华祝	未详	京馆	英	1890 年随薛福成出使，翻译官

资料来源：黎难秋．中国科学翻译史［M］．合肥：中国科学技术大学出版社，1996：111-116。

3. 同文馆毕业生与驻外使臣

甲午战争后，出使他国使臣出身来源较以往更为丰富，除科举正途出身的官员外，“同文三馆”毕业生、福州船政学堂毕业生以及留美学生，均纷纷加入出使大臣队伍，大为提升了中国政府驻外使节的整体素养，推动了晚清中国外交官的职业化与外交事业的近代化进程。开办京师同文馆“最主要的目的就是训练青年学生，以便毕业后能出任公职，尤其是作为参加国际交涉的政府代表”①，甲午海战后该馆毕业生开始在国际外交场合崭露头角：“从参与外交工作之初的翻译官或翻译学

① 丁韪良．花甲忆记——一位美国传教士眼中的晚清帝国［M］．沈弘，等译．桂林：广西师范大学出版社，2004：199.

生，逐渐升为领事、参赞以及公使等职务，或在国内中央地方担任外交工作，直到民国以后仍然如此，甚至民国二十年以后的驻外使馆中，仍不乏同文馆出身的外交官。”①

光绪十八年（1892 年），清廷任命同文馆出身的汪凤藻为驻日公使，开启了外语人才担任驻外使节的先河。此后，担任驻外公使的“同文三馆”毕业生与日俱增，截至宣统三年（1911 年）共有 13 人出任驻外公使一职。根据有关研究统计，晚清共计出使大臣 69 人，“同文三馆”所派人员占其总数的 19%，几乎 5 人中即有 1 人为三馆所出。

表 6-3　　**晚清“同文三馆”毕业生驻外公使基本情况表**

<table>
<tr><th>姓名</th><th>籍贯</th><th>出身</th><th>使前职衔</th><th>常驻国家、时间</th><th>任期</th><th>年龄</th></tr>
<tr><td>张德彝</td><td>汉军
镶黄</td><td>京馆</td><td>记名道</td><td>英（1901—1905）
意（1901—1902 兼）
比（1901—1902 兼）</td><td>3</td><td>54</td></tr>
<tr><td>萨荫图</td><td>蒙古
镶黄</td><td>京馆</td><td>滨江关道</td><td>俄（1907—1911）</td><td>3</td><td>37</td></tr>
<tr><td>庆常</td><td>汉军
镶红</td><td>京馆</td><td>工部郎中</td><td>法（1895—1899）</td><td>4</td><td>未详</td></tr>
<tr><td rowspan="2">荫昌</td><td rowspan="2">满洲
正白</td><td rowspan="2">京馆
留德</td><td>正白旗汉军
副都统</td><td>德（1901—1906）
荷（兼 1901—1906）</td><td>5</td><td>42</td></tr>
<tr><td>陆军右侍郎</td><td>德（1908—1909）</td><td>1</td><td>49</td></tr>
<tr><td rowspan="3">陆徵祥</td><td rowspan="3">江苏
上海</td><td rowspan="3">沪馆
京馆
留法</td><td>候选知府</td><td>荷（1905—1907）</td><td>1</td><td>34</td></tr>
<tr><td>保和会专使大臣</td><td>荷（1908—1911）</td><td>3</td><td>37</td></tr>
<tr><td>驻荷公使</td><td>俄（1911）瑞典
（1911 兼）</td><td>1</td><td>40</td></tr>
<tr><td>刘式训</td><td>江苏
南汇</td><td>沪馆
京馆
留法</td><td>分省补用知府</td><td>法（1905—1911）
葡（1905—1911 兼）
西（1905—1911 兼）
巴西（1911 兼）</td><td>6</td><td>37</td></tr>
</table>

① 苏精．清季同文馆及其师生［M］．台北：上海印刷厂，1985：142.

续表

姓名	籍贯	出身	使前职衔	常驻国家、时间	任期	年龄
胡惟德	浙江吴兴	沪馆算学举人	分省补用道	俄（1902—1907）	5	39
			外务部右丞	日（1908—1910）	2	45
刘镜人	江苏宝山	沪馆京馆留法	吉林滨江道	荷（1911） 丹麦（1911 兼）	1	45
杨兆鋆	浙江乌程	沪馆京馆	江苏候补道	比（1902—1906）	4	48
吴宗濂	江苏嘉定	沪馆京馆	补用道	意（1909—1911）	2	54
汪凤藻	江苏元和	沪馆京馆翰林	翰林院编修	日（1892—1894）	2	41
杨晟	汉军正红	粤馆京馆留德	山东候补道	奥（1903—1905）	2	36
			驻奥公使	德（1905—1906）	1	38
杨枢	汉军正红	粤馆京馆	广东候补道	日（1903—1907）	4	59
			外务部左参议	比（1909—1910）	1	65

资料来源：马一．晚清驻外公使群体研究（1875—1911）［D］．广州：暨南大学2012年博士学位论文．注：京馆为京师同文馆；沪馆为上海同文馆；粤馆为广州同文馆。使臣任期不足一年的按一年计算，超过一年又不足两年的按两年计算，依此类推。

从上表可以发现，上海同文馆培养的驻外使节高居三馆之首，育才甚多，栽培的驻外公使高达7位。广州同文馆最少，仅有2人，但他们无一例外都是在原馆学习外语数年后，经过选拔保送到京馆深造而获此机会被派驻外国担任公使。从“同文三馆”所派遣的驻外使臣出身来看，不难看出除上海同文馆毕业生外，其他均来自八旗。这种现象一方面是由于上海同文馆当初招生即面向上海附近郡县学生，而上海附近并无八旗驻防，所招学生只能为汉人，一定程度上也促使沪馆学生生源质量较好，办学成效显著，出才率较高；另一方面由于满清政府对汉人仍旧深怀疑虑与恐惧，尤其是在内忧外患特殊时期，满清政府为稳固统治起见，固守满族本位，重用满蒙贵族及少数汉军世家，由他们掌握军事、内政外交大权，以防止汉人内外勾结威胁满族统治。不仅如此，在清廷三次试探性地遣使尝试过程中，有意任命旗人充当头等使臣，例如赴欧游历的斌椿即来自汉军正白旗、出使泰西的志刚出身满洲镶红旗、而赴法致歉的崇厚则来自满洲镶黄旗，随行出使的同文馆学生，也都无一例外不是八旗子弟，清廷似乎想借此垄断晚清外交权力和外交活动。

此外，根据台湾学者苏精统计，同文馆学生中担任清末代办使事的人员共计 10 人；担任驻外总领事共计 6 人。民国成立到民国十七年（1928 年），同文馆毕业生更是活跃在中国外交界，曾担任驻外公使者有 7 名，在这一时期所有派驻外国的 35 名公使中占 20%。现列表如下（见表 6-4）：

表 6-4　　同文馆学生民国出任使节表

姓名	国别	到任日期	卸任日期	备 注
刘镜人	俄国	民国元年	民国七年	改任驻西伯利亚高级委员
胡惟德	法国	民国一年	民国九年	兼使西、葡
吴宗濂	意大利	不详	民国二年	自外交代表改任
唐在复	荷兰	民国二年	民国九年	
	意大利	民国九年	民国十四年	
戴陈霖	西班牙	民国二年	民国九年	兼使葡
	瑞典	民国十一年	民国十四年	兼使挪、丹
刘式训	巴西	民国二年	民国十五年	兼使秘
陆徵祥	瑞士	民国十一年	民国十七年	

资料来源：苏精．清季同文馆及其师生［M］．台北：上海印刷厂，1985：145。

1928年以前，同文馆毕业生中担任代办使事的有8人，驻外总领事有11人。人才培养不是一蹴而就的过程，尤其是在封建官僚体系中成长起来的外交官，不仅需要在不断实践中提升专业知识，其外交意识与外交经验更需要在长期的外交实践中得到升华，同时还要深谙为官之道，处理好同僚之间、中外人员往来之间的关系，因此其人才培养成效在较长一段时间才得以显现，正可谓“十年树木，百年树人”。

（二）外语人才与晚清国内涉外活动

在晚清官办学堂所培养的外语人才之中，承蒙皇命出使异域的外交使臣及翻译官毕竟只是少数，更多的外语人才只能在国内中央及各省地方担任外交职务或从事涉外翻译工作。晚清中西之间邦交往来，并非国家之间的平等往来，而是清政府在外敌环伺的形势下的被迫应对，西方列强凭借船坚炮利强行进入中国，由沿海直到内陆，其中的语言障碍一直是中外政府所困扰并试图排除的障碍。晚清官办学校所培养的外交翻译人才正是在此时代背景下应时而生，成为解决中外交往中语言隔阂的主力军。

甲午战争前，同文馆学生主要作为辅助性角色参与涉外翻译，诸如总理衙门大臣会晤各国代表时，他们旁听或者传译；总理衙门收发的电报或外文资料报纸，由他们翻译整理等。光绪二十四年（1898年）同文馆添设翻译处，考虑到此时馆内多名学生都有出洋经历，于是总理衙门决定设置翻译处专事翻译事宜，其时对翻译人员的选拔：

> 凡奉差旋华，择其优者，俾充其选。乃以张德彝、沈铎、马廷亮、斌衡、文佑充补英文翻译官；恩光充补德文翻译官；旋以塔克什讷、巴克他讷、瑞安、庆全充补俄文翻译官；联涌、世增充补法文翻译官；唐家桢充补东文翻译官。①

① 光绪二十四年《同文馆题名录》，转引自高时良，黄仁贤：《中国近代教育史资料汇编·洋务运动时期教育》，上海：上海教育出版社，2007：52-53.

直到总理衙门改组为外务部后，同文馆学生才开始在外务部担任重要职务，例如同文馆毕业生联芳就曾被授予外务部右侍郎。到民国初年，同文馆出身且担任重要外交职务的人数较清末更多，任期也更长。

同文馆学生除参与中央政府对外交涉外，也被分派至地方各省处理涉外事宜。此类活动早在光绪二十一年（1895年）时就有所发生，时值俄国兵船暂借山东胶州湾停泊，水师提督奏请总理衙门选派通晓俄语和法语人员前去交涉，总理衙门随即要求京师同文馆推荐品学兼优学生前往处理，于是“法文馆副教习德昆、俄文馆记名副教习萨荫图，学生刘崇惠三人，品行端方，洋文通达，堪以委任”①，三人一同前往。到光绪二十六年（1900年）后，同文馆毕业生日益增多，清政府对外交涉能力逐步增强，因此更多人有机会参与地方对外交涉活动。如刘镜昌、萨荫图先后担任哈尔滨地方官兼办当地外交；世增、王丰镐分别主管云南、浙江两省外交。及至民国初年，同文馆出身者或专责一省一埠交涉，或以地方官兼任，如杨晟以江苏交涉员兼沪海道尹、陶彬则以吉林吉长道尹兼长春交涉员。现据有关学者统计，将同文馆毕业生担任清末及民国时期国内重要外交职务情况列表如下（见表6-5、表6-6）。

表6-5　　同文馆学生担任清末国内重要外交职务表

姓名	职务	任命日期	辞免日期	备注
联芳	外务部右侍郎	光绪二十七年六月九日	光绪二十九年三月六日	
	左侍郎	光绪二十九年三月六日	宣统二年四月十六日	

① 朱有瓛．中国近代学制史料：第1辑：上册［M］．上海：华东师范大学出版社，1983：141.

续表

姓名	职务	任命日期	辞免日期	备注
胡惟德	外务部右丞	光绪三十三年八月三日	光绪三十四年二月二十一日	
	右侍郎	宣统二年四月十六日	宣统二年六月二十日	
	左侍郎	宣统二年六月二十日	宣统三年	
	副大臣	宣统三年九月二十六日	未详	袁世凯内阁
周自齐	外务部右参议	光绪三十四年六月二十四日	光绪三十四年十二月十七日	
	左参议	光绪三十四年十二月十七日	宣统一年六月二十七日	
	右丞	宣统一年六月二十七日	宣统一年七月二十三日	
	左丞	宣统一年七月二十三日	未详	
吴宗濂	外务部左参议	光绪三十四年八月十六日	光绪三十四年十二月十七日	
	右丞	光绪三十四年十二月十七日	宣统一年六月二十七日	
杨枢	外务部右参议	光绪三十二年九月二十八日	光绪三十三年六月二十三日	
	左参议	光绪三十三年六月二十三日	宣统一年三月二十二日	
世增	云南交涉使	宣统一年六月	宣统二年九日	
王丰镐	浙江交涉使	宣统二年三月二十七日	宣统三年	

资料来源：苏精. 清季同文馆及其师生［M］. 台北：上海印刷厂，1985：147-148。

表 6-6 **同文馆学生担任民国时期国内重要外交职务表**

姓名	职务	任命日期	辞免日期	备注
陆征祥	外交总长	民国一年三月三十日	民国一年九日二十二日	
		民国一年十一月十五日	民国二年九日四日	
		民国四年一月二十七日	民国五年五月十七日	
		民国六年十二月一日	民国九年八月十三日	
胡惟德	外交总长	民国一年三月三十日	民国一年六月十日	署理
		民国十五年三月二十五日	民国十五年五月十三日	
刘式训	外交次长	民国二年一月十九日	民国二年八月十日	
		民国五年十二月二十日	民国六年三月三十一日	
		民国九年九月十七日	民国十一年一月五日	
唐在复	外交部参事	民国一年四月二十四日	民国二年十二月九日	
吴尔昌	外交部参事	民国一年四月二十四日	民国二年九日二十三日	
戴陈霖	外交部参事	民国一年四月二十四日	民国二年十二月三十一日	
邵恒浚	外交部参事	民国一年六月二十五日	未详	署理
张庆桐	外交部参事	民国一年六月二十五日	未详	署理

续表

姓名	职务	任命日期	辞免日期	备注
陈恩厚	外交部参事	民国十三年五月十五日	民国十七年四月十日	
周传经	外交部参事	民国十七年四月十六日	未详	
饶宝书	外交部司长	民国一年四月二十四日	民国一年十一月十六日	
周传经	外交部司长	民国一年十一月二十六日	民国十七年四月十六日	
陈恩厚	外交部司长	民国一年四月二十四日	民国十三年五月十五日	
祝瀛元	奉天交涉员	民国一年七月二十二日	民国一年十一月六日	安东开监督兼
马廷亮	奉天交涉员	民国四年八月五日	民国六年	
吴宗濂	吉林交涉员	民国五年十二月二日	民国六年	
张庆桐	黑龙江交涉员	民国二年四月二十五日	民国四年十月十四日	
范其光	黑龙江交涉员	民国五年五月二十八日	民国八年三月十三日	
杨庆鋆	山东交涉员	民国四年七月三十日	民国五年九日二十日	
陈贻范	江苏交涉员	民国二年四月十五日	民国二年六月十四日	
		民国七年二月	民国八年六月八日	

续表

姓名	职务	任命日期	辞免日期	备注
杨晟	江苏交涉员	民国二年十月十三日	民国四年十月二十一日	沪海道尹兼
		民国五年一月二十八日	民国六年二月十五日	
		民国八年六月八日	民国九年五月二十一日	
毕炜	安徽交涉员	民国二年四月十五日	民国二年九日十三日	
王丰镐	浙江交涉员	民国八年	民国十四年三月十八日	
李鸿谟	哈尔滨交涉员	民国三年九月三日	民国六年十月六日	滨江道尹兼
陶彬	长春交涉员	民国五年九月七日	民国九年六月十七日	吉长道尹兼
郑汝骙	镇江交涉员	民国二年四月十五日	未详	

资料来源：苏精．清季同文馆及其师生［M］．台北：上海印刷厂，1985：148-149。

作为同文馆的延续，京师大学堂译学馆是清末培养外交、翻译人员规模更大、体系更完备的一所官办学校。该馆总共培养了甲、乙、丙、丁、戊五级学生，前三级毕业生都是按照原定奖励章程给予出身奖励，同时根据所考的等第及个人自愿内用或外用给予官职。甲级毕业生的内用限定分配到外务部、学部或工农商部。这是因为外务部需要的外语人才最多，而另外两部也需要通晓外语的人才。据译学馆毕业生张心澂在《译学馆回忆录》中记载：

分到外务部的有原官员外郎的张天才，有新得七品小京官的李庭兰、张大宾、路浚、张沛霖、权世恩、赵宪曾、黄时俊、金庆章、杨毓泉、蔡世溶、陈禹谟、曹允臧、郑庆豫、陆绍治；分到学部的有主

> 事秦锡铭，七品小京官姚澄、王建中、王瀛、钱文选；分到农工商部的有七品小京官张钟霖、常作舟、张培、王引孙、黄寿萱、王赐书、吉顺、姚长庚、陈亮熙；考入京师大学堂分科的有孙百英。①

乙级毕业生有100多人，此时外务部、学部、工农商三处衙门已经不能再容纳如此多毕业生，于是就采取抽签方式分配至其他各部。原本归某部且拥有官职的毕业生仍归该部所用，例如：

> 陆军部郎中黄文开、主事汤用彬、吏部员外郎刘先觐、法部主事宋庚荫和陈邦燮。分部的七品小京官有外务部的何清华，学部的张辉曾、韩嘉树、张承枢、陈承修、童德禧，农工商部的王治辉、何鸿璟、陈耀西、齐鼎颐、霍澍霖，法部周果、陈培襄。尚有符鼎升、谢式瑾、刘耀枸、海宽、黄浚、汪乐宝、朱芾、杨毓瑊、卢毅、裘毓麟、曹振中。②

译学馆原本就是培养外交翻译人才之所，甲级毕业生正处于各部急需外语人才时期，因此都能得到较好的分配。但随着留学生的学成归国、教会学校毕业生的涌入，在清政府采取择优录取的前提下，译学馆毕业生中即便是官方培养的外语人才也不能完全得以妥善安排，加之同文馆毕业生已毕业工作多年，外交经验丰富，他们都具有更多的优势进入外务部或者其他中央机构，这些都无形中对译学馆毕业生就业构成极大的竞争。因此从乙级毕业生开始，清政府采取听命于签筒，用抽签的方式安排乙级及以后的毕业生就业去向，内用的抽得某部就分配到某部，外用的抽得某省就分配到某省（分省可花钱捐指省，由自己指定到某省，但不能捐指部）。这样译学馆的毕业生就出现了相当数量学非所用的官员。

---

① 张心澂．译学馆回忆录［M］//中国人民政治协商会议全国委员会文史资料委员会．文史资料选辑：第四十辑．北京：中国文史出版社，2000：189.

② 张心澂．译学馆回忆录［M］//中国人民政治协商会议全国委员会文史资料委员会．文史资料选辑：第四十辑．北京：中国文史出版社，2000：189.

> 毕业的人花了一大些钱制备皮棉夹单纱全套的袍褂靴帽去做官，到了衙门。内用的还是学习司员或候补司员，外用的还是候补官员，并为旧官僚所歧视排挤。若不处处模仿他们，奉承他们，和他们同流合污，是很难得法的。走外交界的是很少数，其余的人什么国际公法，什么商业经济，早抛到九霄云外了。有些人做官后与所学的外国语文没有接触的机会，日子久了也就忘记光了。①

丙级学生毕业50多人，同样用抽签办法安排其毕业去向，所以他们和乙级毕业生面临同样的命运。据该级毕业生张心澂回忆：

> 我记得当时的《政府公报》（是否这样的名称，记不清了）登载有学部的奏折，附名单可查（其他各级毕业当亦有登载）。我记得易克臬以直隶州知州签分福建候补，涂道源以知县签分某省候补，谢冰、朱培麟以主事签分学部，七品小京官胡襄签分外务部，张心澂、吴鼎铭签分邮传部。尚有夏道焕、陈初、陈作、平士履、孙百璋、赵世城、陆以元、田树藩、王丕谟、孙时懋、朱鹏，是内用或外用记不清了。②

丁级学生于1911年毕业，但“学部奏请停止各学堂实官奖励”；戊级学生于1912年毕业，但已经进入民国时期。民国政府成立后，译学馆各级毕业生，无论内用或外用的官职，一概无效，大家也各以各的关系，各寻各的出路，大厦既倾，各奔前程。

总体而言，译学馆毕业生中进入外交界者不乏人在，其中也出现了位高权重、名声远扬的人物。据曾经担任译学馆教习的刘焜回忆：“以同文馆为之前，以北京大学校为之后，吾译学馆之同学数百人，乃不先不后，独于其间云蒸鳞萃，自成一段历史……今京师各重要署

① 张心澂．译学馆回忆录［M］//中国人民政治协商会议全国委员会文史资料委员会．文史资料选辑：第四十辑．北京：中国文史出版社，2000：189-190.

② 张心澂．译学馆回忆录［M］//中国人民政治协商会议全国委员会文史资料委员会．文史资料选辑：第四十辑．北京：中国文史出版社，2000：190.

衙，乃至各区各省，驻在各国之使馆，穆穆布列，无不有我同学之名籍。”① 据相关学者不完全记载，统计译学馆在外交部工作的毕业生情形见表 6-7。

表 6-7　　译学馆出身的外交翻译人员表

姓名（别号）	届次	工作	姓名（别号）	届次	工作
文成邠（镐叔）	丁	外交	方祖宝（振东）	丁	外交
毛乃应（君同）	丁	外交	王廷璋（子奇）	甲	驻外
王治焘（聪彝）	乙	外交	王　侃（慕陶）	丁	外交
王汝明（守愚）	丁	外交	王曾思（念劬）	丁	驻外
田树藩（明志）	丙	外交	田　乘（宙端）	丁	外交
朱式端（苐生）	甲	翻译	朱宝琨（石甫）	丁	外交
吕　崇（君山）	甲	外交	周诗蕴（养纯）	乙	外交
邱鸿渐（象逵）	丁	外交	保君榥（既同）	丁	驻外
胡　襄（湛之）	丙	驻外	孙金钰（轼辅）	丁	驻外
徐乃谦（季占）	丁	外交	袁拱宸（尊三）	丁	外交
张沛霖（两亭）	甲	外交	张　玮（儆彬）	乙	外交
张天元（性初）	乙	驻外	张泽嘉（达安）	丁	外交
曹岳觐（班群）	丁	外交	许明德（声梧）	丁	翻译
郭　诚（敬成）	乙	翻译	陈炳武（允中）	丁	外交
陈锡璋（裕如）	丁	外交	陶履谦（益生）	丁	外交
乔曾劬（大壮）	丁	编译	程华铭（仰吕）	丁	驻外
童德乾（用九）	丁	驻外	冯　农（稷家）	乙	编译
冯肃恭（克庄）	乙	外交	黄中疆（适园）	乙	编译
杨曾翱（翔溟）	乙	外交	叶于沅（可立）	丁	外交
路　浚（绍园）	甲	驻外	雷孝敏（叔礼）	丙	驻外
靳　志（仲云）	甲	外交	刘毓瑚（重彝）	乙	外交
刘毓珙（璧人）	丁	驻外	蔡世溶（君度）	甲	外交
郑庆豫（莲蕃）	甲	外交	郑恒庆（梓玫）	乙	外交
肖继荣（亮功）	戊	外交	权世恩（锡三）	甲	驻外

资料来源：黎难秋．中国科学翻译史料［M］．合肥：中国科学技术大学出版社，1996：125。

① 黎难秋．中国科学翻译史料［M］．合肥：中国科学技术大学出版社，1996：547.

如上表6-7所列，译学馆毕业生在外交部任职者共计29人，驻外使馆者13人，担任翻译与编译人员有6人。其中甲级毕业生王廷璋，从译学馆毕业后留学比利时，后毕业于比利时黎业斯大学，获商学学士学位，毕业归国后担任中华民国北京政府外交部条约司科长一职。1913年出任大总统秘书兼外交部秘书，同年底调任驻旧金山总领事，第二年回国后任外交部参事。1922年，代理中华民国外交部交际司司长、通商司司长二职。此后又曾担任中华民国驻葡萄牙大使等重要外交职务，一直致力于近代中国外交事业。

相比同文馆毕业的外交翻译官或公使，译学馆学生毕业时无论是晚清外交制度、社会风气，还是毕业生所具备的知识结构背景，都大有改观。早期同文馆毕业生追求科举正途出身，郁郁不得志的情形一扫而空；科举制度的废除，奖励出身的实施以及优越的福利待遇，使得译学馆毕业生对学习语言出身，从事翻译或外交工作备感庆幸。这从一个侧面也反映了晚清中国社会政治外交、经济往来、教育交流及思想观念的逐步现代化。

京师同文馆与译学馆由于地处京畿之地，享受得天独厚优势，主要培养服务中央政治外交需要的外语人才，而地方性的官办外语学堂则主要为地方外交、经济、文化、教育事业服务。湖北自强学堂从光绪十六年（1890年）春开始筹办，光绪十九年（1893年）正式建成定名，到光绪二十八年（1902年）六月改名为湖北方言学堂为止，前后历经13年，正值中日甲午战争、拒俄运动、维新变法及清末新政等多事之秋。作为一所真正由国人创办与管理的新式高等专门学堂，湖北自强学堂的办理与人才培养几经挫折与攻讦，但依然保持独立自主的办学路径，实属不易和难能可贵。该馆到底培养了多少学生，虽已无法完全统计，但在中国近现代史上不少著名人物都曾在此毕业或肄业，例如："著名民主革命家、辛亥革命中光复新疆的主要负责人、被新疆军阀杀害的辛亥革命志士冯特民，著名民主革命家、史学家、《湖北学术界》的主笔刘成禺（原名刘问尧，又名刘禺生），清末民初著名的法学家冯德润，著名外交家沈翔云、夏维崧以及陈篆、陈宧、赵恒惕等。”①

新疆、珲春等边疆地区，经济文化落后，生活条件艰苦，但地处中俄两国间交往要塞，边境贸易往来频繁，涉外事件频发，京师同文馆虽然能够派遣俄语人才来办理涉外事宜，但毕竟远水不能解近渴，且无法满足大量的俄语人才需求，因此新疆、珲春两地开办专门培养俄语人才的地方性外语学堂，为解决中俄之间交往或交涉时语言障碍作出了积极的探索和贡献，对推进中俄之间的贸易往来、文化交流以及解决涉外纠纷起到不可忽视的作用。例如：光绪十八年（1892 年）新疆伊塔、喀什噶尔两地急需懂俄文的人充当翻译委员，甘肃新疆巡抚陶模便从新疆俄文学馆选拔出学业可观的张绍伯、常庆、龙熙霖三名，前往充任翻译一职 。光绪二十二年（1896 年）吏部尚书熙敬在《奏为遵旨议驳署理巡抚饶应祺奏保新疆俄文学馆教习学徒各员事》中称俄文学馆“学业优有成就、堪充俄文差使者有附生傅崇义、杨孝、县丞职衔黄崇悫三名”“现在傅崇义已委充镇迪道翻译委员，亦称得力”②。光绪二十八年（1902 年），已在馆中充当帮教习的优附生刘馥馨，被派往塔城金厂办理监牧事务。该年学馆办学六年期又满，甘肃新疆巡抚饶应祺再次为学馆教习学徒请饬奖励，称：

> 臣按月调署考试，察其学业，续有成就，堪充俄文差使臣者，俄文帮教习优附生刘馥馨、附生张维显二名，现在刘馥馨已派赴塔城金厂会办监牧事务，该生到馆已历九载，计自二十二年七月初七日奏保之日起，扣至本年七月止，六年期满。所有教习学徒应请照章量予奖励，以策后效。③

① 吴贻谷．武汉大学校史（1893—1993）［M］．武汉：武汉大学出版社，1993：16.

② 熙敬．奏为遵旨议驳署理巡抚饶应祺奏保新疆俄文学馆教习学徒各员事［M］．中国第一历史档案馆馆藏档案，档号 03-5347-037。

③ 高时良，黄仁贤．中国近代教育史资料汇编：洋务运动时期教育［M］．上海：上海教育出版社，2007：265.

从这些奏折中可以看出，新疆俄文学馆为乌鲁木齐、伊犁、喀什噶尔、塔城等地商务和外交事业的发展及时输送了一批俄文翻译人才，且取得了一定的成效。

珲春俄文书院毕业生，毕业去向集中在吉林省城、宁古塔、三姓、珲春四地中俄交涉频繁的地方，主要从事翻译或担任新式学堂俄文教习。总体而言，这家外语人才培养机构基本实现了办学之初培养对外交涉俄语翻译人才目标。光绪二十五年（1899 年），吉林将军延茂等鉴于“铁路工程大作，俄国人员来吉省日众，即俄文公牍来者日多，非添派教习增广学额不足以育人材而资委用”①，尽管未有史料证实珲春俄文书院有多少毕业生在中俄铁路修建期间充当“俄文公牍”翻译的工作，但是从吉林将军要求扩招俄语人才培养，以及随后俄文学生骁骑校连开五品顶戴依利丰阿被派充俄文副教习，并扩招学生 15 名的举措，可以推测，俄文书院的毕业生在中俄铁路建设交涉中充当翻译，参与处理中俄交涉乃为不争的史实。

（三）外语人才与清末政治运动

甲午战争的惨败，清政府面临割地又赔款，民族危机日益严重。为了维护摇摇欲坠的清王朝统治，清政府开始了最后十年的清末新政。为了培养济世之才，清政府大批派遣学生出国留学深造。湖北作为洋务运动后期活动中心之一，在张之洞的积极倡导下，一时成为清末向日本派遣留学生最早，也是最多的省份之一。如教育家黄炎培在《清季各省兴学史》中所说：“壬寅（1902 年）以后，湖北文武留学生之派遣至东西洋者，多出自湖北自强学堂和两湖书院。”② 湖北自强学堂及方言学堂留学生，出国后深受西方文明的浸染，逐步萌发了革命的思想，许多人成为爱国运动的海外宣传者和组织者，甚至是辛亥革命运动的先驱者。

---

① 陈谷嘉，邓洪波．中国书院史资料：下册［M］．杭州：浙江教育出版社，1998：2236.

② 黄炎培．清季各省兴学史［J］．人文月刊，1930，1（9）.

1. 参与拒俄运动

维新变法运动失败后，经过义和团运动的打击，清廷发起了旨在维护摇摇欲坠清王朝的清末“新政”。这场变革不仅未能使腐朽的清政府出现一丝转机，反而激起了各国列强进一步控制和压逼中国的行动。首先向中国伸出魔掌的是早已虎视眈眈的沙俄政府。光绪二十六年（1900 年）十月沙俄在中国东北地区驻军司令阿克列谢夫，将藏匿在新民地区的盛京将军增祺抓住，并强迫其谈判并签订了沙俄早已制定好的草案。沙俄控制我国东北的消息震惊全国，湖北自强学堂及两湖书院师生闻知哗然，群起集议，要求清政府对俄宣战。张之洞出于利用列强争夺东北的矛盾，对这次学生“抗俄救国”运动采取默许的态度。在这次运动中，自强学堂俄文班学生大显身手，他们纷纷查阅和翻译有关中俄边境争端的新闻报道及相关文件，配合地理教习邹代钧到学堂、书院等地演讲，长达半年之久。这次“抗俄救国”运动虽然影响范围不算大，但为光绪二十九年（1903 年）全国范围内爆发的“拒俄运动”开了先河。

为了将草案变成合法条约，中俄之间不断谈判，直到光绪二十八年（1902 年）四月签订《中俄收缴东三省条约》才结束。在此期间，驻俄公使杨儒以全权大臣资格在彼得堡与沙俄政府谈判，进行了不屈不挠的斗争，坚决拒绝画押，但最终还是在李鸿章不断催促下签约。随后，拒俄运动迅速发展到全国各地，京师大学堂师范馆与仕学馆学生发起并举行了全国范围内的声讨大会，谴责沙俄对我国的侵略罪行，建议国民联合起来，共同抗俄。该年五月，湖北方言学堂与两湖高等学堂均收到《京师大学堂学生公致鄂垣各学堂书》，随后群情激奋，立即停课集会，一致响应京师大学堂学生号召：“发大志愿，结大团结，为四万万人请命。”面对国土沦丧的奇耻大辱，青年学生反击外来侵略，赤子之心足可见证。

2. 海外进步宣传活动

除参与国内维护国家领土主权政治运动外，官派留学生也积极投身于海外进步政治活动。身处异乡的留学生一面忍受着外国人的蔑视与轻侮，一面发愤努力学习，“经过留学内心世界都有多方收益，各种救国强国思想都由此而生”①，他们在不断接触西方先进文明与进步思想的过程中，反思清王朝的腐朽没落，逐渐萌发了革命的思想，许多人参与并成为辛亥革命运动的先驱者。

戢翼翚，湖北房县人，自强学堂肄业生，是被孙中山先生派入长江运动革命的第一人。光绪二十二年（1896年）五月，清政府派往日本留学的首批13名官费生中，戢翼翚即为其中之一，也是鄂省留日第一人。光绪二十五年（1899年）孙中山抵达日本东京，戢翼翚与自强学堂同窗好友沈翔云、武备学堂吴禄贞前往拜访，商讨治国方略，深得孙中山赏识，因而被吸收为兴中会成员。光绪二十六年（1900年），各省东渡日本留学生已达百余人，戢翼翚、沈翔云及吴禄贞等人为留日中国学生“联络感情，策励志节”，共同发起并成立励志会，这是中国最早的留日学生团体，开留学生创设团体之先河。该年七月，孙中山派遣戢翼翚返回武昌，与唐才常商讨策划长江流域革命。戢秉持孙中山亲笔函件，首先找到自强学堂同学刘成禺，在刘的协助下，他与唐才常、林圭等人积极组织“自立军”，商讨起事计划。后因“自立军”事泄，戢翼翚不得不再次东渡日本。到达日本后，随即与秦力山、沈翔云等人一起创办《国民报》，这是中国留学生最早创办的革命刊物，该报宣传天赋人权、自由平等西方民主主义思想，呼吁国人反清排满，革新中国，一时引起强烈反响。与此同时，戢翼翚还组织成立了“译书汇编社”，他被推选为社长，这也是中国人翻译日文书籍而成立的第一个社会团体。该社成立后，组织翻译了大量西方进步书籍，并陆续被输入国内，成为推动中国国内革命运动的舆论先锋。

光绪三十一年（1905年），清廷首次考核留洋归国学生，戢翼翚获赐政治经济科进士出身，分发外务部任主事。两年后因其暗中从事革命，被清廷以“革命党危害朝廷”罪名拘捕，革职押解回籍。第二年，

---

① 章开沅，余子侠．中国人留学史：上册［M］．北京：社会科学文献出版社，2013：2.

袁世凯派人在武昌将其毒死，年仅30岁。

曾协助戢翼翚成立“自立军”的刘成禺，原名刘问尧，湖北江夏人，自强学堂毕业生。“自立军”事泄后，被迫远走上海，后应陈少白之邀到香港，加入兴中会，负责内地学运。同年东渡日本，入成城陆军预备学校。光绪二十九年（1903年）他与李书城、王景芳等人在东京中国留学生会馆创办《湖北学生届》，旨在揭露列强侵略行径，唤起国民精神。在拒俄运动中，刘成禺始终站在运动最前列，发挥了重要的宣传、鼓舞和组织作用。光绪二十九年（1903年）元旦，留日学生在中国留学生会馆欢迎清政府钦使载振和公使蔡钧，刘成禺与马君武在席间倡言排满革命，深深触犯了清廷之大忌，钦使当即决定取消蔡、刘二人官费留学资格，要求其立即回国，不准逗留东京。此举遭到全体留日学生的强烈抗议，最后刘成禺转往美国留学，同时交换自费生20名入日本士官学校。此后不久，留日学生掀起了声势浩大的拒俄运动，刘成禺不仅在多次集会上率先演讲，而且报名参加了拒俄义勇队，被分列在乙区队二分队，时刻准备开赴前线，与沙俄决一死战。翌年春，刘成禺转赴美国留学，入加利福尼亚大学学习。孙中山以刘赴美留学之便，特委派他接办檀香山《大同报》，担任总编辑，同时负责欧美联络事宜。刘成禺在美活动为孙中山亲自赴欧美开展革命活动作了先期准备，也为后来同盟会成立打下了一定的海外基础。

著名现代法学家马德润，湖北枣阳人，光绪二十五年（1899年）考入湖北自强学堂，光绪二十九年（1903年）官费派遣留学德国，在孙中山赴欧美从事革命活动期间，他积极组织了留学生欢迎会，并与孙中山结下了深厚友谊。湖北方言学堂学生高仲和，光绪三十年（1904年）年以官费生身份赴日本早稻田大学深造，学习法科。光绪三十二年（1906年）冬，国内爆发萍浏醴起义，马德润得知后立即撰文宣传，鼓励海外留学生策应声援，他编写了《恢复梦传奇》（又名《南北洋会操大演习》），积极宣传革命。在辛亥革命爆发前夕，湖北自强学堂和方言学堂留学生，利用自己的语言优势和人脉网络，积极宣传革命运动，为争取更多留学生了解国内革命形势，认识到革命的必要性起到了良好的宣传动员作用，有力地支持和参与了孙中山早期的革命活动。

3. 辛亥革命的准备与参与

为了推翻腐朽没落的清王朝，湖北自强学堂与方言学堂学生无论身处海外，或置身国内，均为革命奔走呼号，前赴后继，有的积极宣传，呼吁革命，有的投笔从戎，扎根新军，纷纷成立各种革命组织。光绪三十年（1904 年）春，自强学堂学生时功璧、陈文中、翟芹孙、蒯立山等人在武昌横街头开办教育图书社，秘密运售《猛回头》《孙逸仙》《警世钟》《浙江潮》《新白话》《革命书》《安徽俗话报》等进步书刊。湖北方言学堂学生陈文中、郭寄生、张育万等人为其代销，事情败露后，陈文中被开除学籍，郭寄生被记大过两次，张育万也受到处分。

同年 7 月，自强学堂毕业生冯特民与时功璧、张难先、刘静庵等人在蛇山成立的“救世军”基础上，组建了国内较早的革命组织——科学补习所。次年夏天，冯特民又与革命党人张汉杰、陆费逵接办《楚报》，撰写时文，抨击时政。光绪三十二年（1906 年）春，同盟会总部委派湖北留日学生余城（麻城人）回鄂组织成立同盟会分会，冯特民、刘静庵二人成为湖北最先入同盟会的成员。宣统三年（1911 年）春，肄业于湖北方言学堂的聂豫，与革命党人交往甚密，他利用善唱戏文、打围鼓的特长，自编自演了《亡国恨》《碎琴缘》等共计八部戏曲词文，奔走于新军各营地以及新式学堂，以文艺的形式宣传革命，鼓舞了革命士气。

1911 年 10 月 10 日晚，工程八营打响武昌起义第一枪，随后各营积极响应，参加起义，经过整夜激战，最终攻下武昌。在此后进行的阳夏保卫战中，湖北自强学堂与湖北方言学堂毕业生，积极参与武昌革命斗争，屡建战功。其中王文锦毕业后弃笔从戎，投奔新军，成文学社三十标代表。在武昌起义中身负重伤，起义后担任宪兵司令官，后又参加鄂军毕血会，任会长。武昌起义时，聂豫正在汉口，第二天他便相约高振霄渡江至都督府，奉命组织军务部，并担任军务部参议。民国建立后，考虑到聂豫在辛亥革命运动中的作出的卓越贡献，革命党人一致推荐他为“武昌起义有功人员”。武昌起义成功的消息传到北京后，时任北京高等实业学堂教员的湖北方言学堂毕业生路邦道，日夜兼程赶赴武汉参加革命。他被分配到外交部任交涉员，负责与驻汉各国使节领事交涉事宜以及外递中外公文，报告交涉情形，为各国了解国民革命及湖北军政府外交事业作出了积极的贡献。同时，身处扬州的自强学堂毕业生贾汉铎，动员驻扎在江北的清军第十三协，积极响应武昌起义，随后他被扬州军政分府委任为扬州陆军学生军管带，奉命驻守扬州城。此后学生军改组陆军速成学校，贾汉铎受命担任该校监督。1912 年 1 月，武昌起义的消息才传到伊犁新军混成协。自强学堂毕业生冯特民立即号召伊犁革命党人成立起义指挥部，并由冯特民和李辅黄（湖北武备学堂毕业生）负责主持起义事宜，积极开展革命活动。同年 1 月 7 日，伊犁新军在冯特民指挥下开始起义，并成立了汉、满、蒙、维、藏“五族共进会”，以团结各族、各层人士赞助革命。新疆巡抚袁大化闻讯派兵镇压，袁世凯一面电令袁大化与伊犁革命军停战议和，一面对革命党人展开残酷迫害，1913 年，年仅 30 岁的冯特民被新任都督杨增新杀害于伊犁惠运城内。

纵观晚清十年风云变幻，官办学校外语人才原本为维护清王朝统治而造就，然腐朽没落的清政府本想借办学育才的垂死挣扎，最后竟成为自己倒下的助推力。正如马克思所说：“为维护封建制度所锻炼出来的各种武器，倒过来反对封建制度。”张之洞呕心沥血所创办的自强学堂最终成为培养革命志士的重要策源地，正如孙中山风趣的调侃：“以南皮（张之洞）造成楚材，颠覆满祚，可谓为不言革命之大革命家。”①

二、外语人才与近代中国文教事业

19 世纪中叶以来，中国所产生的在教育目的、内容、方法等方面均有别于传统教育的新式教育蹒跚起步。这种由外部力量的突然介入而推动的教育变革，使得晚清教育呈现新旧分明的特征。清廷既希冀于学

① 周积明，张艳国．影响中国文化的一百人［M］．武汉：武汉出版社，1992：458.

习西方教育的长处，以求自强，又故步于数千年封建传统教育，在追求世界性与保存民族性的困境中缓慢前行。以培养外交翻译人才为目标的"同文三馆"最先打破传统教育的藩篱，受其影响，随后在中国各地开办有外语、船政、电报、水师、武备等各类新式专门学堂。甲午战争后，初具近代大学规模与办学程度的新式学校兴起，新学制的制定与颁布更为近代高等教育的发展提供了制度保障，分科大学以及西方通才教育模式开始植入中国教育体内。新的人才培养模式下所培养的外语人才不再局限于一技一艺，而是在会通中西的同时，学有专才，因此他们的就业渠道也不仅仅服务于外交翻译领域，在新式教师与教育管理岗位上也不乏他们的身影，成为推动晚清中国教育近代化与中外文化教育交流的中坚力量。

（一）新式学堂西学、西语教师的重要来源

培养西学、西语教师人才并非"同文三馆"等晚清官办外语学校办学初衷，直到京师大学堂师范馆及译学馆的成立，清政府才开始意识到专门培养西学、西语教师的重要性和长远意义。而在此之前，西学、西语教师的供应主要来自洋教习。京师同文馆创办十余年后才逐渐从学生中挑选优秀者留校任教，并派送至全国其他兴办洋务省份充当新式学堂西学、西语教师。步入 20 世纪的晚清，京师大学堂师范馆与译学馆开宗明义地提出培养各级各类学堂外语教师的办学宗旨。在新的学制体系下，各级各类新式学校纷纷设立，官办学校所培养的外语人才一定程度上弥补了晚清新式教育对西学、西语教师人才的需求，推动了晚清教育的近代化进程。

京师同文馆作为晚清政府最早开办的外语学堂，开办历史长达四十年之久，所培养的毕业生在全国各地新式学堂中担任西学、西语教师，成为新学师资的重要力量。从同文馆历次题名录中，可以大致看出其师资供应的逐年增长过程：光绪五年（1879 年）第一次题名录，还未出现任何学生在同文馆之外的其他学校任教；光绪十三年（1887 年）题名录，开始有 2 名毕业生分别在 2 所新式学堂担任监督与教习；在光绪十九年（1893 年）的题名录中，有 9 名学生在全国各地新式学堂中任

教；到光绪二十四年（1898年）公布的最后一次题名录，在全国各地从事教育的毕业生已经增加至16人之多。根据有关学者统计，现将光绪二十四年（1898年）前在全国各地新式学堂担任教习的名单列表如下（见表6-8）：

表6-8　　**同文馆学生担任教育职务名录（光绪二十四年前）**

学校或机构	姓名及职务
天津武备学堂	总办联芳，监督、帮办荫昌，教习景启、陈应宗、德海
天津电报学堂	教习那三、金汤
天津军营	教习景启、文利、谭澧、金采
珲春俄文书院	教习庆全、毛鸿遇
黑龙江俄文学堂	教习瑞安
新疆俄文学馆	教习桂荣、桂煜
四川西学堂	教习长德、恩禧
安徽学堂	教习德昆、李联璧
畿辅学堂	斋长陈寿平
福巡船政学堂	稽查严良勋
芦台军营	教习扎尔罕
神机营	教习王文灏
天津俄文学堂	教习刘崇惠

资料来源：苏精．清季同文馆及其师生［M］．台北：上海印刷厂，1985：155。

同文馆并入京师大学堂后，光绪二十八年（1902年），管学大臣张百熙奏《张百熙奏筹办京师大学堂情形疏》，其中大学堂即湖北自强学堂、上海广方言馆、上海南洋公学等办学数年，且办有成效的新式学堂；大学堂正科生源为预备科学生和各省省学堂卒业学生，其经过考核可以进入大学堂肄业。同时张百熙又从历年同文馆毕业生中聘请了13人作为译学馆教习，其中法文教习5人、英文教习4人、德文教习1人、算学教习2人、格致科监督1人。从光绪二十八年（1902年）至宣统三年（1911年）间，京师大学堂继续聘用同文馆出身毕业生："先后聘用的法文教习，包括外国人在内全部是9名，英文教习全部是16名，其中同文馆出身的教习在法文中超过半数，在英文中亦占四分之一。"① 与此同时，一些毕业生还升迁至一定的教育管理岗位，主管一方教育。由于光绪二十四年（1898年）以后不再有题名录，同文馆也并入京师大学堂，学生毕业去向更加难以追踪。据有关学者的不完全统计，现将光绪二十四年（1898年）后同文馆学生担任教育职务名录列表如下（见表6-9）：

表6-9　**同文馆学生担任教育职务名录（光绪二十四年后）**

学校或机构	姓名及职务
京师大学堂	格致科监督汪凤藻
	英文教习文廉、柏锐、杨书雯、全森
	法文教习郭家骥、周传经、李家瑞、方传钦、文惠
	德文教习唐德萱
	算学教习胡玉麟、席淦
	理工科教习陈祖良
	翻译官岱寿
京师译学馆	监督邵恒濬、监学梁咸熙
	俄文教习范绪良、郝树基、陈嘉驹
	德文教习陈应宗、恩祐
	法文教习郭家骥、李恩庆

① 苏精．清季同文馆及其师生［M］．台北：上海印刷厂，1985：154.

续表

学校或机构	姓名及职务
湖北自强学堂	总办蔡锡勇
山东省城法政学堂	总理吴筠孙、提调李联壁
奉天师范学堂	监督李鸿谟
上海电报学堂	总办俞书祥
北洋医学校	校长经亨咸
外交部俄语专修馆	校长邵恒濬、监督塔克什纳
上海工业专门学校	校长朱炎
交通部唐山大学	校长俞文鼎
唐山大学北京分校	校长邵恒濬
江西方言预备学堂	法文教习宋善良
安徽省城高等学堂	英文教习何六吉

资料来源：苏精．清季同文馆及其师生［M］．台北：上海印刷厂，1985：156-157。

在同文馆所培养的外语师资中，最为特殊也是影响风气最大者，当属光绪皇帝的两位英语教师——张德彝与沈铎。虽然无法确定两位同文馆出身的英语教师将光绪帝的英语教得如何，但是作为晚清最高统治者，光绪皇帝“身先士卒”地学习英语在当时确实起到上行下效的成效，不仅成为当时中西方各大报纸头条，更是引领清王朝贵族争相聘请英语教师学习英语的风气，一时可谓蔚为壮观。光绪十七年（1891年），一道圣谕传至总理衙门，要求从同文馆中选派优秀学生担任年仅20岁、亲政两年多的光绪皇帝的英语老师，总理衙门大臣面奉谕旨：“传翻译官张德彝、沈铎进内备差，每员间恭讲英文。”① 光绪帝也成为中国历史第一个公开学习英语的皇帝。作为帝师的张德彝于同治元年

① 朱有瓛．中国近代学制史料：第1辑：上册［M］．上海：华东师范大学出版社，1983：53.

（1862年）进入京师同文馆学习，时年15岁，专习英语，到光绪十七年（1891年）入宫教授光绪帝英语时已经44岁，在此期间张德彝成为“晚清政府第一批培养出来的翻译官，第一批出国的同文馆学生，第一个就任驻外使馆翻译，第一个同文馆出身的驻外公使”①。另一位英语老师沈铎于同治十年（1871年）由广州同文馆选送入京师同文馆学习，时年24岁，“于西语西文较为优长”，曾出任驻日使馆翻译。作为光绪帝英语教师的张德彝和沈铎自然都是同文馆高材生，不仅语言专业基础扎实，都有出国充当翻译的丰富经验，且均出自汉军镶黄旗。在当时时代背景下，中国皇帝学习英语的新闻在中外各界激起了巨大的反响。李提摩太闻知后，于光绪十八年（1892年）专门撰写了一篇《恭记皇上肄习英文事》的评论发表在《万国公报》上，他对此举给予了高度评价，认为这是符合时代潮流之举，是中华振兴的转机：“敬悉皇上于几余之暇，召取同文馆士入宫讲习英文，欲将英国文字语言贯通熟习，以裕圣学，俾他日中西交涉得有操持。此在中西明理之人同深庆幸，未始非中国振兴之转机！”② 光绪十八年（1892年）二月四日，美国《纽约时报》连夜刊发了题名为《光绪皇帝学英语》的专讯，并对此大发感慨：

> 在数万万清国人中，有一个人思想的改变将直接影响国家的每一个人，这个人就是大清国皇帝陛下……今年20岁的清国皇帝陛下（在清国，人民称他为天子），目前正由两个受过英、美教育的北京国子监学生负责教授英语，而这件事是由光绪皇帝颁布诏书告知全国的……光绪皇帝屈尊学习外语，是因为他和他的政治顾问们都认为，死死保住3000年前就形成的“老规矩”的时代已经过去了，要应对当今列强，必须相应地改变国家制度。③

① 季压西，陈伟民．从“同文三馆”起步［M］．北京：学苑出版社，2007：509.

② 钱锺书．《万国公报》文选［M］．北京：生活·读书·新知三联书店，1998：260.

③ 郑曦原．帝国的回忆——《纽约时报》晚清观察记［M］．北京：北京：生活·读书·新知三联书店，2001：129.

光绪帝学英语，在朝廷内也引起强烈反响："宫里掀起了一股学习英语的热潮，王爷和大臣们都一窝蜂地去寻找英语课本和教员。"① 但同时也遭到不少大臣的批评，例如帝师翁同龢在个人日记中对光绪皇帝学习英语就表达出了失望与不安，最后在慈禧太后的干预下才停止同文馆两位学生给光绪皇帝授课的行为。即便如此，光绪皇帝在被软禁期间仍然坚持学习英语。光绪三十四年（1908 年），在光绪皇帝给内务府的一份要求订购各类新书的书单中，除各类西学书籍外，还有几本英语学习工具书：

> 近来商务印书馆又有新印各书，一并购呈。每种四部。《瀛寰全志》一册、附图一册、《万国史纲》、《英华大辞典》、《帝国主义》《欧洲新政史》下册《高等学堂中国史》《西洋历史教科书》《华英音韵字典集成》《华英进阶全集》《和文汉译读本》。②

但可惜的是，这份书单距离光绪皇帝去世的日子（1908 年）仅隔八个半月，英语学习伴随光绪帝度过了生命最后时光。更为遗憾的是，光绪帝所学习英语并无用武之地，他最终也没能走出京城，走出中国，走向他所向往的世界。

（二）中外文化教育交流的推动者

晚清中国官办学校所培养的外语人才，既是中外文化教育交流的产物，也是进一步推动双方交流的动力源泉。在晚清国门日益被迫打开、西学东渐的大势背景下，中外之间的文化教育交流更多地呈现出"逆向交流"③，即中国作为文化教育接受者，将自己急需的西方国家先进文化教育成分吸纳或引进国内，再结合国情所需溶解于自身文明之中。

---

① 丁韪良．花甲忆记——一位美国传教士眼中的晚清帝国［M］．沈弘，等译．桂林：广西师范大学出版社，2004：214.

② 叶晓青．清代光绪皇帝最后阅读的书目［J］．扬子晚报，2007-6-14.

③ 余子侠教授以中国自身为定点测其流向，将中外文化教育交流分为顺向交流、逆向交流和互向交流三大类型。

在这场持续了半个多世纪的大交流与大融合中，官办学校所培养的外语人才对西学的翻译与传播作出了不懈努力和历史贡献，部分有幸出洋游历或留学的人物更是直接置身于中外文化教育交流的最前沿，他们与同时期的留学生一起，将西方先进的文化教育理念、制度及管理模式直接译介入中国，成为推动中外文化教育交流与融合的主要力量之一。

光绪十四年（1888 年），京师同文馆添设翻译处，总理衙门决定从学生中选拔翻译官兼职翻译，对译书成绩突出的学生，给予物质和官职奖励。光绪二十四年（1898 年）堂谕批复同意派选馆内“年久资深”的学生“专司其事”，即专门从事翻译工作，总理衙门还为每位专职翻译增加津贴。本书第三章论述了京师同文馆学生译书实践，所翻译的书籍“多以西教习为主，学生参与。翻译本是学生的一门课程，书译出以后，又多成为学馆教科书”①。根据光绪二十四年（1898 年）（《同文馆题名录》所记载的翻译书籍目录，京师同文馆学生参与翻译的著作包括：外国文字工具书、算学、国际法及各国法律、化学、天文、格致、历史地理、经济、外交共计 9 类。这 9 类译书中，由教习主译、学生辅助完成的著作有 4 部，由学生独立翻译、教习鉴定的有 12 部之多。其中部分译作被用作“同文三馆”乃至其他新式学堂的外语教科书。如上海同文馆选送入京师同文馆学习的汪凤藻所翻译的《英文举隅》，在众多京师同文馆外语教科书中最引人注目，该书也是中国近代编译出的第一部英文文法书；京师同文馆早期毕业生张德彝在光绪二十一年（1895 年）也编写成一部英文文法书《英文话规》；上海同文馆毕业生杨勋将自己辑成的《中英万言集》修改、重编成《英字指南》，光绪六年（1879 年）由上海美华书馆出版，由于该书编写较为科学合理，光绪二十七年（1901 年）商务印书馆出版了《英字指南》增订版本，题为《增广英字指南》；上海同文馆法文馆毕业生龚渭琳受曹骧《英字入门》启发，边学边译，编撰了《法字入门》，于光绪十三年（1887 年）由上海美华书馆出版。所有这些由早期“同文三馆”毕业生所编译的

① 熊月之．西学东渐与晚清社会［M］．上海：上海人民出版社，1994：317.

工具书，一定程度上缓解了当时外语教科书极其匮乏的困境。此外，总理衙门于光绪十二年（1886年）奏请添设纂修官一职，亦由同文馆所出："臣等拟酌照方略馆之例，添设同文馆纂修官二员，于学生中得有部院官职，择其资格较深、文理优长者，派充是选。遇有应辑书籍，俾得专司其事，于馆务实有裨益。"① 纂修官主要负责对译书进行删校、润色，将西方译员翻译不符合中国文法的地方进行修饰或更正，这也是译书出版前必不可少的一个环节。

和京师同文馆一样，上海同文馆并入江南制造局后，馆内正副教习除承担西语、西学课程教学外，还兼顾有江南制造局翻译委员一职。光绪二十四年（1898年）江南制造局"变通从前办法，酌立条规十则"中规定，上海同文馆英文正教习兼翻译、英文副教习兼翻译、法文副教习兼翻译、天文正教习兼翻译、天文副教习兼翻译的薪水发放，除由馆内发给外，江南制造局专门设有翻译津贴一项。例如光绪二十八年（1902年），"法文教习吴宗濂以翻译委员的名义月支库平银五十两，英文教习舒高第以翻译司事兼西学教习名义月支一百两……副教习火荣业以翻译司事月支十四两，汉文教习萧穆也以翻译司事月支二十三两"②，可见上海同文馆学生和教习也曾参与江南制造局的翻译馆译书工作。翻译馆的译书活动，主要以合译为主，译书方式传承了明末清初以来西书翻译的老办法——西译中述，即西方人口译，由华人笔述的中西合译方式。他们的译作，如果质量较好，则在江南制造局出版。由于江南制造局主要翻译西方现代科技书籍，为军工制造提供技术资料服务，因此译书内容按照清政府的要求，"特译紧要之书"。翻译馆所译西书涉及众多学科，诸如数学、化学、地质学、医学、地理学、生物学、农学、机械工程、工艺制造、船政等。其中有些译著，具有较高的水平和较大的影响，据上海同文馆教习兼翻译馆翻译的傅兰雅记述，其中一部分译书还成为京师同文馆、山东登州文会馆及上海、厦门等地书院、学堂的课

① 陈向阳．晚清京师同文馆组织研究［M］．广州：广东高等教育出版社，2004：175.

② 苏精．清季同文馆及其师生［M］．台北：上海印刷厂，1985：104.

堂教材。中日甲午战争之前，绝大多数科技方面的译著译自江南制造局翻译馆，一时间该馆成为我国近代传播自然科学的主要阵地。

由于中西语言、文化的差异，馆内译员在翻译过程中最为苦恼的事是无法在中文中找到对应的译名，正如梁启超所说："译书之难读，莫甚于名号之不一，同一物也，同一名也，此书既与彼书异；一书之中，前后又互异，则读者目迷五色，莫知所从。"① 因此，馆内翻译人员为了解决科技名词翻译的统一问题，确定了一套译书原则：一是沿用中文已有之名，二是创立新名。新创立的名或沿用原有汉字而赋予新意，如铂、钾、钴、锌等；或根据汉字构词法另创新字，如镁、鉮、矽等。同时，江南制造局翻译官还编写了《中西名目字汇》，即中西译名对照表，凡是译书所设新名均记录成册，以供查询。在中西译者共同努力下，江南制造局翻译馆创设了较为完善的翻译规则，特别是对科技术语的翻译，其中相当多的翻译成果沿用至今。这些翻译原则，奠定了其后西书中译的基础，翻译馆对译名表的编制，为日后中国科技术语的统一与国际化作出了重大贡献。

湖北自强学堂当时在国际社会也具有一定的影响力。这些影响主要是自强学堂通过派遣学生出国留学，职员出洋考察，邀请外国名人来校访问，以及著书立说等方式，而自然形成并逐步扩大。光绪二十二年（1896 年）三月末，经日本政府同意，中国驻日公使选带 13 名青年赴日本留学，自强学堂学生戢翼翚、唐宝锷为鄂省第一批选派留学日本的学生。他们在日本求学期间合著的《东语正规》，被早稻田大学教授实藤惠秀誉为"划时代的日语教科书""虽然，中国并不缺乏日语学习用书，不过一般书籍都把日本语当作中国语看待……《东语正规》的方法则有所不同，它从日语发音开始，进而研究变体假名和助词。这本书对后来的留日学生有很大的帮助。"② 同时作为译书汇编社社长的戢翼翚，于光绪二十六年（1900 年）开始带领中国留日学生创办《译书汇

① 梁启超．变法通议：论译书［M］．北京：华夏出版社，2002：150.

② 实藤惠秀．中国人留学日本史［M］．谭汝谦，林启彦，译．北京：生活·读书·新知三联书店，1983：21.

编》月刊，译文多分期连载，每期内容不同，以译介欧美及日本政治学说为主，也涉及外交、法律、经济、历史、哲学诸领域，例如孟德斯鸠的《万法精理》、卢梭的《民约论》、斯宾塞的《政治哲学》、伯伦知理的《国法泛论》。此外还刊载有日本学者著作，如鸟谷部铣太郎的《政治学提纲》、有贺长雄的《近世政治史》和《近世外交史》、加藤弘之的《物竞论》、井上毅的《各国国民公私权考》等。戢翼翚带领下的译书汇编社为国人了解西方世界打开了一扇窗口，亦为清末新政变法开启了明智。诚如光绪二十七年（1901 年）梁启超对译书汇编社的评价："客冬今春以来，日本留学生有《译书汇编》《国民报》《开智录》等之作。《译书汇编》至今尚存，能输入文明思想，为吾国放一大光明，良好珍诵。"冯自由在《辛亥前海内外革命书报一览》中说："《译书汇编》……留学界出版之月刊，以此为最早。所译卢梭《民约论》、孟德斯鸠《万法精理》、斯宾塞《代议政治论》等，促进吾国青年之民权思想，阙功甚伟。"① 光绪二十八年（1902 年）该社专门创立"教科书译辑社"，专门译编由欧美国家教科书翻译至日本的中学教科书，以供国内新式学堂择用，其中有《中等物理教科书》（水岛久太郎著）、《中等万国地理》（矢津昌永著）、《中等植物学》（三好学著）、《代数学》（上野清著）等新式教材。由于编译教科书数量较多，该社还在上海、天津、南京、苏州、杭州、汕头、安庆等新式学堂发达之地，设立有自己的代售点。

自强学堂总稽察姚锡光奉张之洞之命赴日本考察教育后，在光绪二十四年（1898 年）四月著成《东瀛学校举概》一书，这是国内第一本全面、系统地介绍日本教育情况的著作。实藤惠秀在《中国人留学日本史》一书中指出，"该书在 1899 年及 1900 年再版，可见颇受欢迎，正可显示留学的准备工作逐渐完成"②。光绪二十四年（1898 年），著

① 实藤惠秀．中国人留学日本史［M］．谭汝谦，林启彦，译．北京：生活·读书·新知三联书店，1983：221.

② 实藤惠秀．中国人留学日本史［M］．谭汝谦，林启彦，译．北京：生活·读书·新知三联书店，1983：23.

名的日本西本愿寺大谷方丈游历湖北，他到自强学堂参观访问时，当即在日文斋挑选两名学生带回寺内学习日语，并由寺里供给一切费用，两年后还资送他们入东京官立学校。此后不久，自强学堂提调钱恂担任湖北留日学生总监督，奉命护送20名学生赴日本留学，同时还兼任由梁启超与横滨华侨创办的东京大同学校（亦名高等大同学校、清华学校）监督，协助犬养毅校长培养出了如蔡锷、范源濂等著名人才。

湖北虽然早在戊戌变法期间就开始派遣留学生，但为数甚少。自张之洞对新式学堂、旧式书院大规模调整后，为适应“新政”需要，自光绪二十八年（1902年）十一月陆续派遣学生留学。其中已经查实的湖北方言学堂学生就有20余人：

> 赴美国留学的有雷以纶、杨恩湛、陶德琨、卢静恒；赴德国的有金海、马德润、陈箓；赴法国的有曹宝江、张祥麟；赴比利时的有胡铮（教习）、陈执礼、左德新、祝乾逵、广森、田无琨、陈宽玮；赴俄国的有肖焕烈、夏维松、严式超、刘文彬等。①

张之洞首倡留学日本，在他看来“出洋一年，胜于读西书五年，此赵营平百闻不如一见之说也。入外国学堂一年，胜于中国学堂三年，此孟子置之庄岳之说也。”② 他通过改革综合性质的自强学堂，使其成为一所专门培养外语人才的新式学堂，在清末“新政”鼓励留学的大趋势下，大批学生赴日留学。这些留学生将日本以及西方先进的教育理论和学说译介入中国，“既向国人灌输了新的教育观念和教育思想，对当时的办学实践起到了很大的指导作用，也在相当程度上促进了中国近代教育科学的产生与发展”③。

---

① 吴贻谷．武汉大学校史（1893—1993）［M］．武汉：武汉大学出版社，1993：23.

② 陈学恂，田正平．中国近代教育史资料汇编：留学教育［M］．上海：上海教育出版社，1991：46.

③ 田正平．中外教育交流史［M］．广州：广东教育出版社，2004：254.

（三）外语人才观的转变与外语学科的构建

自康雍乾盛世之后，清王朝逐渐步入“日之将夕，悲风骤至”的颓境。西方世界经过第一次工业革命的发展，生产力大为提高，亟需打开世界市场，然而清政府却仍以“天朝上国”自居严行“闭关锁国”的政策，对于外来事物一直持拒绝、排斥态度。西方列强以坚船利炮轰开了中国的大门，清王朝不得不被动地去应付这些外来势力。对于外来侵略者，无论是晚清政府还是大清子民都极度地仇视与排斥，挑选八旗子弟和科举正途出身的学子学习外国语言更是遭到朝廷上下一致反对，民众亦嗤之以鼻，认为这是引诱子弟的歪门邪道。尽管总理衙门一再允诺毕业后的官阶奖励，然在时人看来，科举入仕才是正途。义和团运动爆发后，他们提出“扶清灭洋”的口号和行动，就充分暴露了民众对一切外来事物的仇视与无知。在总理衙门的极力推动和有识之士的大力宣传下，晚清官办新式学校才得以开办招生，逐步将西方先进文化教育引入中国，特别是将外国语言文字教育放在首要的地位，外国语言文字成为进一步学习西学所要破除的第一道障碍。甲午战争失败后，留学教育渐成规模，此时外语教育更是受到清政府的高度重视。在新的学制体系下，新式学校无论是高等学堂还是中等学堂，几乎都开设有一门外语课程，作为专门培养外语人才的外国语学堂，前来求学者更是趋之若鹜。从晚清近半个世纪外语人才培养招生的变化，可以看出国人对待外语的态度已经发生了显著改变，从最初避而远之的拒绝转变为后来欣然接受的羡慕。外语如此受欢迎局面，既是晚清中国外语教育发展的结果，更是国人外语观与人才观重大转变所致，为清末民初外国语言成为一门独立的学科打下了坚实的基础。

在招生对象上，官办外语学校经历了一个不断探索、改进和定型的过程。从最初京师同文馆、广州同文馆专招八旗子弟而面临的生源危机，到上海同文馆在上海及附近周边县市招考汉人，再到湖北自强学堂面向数个省份招考，最后译学馆面向全国招生，学生既有来自普通平民家庭，也有来自官宦世家。采用全国范围内公开招考的办法吸收举贡生等优秀人才学习外国语言，打破了晚清科举选拔人才的单一模式，不断释放出社会变革与人才观革新的信号，在封建人才选拔机制上打开了一个缺口，为科举制最终退出历史舞台作出了理论和实践层面的贡献。

在课程设置上，“同文馆、广方言馆初设之时，风气尚未大开，不过欲培植译人，以为总理及各使馆之用，故仅教语言文字，而于各种学问，皆从简略”①，且以语法翻译为主要培训方式，到中后期逐步增加自然科学课程和少量社会科学课程，而到京师大学堂译学馆开办时，课程设置更加丰富且科学，内容包括外语、普通学和专门学三类课程。同时，外语语言课程分类也更为细致，已经接近现代外语教学，包括缀字、读法、译解、会话、文法等基本内容，还出现了作文及外国文学等高级外语课程。这样的语言课程分类为民国初期的分科大学外语教育和外语专业人才培养打下了良好的基础。

在教习聘用制度方面，京师同文馆首开聘用洋教习之风，同时构建汉、洋教习混搭式的师资结构，一定程度上扭转了晚清以来国人抵制“师夷”的社会风气。在京师同文馆之后开办的各类新式学堂中均配备有洋教习，形成洋教习参与近代中国新式教育发展改革的局面，推动了中国传统教育与西方教育的交融。在教学方面，晚清官办外语学堂不断丰富外语人才培养内涵，由办学之初学生专习外国语言文字，发展至中期西学课程被大量引入，最后将学生培养过程划分为基础阶段和专业阶段，基础阶段主要讲授外国语言文字与中国传统文化知识，专业阶段则采用外国语言讲授西方近代科学技术知识。这样的课程与教学安排，即便是在今天的中国高校，外语教师也并非能够完全胜任，尤其是使用外语讲授专业课程，特别是自然科学课程，因此晚清官办学校在外语人才培养中作出的有益探索与取得的成绩是难能可贵的。时过境迁，不敢笃定声称晚清官办学校外语人才培养经验对当今外语人才培养产生了巨大的指导性意义，但作为近代中国首批外语学人，他们在外敌入侵、民族危亡的历史时刻仍孜孜不倦地学习外语、探索科学的精神，是值得后人

① 朱有瓛. 中国近代学制史料：第1辑：下册［M］. 上海：华东师范大学出版社，1986：656.

敬仰与学习的。

光绪二十八年（1902年），作为管学大臣的张百熙奉命负责京师大学堂的重建并承担拟定新学制的重任。在参考了西方学校办学模式之后，他最终以日本学校制度为蓝图制定了《钦定学堂章程》，即“壬寅学制”，其中《钦定京师大学堂章程》首次提出大学堂七科体系设想，“一曰经学，二曰史学，三曰理学，四曰诸子学，五曰掌故学，六曰辞章学，七曰外国语言文字学”①，该章程将外国语言文字学与经学、理学等传统中学归并在同一学科下，如此学科设置，充分体现了外国语言在大学课程体系中的重要地位。尽管“壬寅学制”最终并未被施行，但作为中国近代第一部学制，外国语言在现代学科体系中的重要成员身份由此确定下来。光绪二十九年（1903年）由张之洞等人主持重新拟定的《奏定学堂章程》，即“癸卯学制”，成为近代以来第一个在全国范围内得以实施的新学制，其中外国语言在中学、大学课程体系中的地位得以再次确立和巩固。《奏定学堂章程》将大学堂分为八科，其中，文学科又分为中国文学门、中国史学门、万国史学门、中外地理学门、英国文学门、法国文学门、德国文学门、俄国文学门和日本国文学门九门。“癸卯学制”将英、法、德、俄、日五门语种设立为独立门类，这意味着京师大学堂已经开始筹建独立的外国语言学科。

以英国文学门为例，其课程主要包括中国文学、英语语文、英国史、英国近世文学史、声音学、拉丁语及教育学等课程。整个英语人才培养课程体系由两部分组成：第一部分是主课——“英语语文”，类似于今天外语专业开设的“综合英语”；第二部分是补助课，包括历史、文学、教育学、声音学在内的课程。分科大学中补助课的设置，显示了外语人才培养已从洋务外语学堂以语言、技能训练为主的培养模式，开始转向强调外国文学、历史等社会学科内容并重。为了实现中西会通，确保“中体西用”，大学堂还开设有“中国文学”。而“教育学”与“声

① 北京大学校史研究室．北京大学史料：第1卷（1898—1911）［M］．北京：北京大学出版社，1993：88.

音学”课程的开设，应该是出于培养大、中学外语教员的长远考虑。此外，为了进一步完善学生知识结构，除了每周的主课和补助课外，还开设有中国史、外国古代文学史、辨学、心理学、公益学、人种及人类学、法语、德语、俄语、日本语、荷兰语、希腊语、意大利语等众多“随意”科目，即今天的选修课，这充分体现了学堂尊重学生的学习兴趣和自由选择权，这应该算是民国时期大学选科制的滥觞。法国文学门、德国文学门、俄国文学门和日本国文学门的主课，分别为法语法文、德语德文、俄语俄文和日语日文，其中补助课与英国文学门相同。

“壬寅·癸卯”学制确定了外国语言的学科地位，但直到宣统二年（1910年），京师大学堂分科大学才正式开学实施，且一年后辛亥革命爆发，清王朝倒台，因此从一定意义上来说，京师大学堂在清末并未培养出一名正规的外语专业人才。尽管如此，晚清官办学校外语人才培养的实践并未停止，光绪二十八年（1902年）并入京师大学的同文馆，其办学理念和模式在一年后成立的译学馆身上得以继承和延续，宣统二年（1910年）京师大学堂文科大学成立后，译学馆全部资源并入其中。在近代中国外语教育及外语人才培养历史脉络中，译学馆作为承上启下的重要一环，“注重外国语言文字训练，辅以外国文学课程的外语教学实践，实际上沟通了晚清以降由外语而及西学到成为西学之一部，与民国后通过外语学习外国文学的经验，进而改造旧文学、创作新文学这一外语观的嬗变历程。”① 因此，民国时期北京大学外语系的学科建设与发展，强调外国文学重要性的历史传统，都与晚清政府外语人才培养的不懈探索与实践密切相关，且一脉相承。

第二节　外语人才培养的特点分析

晚清政府历经半个世纪的外语人才培养实践，为晚清外交、政治、经济、文化教育等诸多领域输送了一批急需的外语人才。同时，作为近

① 邱志红．京师译学馆英语教育初探［J］．北京社会科学，2011（6）．

代中国外语教育肇始的官办外语学校，其办学历程筚路蓝缕，逐步探索出了一条符合国情、颇具实效的人才培养之路。所培养的毕业生中不乏中国近现代历史上的栋梁之材。本节将围绕人才培养指导思想、培养目标、教学模式三个问题，深入分析晚清官办学校外语人才培养的特点。

一、指导思想：以“中体西用”为指导

抛开国家意识形态因素不说，“中体”和“西用”在晚清中国都曾产生一定历史推动作用。从社会宏观领域来看，强调“中体”可以避免中国传统文化受西方话语权的主导，追求“西用”则推动了“中国人才培养目标、规格的变化，抨击以科举为中心的传统教育的空疏无用，导以实学、实效人才的培养”①。

“中体西用”指导思想在官办学校外语人才培养中，突出表现在学生选拔、课程设置和教学内容上，无论是洋务运动时期的官办外语学堂，还是清末新政时期的译学馆，在对待“中学”与“西学”立场上，均强调中学的“体”，辅之以西学的“用”，体用兼备。在学生公开招考中，“同文三馆”均强调学生学有根柢，“汉文业已通顺”，方能继续学习西文、西语；湖北自强学堂《招考自强学堂学生示并章程》规定：“学生必须以华文为根柢，以圣道为准绳。儒书既通，则指授西文……此次调取学生，非华文精通义理明白，根基已立者，断不收录。”② 到京师大学堂译学馆招考学生时，其要求更高，不仅要求投考者“中学”水平精湛，而且对西学基础也提出了一定的要求。根据译学馆招考告示要求：“考试仍分两场，第一场试以修身伦理大义一篇、中外史学六问、算学三问。第二场试以中外地理六问、物理学三问、外国文论一首或笔对数条。”③ 可以看出，译学馆对中西之学的要求已经达到相当高

① 刘虹，井世洁．试论洋务学堂教育与“中体西用模式”［J］．河北师范大学学报（教育科学版），1998（1）．

② 高时良，黄仁贤．中国近代教育史资料汇编：洋务运动时期教育［M］．上海：上海教育出版社，2007：273．

③ 学务大臣荣为招生事告示［M］//北京大学校史研究室．北京大学史料：第1卷（1898—1911）．北京：北京大学出版社，1993：177．

的水准，如果学生没有前期的传统国学及西学知识基础，根本无法考入译学馆学习。

在课程设置与教学内容上，京师同文馆虽然在五年制与八年制课表中均未列出“中学”课程，但规定“学生每日午前诣汉教习学习汉文功课，午后诣洋教习学习洋文功课”①；湖北自强学堂在光绪二十四年（1898 年）之前也未将汉文列入正式课程内容，仅仅只是规定学生在每日西学功课之外，根据个人情况、兴趣爱好及汉文程度深浅，在汉教习辅导下诵读儒书。但在光绪二十三年（1897 年）至光绪二十四年（1898 年）间，由于受维新变法思想的影响，自强学堂发生多次学生酗酒滋事事件，张之洞深感忧虑，认为只有用“中学”才能稳定学生的思想，不使他们“犯上作乱”，于是将汉文正式列入课表。从一定意义上来看，张之洞仅仅将“中学”作为稳定民心、维护清廷统治的一种手段，认为西学、西语对外语人才培养而言更为重要，这也是张之洞在学堂章程中明确揭橥“学生宜专心致志，习学堂讲授诸课，不准在堂兼作时文试帖，亦不准并应各书院课试，以致两误”② 的原因所在。上海同文馆《课程十条》中的“习经”“习史”“讲习小学诸书”等，都详细规定了国学内容及使用教材，十分注重学生母语及传统文化的学习与传承。美国学者毕乃德曾观察到：“英文和算学在所有课程中占有主导地位，但是对儒家经典，中国历史和汉语作文等这些科举考试的科目给予了相当的重视。”③ 边疆地区两所俄文学堂中，新疆俄文学馆规定“早晚各时由汉文教习训课”④，珲春俄文书院则要求“三日中二日习

---

① 清会典：卷一百［M］. 北京：中华书局，1991：1152.

② 张之洞 . 招考自强学堂学生示并章程［M］//高时良，黄仁贤 . 中国近代教育史资料汇编：洋务运动时期教育 . 上海：上海教育出版社，2007：273.

③ Knight Biggerstaff. The Earliest Modern Government Schools in China［M］. New York：Cornell University Press，1961：169.

④ 高时良，黄仁贤 . 中国近代教育史资料汇编：洋务运动时期教育［M］. 上海：上海教育出版社，2007：262.

洋文，一日读汉文”①。在译学馆课程设置上，除开设有“外国语言文字以求外国之学术”外，中国传统文化课程也占有一席之地。中国传统文化以道德伦常为先，因此译学馆将“人伦道德”课程置于普通学之首，尤其重视学生道德观念的培养，所使用教材中专门开设有“道德实践之篇目，宗旨亦是勉人为善”，译学馆课程内容设置整体呈现出中学与西学并重的格局。

在官办学校外语人才培养过程中，捍卫“中体”的权威地位能够使学生置身外语学习环境中时仍能正确定义自己的文化身份，强调“西用”又能使学生摆脱传统重理轻艺封建思想的束缚而主动接纳西方文化教育。因此，“中体西用”的办学指导思想，在一定特殊历史时期，为维护晚清统治根基，培养新知人才指明了方向，在“体”与“用”之间达到一定的调和与平衡。

二、培养目标：以培养复合型外语人才为主

在晚清官办学校外语人才培养初期，多以培养外交翻译人才为办学目标，主要解决中外交涉中的语言障碍问题。但随着洋务事业的快速发展，新式企业开始对所造人才的知识结构与能力素养提出更高要求，洋务派开始意识到“西文并非西学，西学也不只是天算”。要达到自强求富的目的，仅仅依靠精通外国语言文字和算学人才远远不够，更需要培养掌握西方现代科学技术及西方政治经济知识的新式人才，因此人才培养亦转为“由洋文而及诸学”②，将西文、西语当作通往西学的大门，着力培养复合型外语人才。尽管各官办外语学校情况各异，但大多采取了“外语+西学”的培养模式，即专业外语教学中加载一门或多门西学课程。

自同治六年（1867年）天文算学馆招考开始，京师同文馆逐步摈

---

① 孙学雷，刘家平．国家图书馆藏清代孤本外交档案：第23册［M］．北京：全国图书馆文献缩微复制中心，2003：9418.

② 朱有瓛．中国近代学制史料：第1辑：上册［M］．上海：华东师范大学出版社，1983：71.

弃仅仅培养“舌人”的单一办学目标，外语教学注重外国语文与西方科学技术知识的同步传授，即“从单纯的西文走向西艺科”。此后，西学课程陆续被安排在学生日常课表之中，光绪二年（1876年）总教习丁韪良制定的八年制课表集中反映了京师同文馆“由洋文而及诸学”的人才培养思路，“外语+西学”的复合型外语人才培养模式渐成体系。上海同文馆于同治九年（1870年）并入江南机器制造总局后，“初进馆者先在下班”“至年底考试可取者，察其性情相近，并意气所向，再进上班，专习一艺”①。这种分班制的推行，使得一部分外语基础较好、学有天赋的学生能够进入某一专业领域深入学习。学生在持续不断的外语学习基础下加载某个专业方向，达到外语与西学专业的融合，成为具有多种实用技能的新式人才。湖北自强学堂创办之初便有服务两湖地区中俄商业发展的意图，因此，学堂开设了方言、格致、算学、商务四斋，尽管这一探索在开办当年即告失败，但张之洞另辟蹊径，“改课方言，可为一切西学之阶梯，而格致、商务即包其内，自后两门毋庸命题专课，一律改课方言”②。在张之洞看来，“现将格致、商务两门停课，先行统课方言，以为一切西学之阶梯，将来格致、商务，即可自行诵译探求。”③这种将商务与格致课程融入外语学习当中的做法，很好地实现了西学与外国语言的深度融合。

译学馆以造就会通中西的外语“通才”为目标，“通才”是指“通达之才”，即通达经学与时务（包括政治、经济、军事、文化教育）的人才。但通才只是相对而言，一个人不可能穷尽或通晓一切学问，因此译学馆所培养的外语“通才”实际上是相对专习一技一艺的翻译专才而言，是对人才培养时代意识、知识结构和能力素养的重新定位及更高

① 高时良，黄仁贤．中国近代教育史资料汇编：洋务运动时期教育［M］．上海：上海教育出版社，2007：191.

② 高时良，黄仁贤．中国近代教育史资料汇编：洋务运动时期教育［M］．上海：上海教育出版社，2007：274.

③ 高时良，黄仁贤．中国近代教育史资料汇编：洋务运动时期教育［M］．上海：上海教育出版社，2007：271.

标准。译学馆所培养的外语人才，通过“前二年于语言文字外兼习普通学，后三年于语言文字外兼习交涉、理财、教育、专门学，而普通学之最要者仍并习之”①，培养出兼具外语、普通学与专门学的多学科知识人才，实际上是外语与西学的更高程度与更广层面的复合，是复合型外语人才的更高阶段。

三、教学模式：以翻译教学实践为特色

外语作为一门实用性交际语言文字，具有工具性与人文性的双重特性。翻译活动则集中体现了外语工具性属性特征，为了达到翻译人才培养与对外交涉效用的最大化，晚清官办外语学校在课程设置、学业评价及教学实践等环节均作出了积极探索与实践。

就课程设置而言，官办外语学堂课程设置均达到连贯一体、衔接有序，阶段性特征较为明显。其中尤以京师同文馆八年制课程设置最具代表性，学生第一年以学习基础语言文字为主，第二年至第四年开始接触翻译，由浅入深，翻译的内容包括条子、选编和公文等，第五至第八年则进入更高阶段的译书练习。这种课程设置与教学安排体现了“循序渐进、由浅入深、由易到难的教学原则”②。从学业评价上来看，各外语学堂均安排有月考、季考、年考以及大考，考试形式以口译和笔译为主，考核内容与晚清时政紧密相关，如上海同文馆每周日下午都对学生进行翻译考核，考核内容为上周英、美领事寄给上海海关的信件，这些信件通常配有中、英文两种文本，因此十分方便海关监督通过对照中英文来检测学生的翻译水平。各外语学堂对学生翻译水平考核频率高且奖惩严明，考核成绩优异者不仅可以获得相应的物质奖励，还可以得到职位的晋升；不合格者则可能被淘汰或留馆继续学习。从实践环节上来看，总理衙门及各外语学堂均鼓励学生参与译书，并竭力为他们创造校

① 奏定译学馆章程［M］//北京大学校史研究室．北京大学史料：第1卷（1898—1911）．北京：北京大学出版社，1993：171.

② 付克．中国外语教育史［M］．上海：上海外语教育出版社，1986：17.

外翻译实践的机会。开办相对较晚的湖北自强学堂不仅重视学生译书实践，且译书内容具有很强的针对性和选择性，“专门选择商务、铁路、种植、畜牧等方面的西书进行翻译”①，这样可以避免与京师、上海同文馆重复翻译。除校内译书外，在外语人才极为匮乏的晚清，学生随时准备为清政府翻译各类信件、电函等材料，甚至校对条约、条款。此外，随出使大臣出国考察、参与外交谈判以及外派各省处理洋务交涉事宜等均成为磨炼学生翻译实践水平的不错机会。晚清政府自最初三次遣使外交尝试起，每次都会携带数名京师同文馆学生一同出行，以帮助其增长见识，观摩历练；上海同文馆学生在兼职制造局译书馆翻译官同时，也有部分学生担任制造局夜校的教学翻译或教习；边疆俄语学堂办学规模不大，人数不多，但中俄交涉频繁，一旦遇有边疆交涉事宜，学堂学生也是随时被抽调担任翻译委员。

晚清官办学校翻译教学实践，既是培养外语翻译人才的必要手段，也是一定历史时期内、特殊时代条件下的不得已选择。晚清外交翻译人才的匮乏与政府频繁的对外交涉为官办学校外语人才培养提供了有利契机和条件。各外语学堂课堂翻译训练与课外翻译实践相结合的培养方式，能够有效且快速达到学以致用的办学目的，为晚清政府培养了一批急需急用的翻译人才，同时也催生了一批优秀翻译作品，为国人进一步打开通往西学之门奠定了基础。

第三节　外语人才培养的历史反思

外语人才培养是一个过程复杂且见效缓慢的教育活动，它受到多重因素的影响，既受制于一定历史时期内社会对外语人才“质”与“量”的要求，也囿于自身办学条件与办学模式。晚清中国官办学校半个世纪的外语人才培养既取得了一定的办学成效，也存在不足，甚至有违人才

① 高晓芳．晚清洋务学堂的外语教学研究［M］．北京：商务印书馆，2007：177.

发展规律之处。全面认识总结其人才培养经验和教训，对当今中国高校外语人才培养与改革具有现实的启示意义。

一、外语人才培养的问题与不足

晚清官办学校外语人才培养历经半个世纪之久，尽管在培养外语翻译人员与驻外使臣上卓有成效，一定时期内成为晚清政府驻外公使输送大户，缓解了晚清外交翻译人才的匮乏，但其人才培养的质量与数量均无法企及同时期教会学校和官办非外语学堂所培养的外语人才。在晚清中国近代化进程中，也并未出现诸如伍廷芳式的杰出使才或是严复式的外语“通才”，容闳、马伯相、马建忠、伍廷芳、颜惠庆、唐廷枢、王正廷、陈友仁、顾维钧等近代知名外语人才，均非出自官办外语学堂；此外，这些官办学校也没有培养出在政界或思想界引领潮流的历史人物，抑或在反对外来侵略中表现杰出的民族英雄。个中原因，自然值得后人探讨研究。

（一）各自为政的管理

自同治元年（1862 年）京师同文馆创立，全国各地陆续开设有七所培养外语人才的官办新式学堂，其办学持续时间从十年到三十多年不等。然而在光绪二十八年（1902 年）“癸卯学制”及光绪三十一年（1905 年）学部产生之前，晚清中国并无一个负责统领全国新式教育的管理机构和统一学制，各地新式学堂的设置与调整“基本上是由各省督抚根据实际需要，呈报总理衙门，再奏请清廷批准后举办的”①，新式教育缺乏全局性的总体规划。尽管总理衙门统领全国一切涉外事宜，但事务繁巨，新式教育与管理只是其中一项“附带”事务，除此之外，各总理衙门大臣都各有本部院本职，往往身兼数职，分身乏术。具体而言，在教育方面仅设“同文馆管理大臣”一名，其职责是管理京师同文馆事务兼及全国教育，但事实上，历任管理大臣权力均限于京师同文

---

① 田正平．中国教育史研究：近代分卷［M］．上海：华东师范大学出版社，2009：71.

馆内部事务，且属于兼职性质，与全国性学堂的创办并无牵涉。于是，各自为政，难成系统的办学格局的形成也就不足为怪。这种散乱情形直到20世纪初学部成立和新学制产生，才有所改善，但其时来说，已是日落西山，大势已去。

各地外语学堂虽然受命于总理衙门，然而总理衙门仅仅只是从宏观上指导，即便是与总理衙门同一屋檐下的京师同文馆，也只管理其行政事务，其他一切包括教师招聘、学员招考、课程教学、学生考核等事项，几乎全交由总教习负责。正如齐如山所说："总理衙门中的官员，没有一个会洋文的，最初曾纪泽他们一二人，当然都懂，后来就不见了，一直到光绪中叶，才有会洋文的人员，然也稀松得很，故对于同文馆学生成绩如何，没有人能知道，没有人能稽查，也没有人肯过问。"①事实上，负责管理京师同文馆的总理衙门大臣大多缺乏新知，也不通晓外文，兼任该职的意义更多在于避免消极的干涉而非积极的领导。即便如此，总理衙门大臣干涉学堂办学的情况仍有发生，例如光绪二十一年（1895年），"对于经由通晓英文的张荫桓所批改决定名次的英文试卷，翁同龢竟能加以变动名次先后"②。同时，总教习丁韪良在总税务司赫德支持下权力很大，总理衙门对洋教习几乎没有任免权，"延聘洋人一事一概由赫德代为招聘"③。"旧教习离开时，对于后任不许推荐，由外国新到人员，亦不许直接来谋教习之职，必须由总税务司推荐"④。就连不许传教的规矩，丁韪良也都敢破除。京师同文馆尚且如此，各地方官办学校人才培养与管理更是由各地方负责人随意支配，或成为其政绩工程资本予以夸大其成效，或因财政资金短缺沦为被裁撤对象。

新学制产生以前，新式学堂采取的是一段式的人才培养体系，下无相应的初等教育作为基础，上无对应的高等教育机构衔接递升。因此经

① 齐如山．齐如山回忆录［M］．上海：上海文艺出版社，2014：26.

② 苏精．清季同文馆及其师生［M］．台北：上海印刷厂，1985：63.

③ 中国史学会．中国近代史资料丛刊：洋务运动：二［M］．上海：上海人民出版社，1961：23.

④ 齐如山．齐如山回忆录［M］．上海：上海文艺出版社，2014：25.

常出现学生滞留馆内数年之久的现象。作为近代中国第一所外语人才培养学校，京师同文馆在光绪二年（1876 年）后实行五年和八年两种学制，湖北自强学堂与上海同文馆的学制为五年，而广州同文馆、珲春俄文书院、新疆俄文馆的学制则为三年，人才培养年限随意性很大，多由开办者根据个人办学经历和人才需求缓急决定，并无固定模式，培养成效自然参差不齐。新学制及学部产生后，人才培养与管理在形式上得以规范化和制度化，然长期以来形成的封建教育内部运行机制，终究难以从根本上撼动重疾缠身的封建教育体制，达到“体”与“用”的协同共进。例如，在师资聘用上，尽管“癸卯学制”严格规定了外语教员的任职条件，但实际办学过程中优质师资仍旧缺乏，滥竽充数、托情入馆以谋一官半职者大有人在，以至于一些不合格的教员及管理人员充斥在学堂教学及管理人员之中。

（二）国家意识形态的严厉控制

晚清官办学校外语人才培养，兴起于中国国力式微、列强入侵的时代背景下，尽管以“自强”“求富”标榜的洋务派极力倡导诸多领域的改革，但仍旧徘徊于“师夷长技以制夷”与中国传统纲常礼教之间，始终也绝不可能逾越大清王朝的统治根基底线，因此在教育改革领域逐渐形成了“中体西用”的教育指导思想。该思想集大成者张之洞认为：“四书五经、中国史事、政书、地图为旧学；西政、西艺、西史为新学，旧学为体，新学为用，不使偏废。”①

“中体西用”办学思想一直是清王朝统治者所坚守的准则，尤其在官办学校外语人才培养过程中，外交翻译人才的特殊性质，使其成为清政府意识形态控制最为重要的群体之一。语言是文化的载体，学习外语就意味着对外国文化的认同与吸收，原本在政治、军事上处于弱势地位的清政府，不可能在其引以为傲的数千年中国传统文化领域作出让步，这也是维护其正统地位，并防止外来文化入侵与儒家文化失效的必然举

① 谢放．中体西用之梦——张之洞传［M］．成都：四川人民出版社，1995：364.

措。具体表现在：对外语人才培养宗旨的设置；对外语与母语教育地位的控制；对学生思想言论的严格约束，尤其加强对留学生的思想行为监控，各学堂所精心挑选的中文教习就明确肩负有“稽查”学生和洋教习思想动态的职责。在原本为引进西学、培养新知人才而兴办的官办外语学堂中，清政府时刻担心学生接受西方宗教思想以及自由民权等思想，从而否定那些被清政府视为立国之本的封建纲常伦理道德，在意识形态上与清王朝统治背道而驰。这种矛盾设防的心理，正如焦虑不安的张百熙所感叹：“今日因乏才而谋兴学，因兴学而防流弊，操纵之间，倍难措手”①。晚清以“中体西用”为指导就是针对可能出现的尴尬局面而设计，在人才培养宗旨上强调维护“中体”的意义，在课程设计上突出“中学”的重要性，在学校管理上采取种种措施保持“中学”在人才培养中的“扶正”地位，尽管为外语学堂，但外语课程在学堂中的总体地位是低于中文的，如洋务学堂采取半日中文，半日外文，而半日外文又非纯粹学习外国语言，还包括用外文讲授西学，原本培养外语人才的学堂在中外课程时间安排上却是对半等分，这样的时间分配必然难以应对门类繁多且艰深难懂的外文及西学课程，制约了人才培养的成效。官办学校外语人才培养发展至维新运动时期，这种状况有所改善，但强调学习中文“以顾根本”的思想依然是挥之不去的阴霾，清政府始终担心外语学堂轻视中文导致民心不稳、天下大乱的潜在隐患。

此外，在外语教材的选定与审核上进行严格规范与约束，对学生思想言论进行严密的控制。清政府最担心的就是所培养的外语人才接受不利于其统治利益的新思想，成为统治阶级可怕的掘墓人，因此如何控制这些人的思想言论成为统治者最关心的问题之一。清政府以程朱理学为核心构建的君主专制政权，一直以来对西方各国以自由、民权所标榜的意识形态保持高度警惕的心理。洋务运动时期留美幼童半路夭折，即为典型的中美政治文化与意识形态冲突的结果。清末新政时期，迫于救亡

---

① 璩鑫圭，唐良炎．中国近代教育史资料汇编：学制演变［M］．上海：上海教育出版社，1991：287.

图存的需要，清政府不得不加大力度引进西学与派遣留学生，但国势日落使得清政府越发竭尽全力，强调官方意识形态对留学生的控制。进入19世纪90年代，“中体西用”思想不再是中国先进知识分子争夺舆论阵地的主要舆论武器，而蜕变成为顽固保守势力用以巩固传统文化教育、维护专制统治的思想工具。光绪三十年（1904年）的《学务纲要》以及光绪三十二年（1906年）学部所制定的《通行各省选送游学限制办法电》，无不要求确保所选派留学生忠于清王朝，“如学生到东有不法行为及倡异说者，惟原咨送官是问”①。考虑到日本留学生革命思想蠢蠢欲动，光绪三十三年（1907年）以后，清政府派遣留学生重点逐渐从日本转向欧洲。其主要原因之一也是出于意识形态安全的考虑，认为“各省学界风潮多为留学日本学生倡言平等自由之说所激起”②。根据蔡璐《京师译学馆始末》记载：“译学馆前后分四次派遣学生出国留学，共派出50人前往八个国家留学，分别为英国9人、法国14人、俄国3人、德国5人、比利时3人、奥地利1人、美国6人、日本国9人。”③ 就此可以看出，欧美国家已成为译学馆学生的主要留学出处，而蔚为壮观的留日浪潮就此开始减弱。

（三）艰难物质条件的严重制约

教育的举办与人才的培养成效，与一定时期内的社会物质条件密切相关，正如有关学者所指出：“教育的每一个发展都与物质生产的发展有关，社会物质生产为教育的发展提供了基础性的条件，又对教育不断提出新的要求，成为推动教育发展的根本性的社会动力。”④ 晚清官办学校外语人才培养也不例外。由于其官办性质，物质条件影响较同期的教会学校及私立学校办学更为复杂。一定的社会物质总量为外语人才的

---

① 陈学恂，田正平．中国近代教育史资料汇编：留学教育［M］．上海：上海教育出版社，1991：368.

② 议定中国学界宗旨［J］．大公报，1906-7-17.

③ 蔡璐．京师译学馆始末［M］//中国人民政治协商会议全国委员会文史资料委员会．文史资料选辑：第四十辑．北京：中国文史出版社，2000：198.

④ 叶澜．教育概论［M］．北京：人民教育出版社，1998：121.

培养提供了必要的经济基础，影响其办学的规模和发展速度，同时地域的差异与财政的分配也制约着不同学堂人才培养成效。

随着晚清中国传统自然经济结构逐步瓦解，西方资本市场经济形式日益扎根中国，近代市场由沿海向内地不断扩展，工业化进程渐趋推进。晚清中国在奕䜣、李鸿章、张之洞等为代表的洋务派官员引领下，近代军事工业和民用工业蹒跚起步。与此同时，西方资本主义经济生产方式在沿海等中外接触频繁的城市迅速发展，外语人才为中外政治、经济、文化交流的使者，晚清中国社会经济的显著变化为其产生与培养提供了有利的契机与肥沃的土壤。然而自道光三十年（1850年）起，清政府就陷入财政“入款有减无增，出款有增无减”的状况，鸦片战争后的五次高额军事赔款，使其债台高筑，加上军费的开支等，早已掏空了清王朝的国库，因此，即便是兴学热情高涨的洋务派也只能是“巧妇难为无米之炊”，而官办学堂外语人才培养经费只能是东挪西凑。京师同文馆直属于总理衙门管辖，清政府最为重视，即便如此，经费开支也不得不求助于总税务司署，从海关船钞税中划拨三成供应其开支。由于总理衙门财力有限，鞭长莫及，以致其常常是“心有余而力不足”，造成“心想”而不能“事成”。其他地方性外语学堂更不可能得到国家海关船钞税的全额支持，只能通过部分或全部地方财政拨款或者自筹经费的形式办学。如上海同文馆的办学经费，部分来自海关船钞税，部分由江南制造总局及翻译馆支付；广州同文馆的办学经费则由粤海关征收的船钞来支付，一部分还得由广东厘务局从收取的工商税中划拨。张之洞创办的自强学堂则主要从湖北当地创办的新式军用工业、民用工业以及社会捐款等渠道筹措经费，维持开支。为了办学，张之洞曾向两湖茶商收取捐款，此举竟多次被人状告朝廷而不得不作罢，可见办学经费的重要性及筹措的艰难程度。珲春俄文书院经费主要由户部报销大部分，书院开办十年，经费不过一万多两，相比“同文三馆”年开支即数千两，算是捉襟见肘，然而为了尽可能节省费用，书院俄文教习薪金由“边防饷开支”，汉文教习等薪酬则由吉林将军每年报总理衙门审核，由户部报销。由此足见晚清中央和地方财政之空虚。正因如此，洋务外语学堂办学近四十年，上海同文馆因其相对充足的经费及优越的办学环境反倒成为诸校中的佼佼者，“广方言馆学生比京师同文馆、广州同文馆学生质量都高”①。而边疆外语学堂，如珲春俄文书院、新疆俄文馆，原本资金就不充裕，一旦遇到地方财政紧缩，中央建议节俭开支，这些外语学堂首当其冲，面临被合并或是裁撤的危险。

综上所述，晚清政府在全面财政危机困境下开办的新式外语学堂，其外语人才培养质量和数量差异明显，其中办学经费的充裕与否是其中的重要制约因素。

（四）科举选官制度的负面干扰

科举考试自隋炀帝大业二年（606 年）开始，至光绪三十一年（1905 年）结束，持续了 1300 年之久，历代统治者都将其作为选拔优秀人才、维护统治的有效工具。科举考试在封建社会享有至高无上的地位，历朝历代读书人无一不将其视为“入仕”的唯一“正途”。然而晚清以降，以培养具有西方自然社会科学技术知识人才为目标的新式教育，从教育内容到培养目标均迥异于传统科举应试教育。尽管晚清政府以各类优越待遇吸引学生，但科举入仕作为传统学人终极人生目标时刻困扰着新式学堂办学与学生的选择，使其无法摆脱科举选仕的阴影，分散了学生专意西文、西学学习的时间和精力，从而影响了人才培养的质量。

“同文三馆”在课程设置上均开设有“中学”一门，在课时量和时间段安排上仅次于洋文，每到科举年份，学堂允许学生参与科举考试，因此每到科举临近，学生均开始备考科举，而将洋文学习弃置一边。这种现象产生了极大的副作用，极易分散学生学习外语的精力，不少学生口读洋文，而心在八股，一旦学堂放松管理，学生就偷偷背诵四书五经，尤其是已获附生资格的学生，他们不顾任何人的反对和压力，几乎一律放弃外语及馆内其他课程学习，一门心思拼命背诵乡试必考的四书五经。同治六年（1867 年）夏天，英文教习林乐知就发现：“（学生

① 熊月之. 上海通史：第 5 卷［M］. 上海：上海人民出版社，1999：267.

们）正把他们的时间和精力专用于准备不久将在南京举行的三年一度的考录举人的乡试，因此，在这个夏天，他们几乎没有学什么英文。”① 究其原因，在于学生的仕途心理影响，在风气未开而科举犹在的时代，科举制度支配着全部的社会生活，不但规定着人们的社会角色，而且还制约着人们的社会地位：“旧式士人正是通过科举考试取得其社会地位，获得声望，从而在社会中找到角色的认同感。”② 即使同文馆毕业生担任外交翻译官，甚至升迁至参赞、驻外公使，仍有人摆脱不了传统仕途观念的束缚，不仅始终自卑地感到在科举出身的官员中抬不起头，还殷殷叮嘱子孙，不要从事翻译工作，要从科举“正途”争取前程。例如，官至驻外公使，并曾荣任光绪帝英文教师的张德彝，就是这样教育其子孙：“国家以读书能文为正途……余不学无术，未入正途，愧与正途为伍，而正途亦间藐与伍。人之子孙，或聪明，或愚鲁，必以读书为要务。”③ 又如同文馆高材生汪凤藻，虽于光绪十七年（1891 年）已从翻译升迁至驻日公使，但一直感到郁郁不得志。他与访游日本的黄庆澄说：“我辈身任外事，均世俗所谓‘浊’流者……今日之谈洋务者，仅可著书而已。坐言起行，戛戛其难。”④

面对此情此景，及至译学馆开办时，清廷专门就学生是否参加科举考试作出强制性规定：“凡入学诸生，毕业后既优与出身，自不必再应科举。诸生投考时，应呈明‘情愿不应科举’字样。凡遇科举年份，托故告假，即作中途废学，追缴学费。”⑤ 显然译学馆作出如此无奈之举，是从洋务运动办学经历中吸取了教训：学生的求学前途与仕进途径

① 熊月之．上海通史：第 5 卷［M］．上海：上海人民出版社，1999：264-265.

② 杨齐福．科举制度与近代文化［M］．北京：人民出版社，2003：138.

③ 《宝藏集》序［M］//黎难秋．中国科学翻译史．合肥：中国科学技术大学出版社，2005：126.

④ 黄庆澄．东游日记［M］//钟叔河．走向世界丛书：第一辑（Ⅲ）．长沙：岳麓书社，2008：354.

⑤ 朱有瓛．中国近代学制史料：第一辑：下册［M］．上海：华东师范大学出版社，1986：883-884.

不一致，常常影响学生学习的积极性，甚至影响到生源质量。

二、外语人才培养的现实借鉴

作为近代中国新式外语教育与外语人才培养之肇始，晚清官办学校外语人才培养时间跨域近半个世纪，前后承接传统旧式官办学校外语人才培养与民国时期外语专业人才培养，不仅奠定了近代中国第一代外语学人的基石，也为紧随其后的民国乃至当今大学外语人才培养与改革提供了宝贵的办学经验和历史教训。尽管晚清官办学校与当今大学所处历史时代迥异，外语人才培养规格与目标不一，但作为同一类型人才，其培养规律自有其共同之处，故而对当今外语人才培养依然具有值得借鉴之处和警醒之用。

（一）外语人才应是工具性与人文性双重培养目标的统一

外语具有工具与人文的双重属性。晚清官办学校外语人才培养历经外交翻译专才到复合型外语人才再到外语“通才”培养规格的演进，外语人才培养规格的转变一定程度上折射出外语人才知识结构与综合能力的变化，其身份定位亦由工具性人才转而向综合性人才层面发展，这种转变正是源于语言的人文特征。

语言既是一门交流工具，也是社会发展的产物和文化传承的载体。作为一个民族智慧的结晶和象征，语言凝聚了本民族世代相传的社会风俗、价值观念、历史文化等诸多信息。因此，讲授一种语言时十分有必要解析该语言背后所根植的民族符号，而外国语言的学习应该与之对应的历史、地理、文化知识同步进行，这样才能相得益彰。与此同时，对另外一种语言与文化的学习，也不能忽视本民族语言文化的传承与传播，这既是外语人才双语翻译能力培养的需要，亦是保持本族语言文化平等地位，防止外来语言文化入侵的必然举措。晚清各官办学校都十分重视学生汉语水平的提高，以中华传统经典文化为主要教学内容之一，夯实学生国学基础、培育其人文精神、增强其人文底蕴。随着中国改革开放的不断深入，社会对外语人才的需求逐渐增多，对外语人才能力要求参差不齐，但大多数人仍将外语定位在工具性功用上，即外语人才的听、说、读、写、译五大能力，而对外语人才的人文水平考察甚少，既不视其掌握知识的深度与广度，也不看学生思维能力与学术水平，因此外语专业学生经常被评价为“学外语的人没文化”，在与西方人交往时无法用外语准确地表达中国文化，尤其对中国传统文化的表达常常心有余而力不足。究其原因，外语工具论仍旧在高校外语人才培养过程中占据一定市场，急功近利的思想使得部分教育者重视“成材”，而忽视了“成人”。这显然违背了教育部2000年颁布的《高等院校英语专业教学大纲》，大纲规定外语专业人才需要具有“扎实的英语语言基础和广博的文化知识”的精神；也无法达到2010年颁布的《国家中长期教育改革和发展规划纲要（2010—2020）》提出的人才战略要求，即“培养大批具有国际视野、通晓国际规则、能够参与国际事务和国际竞争的国际化人才”①；更加难以担当起国家“一带一路”时代背景下“走出去”的国家发展战略重任。

国际化外语人才不仅要求具有扎实的听、说、读、写、译语言能力，通晓国际社会游戏规则，拥有全球视野与国际观念，熟悉当今时代发展历史与趋势，同时对中国传统文化也需要有清醒的认识与定位。高校外语人才培养只有将深厚的民族情怀与宽广的传统文化知识传授有机结合，才能使得外语人才在国际社会交往中做到对自身文化的自信与通晓西方语言文化的平衡，才能真正摆脱社会对外语人才工具性身份的单一定位，实现外语人才培养在工具性与人文性的双重统一。

（二）复合型外语人才是外语与专业具体的、深度的、多元化融合

较之当今高校外语人才培养，不少现代学者认为晚清官办学校办学层次与水平充其量停留在高中阶段水平。若就外语教学水平与办学条件而言，学者们的判断自有一定的道理。但不可否认的是，这些只具备高中办学水平的外语学堂，却有着鲜明的办学特色、明确的人才培养目标和一定的办学成效。从一定程度上来说，晚清官办学校外语人才培养实

---

① 《国家中长期教育改革和发展规划纲要（2010—2020）》，http：//www.moe.edu.cn/srcsite/A01/s7048/201007/t20100729_171904.html。

践是十分契合其时中国的国情、地情和校情。开创于积贫积弱历史背景下的官办外语学堂，在硬件和软件条件均十分缺乏与薄弱的情境下，学堂根据现有的师资力量和发展需要，渐进式地将西学课程加入外语学习之中，实现了外语与西学课程的共存与兼容。

京师同文馆教习丁韪良在就任总教习一职前，就敏锐地意识到京师同文馆所培养的翻译人才将来很可能从事并负责晚清帝国的外交工作，因此主动回国学习国际法，随后在京馆内开设这一课程。在组织馆内西书翻译时，他不仅积极引导学生翻译国际法一类书籍，并亲力亲为，惠顿（Henry Wheaton）的国际法著作《万国公法》即出自其手；上海同文馆并入江南制造局后，利用制造局的机器制造优势，在“上班”中增加如矿物学、冶金、金属铸件和锻件等西学课程，实现外语人才培养与学堂办学特色相一致，这也是并入江南制造局后的上海同文馆所培养的外语人才之所以能够兼任江南制造局翻译馆翻译官的缘由所在；湖北自强学堂创立初衷即为发展两湖地区茶叶贸易，办学伊始即单独开办有商科，随着学堂改组并更名为湖北方言学堂，独立的商科被取消，学堂直接将商务课程融于外语教学之中，学生在学习外国语言的同时亦将商务知识融会贯通，实现了语言与商务课程的深度融合；译学馆课程分为外国语言学、普通学和专门学三大类，其中专门学包括有交涉学、理财学和教育学三门课程，专门学课程设置与晚清政府所亟需的各类外语人才（外交翻译人才、商务外语人才和外语教师人才）不谋而合，抑或说是学堂办学有的放矢，人才培养与未来职业发展有机结合。可以看出，晚清官办学校复合型外语人才培养充分考虑到了各自办学的社会背景、现有条件和办学特色，在有限的人力、物力、财力条件下，实现了外国语言与西学知识的有效融合，学校人才培养与学生职业发展同步进行。

20 世纪末，国家有关复合型外语人才培养的文件相继出台并引起外语界的广泛关注，2000 年颁布的《高等院校英语专业教学大纲》明确规定外语专业人才培养目标为：“培养具有扎实的英语语言基础和广博的文化知识并能熟练地运用英语在外事、教育、经贸、文化、科技、军事等部门从事翻译、教学、管理、研究等工作的复合型人才。"① 在全球化程度日益加深、社会转型矛盾凸显的当下，2010 年由国家颁布的《国家中长期教育改革和发展规划纲要（2010—2020）》再次提出："优化学科专业、类型、层次结构，促进多学科交叉和融合。重点扩大应用型、复合型、技能型人才培养规模。"② 2015 年 3 月 28 日，国家发展改革委、外交部、商务部联合发布《推动共建丝绸之路经济带和 21 世纪海上丝绸之路的愿景与行动》。"一路一带" 国家发展战略的实施需要有大批既懂得通用语言也精通当地民族语言文化的专业人才，然而当前中国不仅缺乏高水平的翻译专才，知识面广、视野开阔的高层次复合型外语人才更是凤毛麟角，上海外国语大学中国外语战略研究中心专职研究员沈骑认为，外语人才规划将探索从单语人才向复语人才转变、从单一语言技能向复合型人才培养模式转变，培养精通多种外语的 "复合型" 人才，"外语+专业" 精通的 "复合型" 人才。

大力推进复合型外语人才培养完全符合当下中国国情现实需求。21 世纪是个快速多变、改革创新的世纪，社会知识结构呈现动态的而非固定不变的状态，外语与其他学科间的复合有利于提高学生的综合运用能力，增强社会适应性，满足社会对人才的多元化需求。但需要注意的是，"一般说来，在外语和非外语专业的复合型模式中，前者是基础材料，保持相对稳定；后者是增强材料，随市场需求变化而变"③，外语作为基础材料的地位不能改变，是首要的、基本的，而非外语专业作为增强型的材料是可变的，是根据国情、地情、校情因时、因地制宜的。然而在实际人才培养操作中，不少院校不考虑实际情况，跟风式地盲目推崇复合型外语人才培养，专业之间生硬嫁接，所谓复合型外语人才培养仅在外语专业课程基础上简单地增加其他学科课程，或是大刀阔斧地

---

① 《高等院校英语专业教学大纲》，http：//www.docin.com/p-420665473.html。

② 《国家中长期教育改革和发展规划纲要（2010—2020）》，http：//www.moe.edu.cn/srcsite/A01/s7048/201007/t20100729_171904.html。

③ 罗世平．也谈 21 世纪复合型外语人才培养模式［J］．外语界，2000（3）．

砍掉通识课程和专业课程，增加其他专业课程，美其名曰跨学科人才培养。这种简单粗暴的课程相加不仅不利于外语人才的全面发展，甚至可能失去原有的办学特色。高校在师资力量、课程设计及评价体系等方面均无法达到外语与其他学科专业深度融合的情况下，一味追求复合型外语人才培养显然是不可取，甚至可能出现东施效颦的后果。

因此，在国内各大高校纷纷开设外语专业，响应国家发展战略，培养复合型外语人才的大趋势下，应该充分考虑地域与学校差异，因地、因校制宜。学校办学定位、办学条件、师资结构、专业积淀以及校内其他专业特点，都牵动着复合型外语人才的培养，需要进行具体分析、反复考察，不同学校之间不能照抄照搬，专业之间更不能硬性嫁接，应该根据各地各校实情，突出培养特色，重视培养质量。正如国家有关领导所强调："高校办得好坏，不在规模大小，关键是要办出特色，形成自己的办学理念和风格。"①

（三）外语人才培养是课堂教学与课外实践的一体化过程

晚清官办学校外语人才培养目标与模式，尽管经历了一定历史演变，但其办学核心始终是以培养晚清亟需的翻译人才为主，尤其是在晚清政府驻外使馆开设以后，外交翻译人才成为处理国际关系事务，破除中外之间语言文化障碍的主力军。然而外语人才培养与成才原本就是一个较为漫长且见效慢的过程，不仅需要科学合理的课堂教学设计，更需要形式多样的课外实践磨砺，翻译人才更是强调应用性与实战性，一名优秀翻译人员的培养显得漫长且艰难。

晚清官办外语学堂以翻译课程教学与实践为特色，尤其体现在其课程设置、课堂教学、教学评价与社会实践环节。循序渐进、由浅入深的翻译课程设置与教学，口、笔译相结合的翻译实践以及与培养目标紧密结合的考核制度，确保了翻译人才培养的阶段性与一体化设计有机结合。中国国际社会地位日益提高，参与国际事务愈发频繁，对翻译人才的需求也日趋旺盛，但具有高水平且经验丰富的口译、笔译人员缺口依

① 温家宝．百年大计，教育为本［J］．人民日报，2009-1-5.

然很大，这与高校外语人才培养理念和模式有着直接关联。一直以来社会对外语人才的期望很高，认为学了外语就能做好翻译，殊不知翻译人才不仅需要经过严格、系统的语言训练，更需要在长期的翻译实践中提高自身的翻译水平和专业素养。长期以来，外语专业学生以语言技能训练为主导，强调听、说、读、写、译五大方面技能训练，而翻译技能不能自动生成，它是建立在听、说、读、写基础之上的综合技能。然而对于绝大多数高校而言，翻译课程都只是在高年级阶段开设，教学时数十分有限，且开设此类课程更多是对翻译理论的介绍和翻译技能的讲解，目的是对学生翻译实践起示范和指导作用，因此真正的翻译实战机会少之又少。

翻译不仅仅是语言技能的运用，翻译对象还承载着一定的专业知识和文化因子。然而，对于绝大多数外语专业的学生而言，语言以外的学科专业知识极其匮乏，因此一旦涉及专业领域的翻译，即便是再好的语言翻译理论与技能也无法达到期望的翻译效果，甚至出现无从下手的尴尬状态。因此除日常课程教学外，高校外语学院可以利用日益繁华的翻译市场，多渠道、多途径地为学生提供翻译实战机会，实现课外实践与课堂教学的有机结合，达到理论指导实践、实践巩固教学的效果。首先，高校应积极参与国家或区域经济发展合作，实现外语人才培养与企业发展协同共进。随着我国市场经济与国际社会的逐步接轨，由此所带来的翻译项目日趋繁多且专业化明显，外语学院及外语教师应积极承接此类项目，一方面为学生提供难得的翻译实践机会，扩宽学生眼界、积累丰富经验，同时也有利于增强教师翻译实战水平，储备各类翻译教学案例，带动并丰富课堂教学，实现人才培养模式与企业发展的密切结合；另一方面，企业通过与外语学院合作，翻译任务得以顺利完成，企业自身发展，尤其是国际化发展需求得以满足，企业和学校双方实现了互利共赢。其次，加强应用型翻译工作室建设。应用性翻译工作室不仅承接和完成各类翻译任务，还承担汇总教师、学生翻译实践经验的工作，建设和逐步完善翻译成果共享网络。在当今翻译市场，一项翻译任务多由一人单独完成，如此有助于保持行文风格一致，不足之处则是无法做到集思广益，影响译文质量。在翻译实践中，如果能够对诸多译文版本进行比较分析，甄别筛选，集众师生之所长，最终所译文字必然更上一层楼，学生亦从此受益颇多。如此翻译模式在京师同文馆翻译馆、江南制造局翻译馆翻译实践中均有过丰富的历史经验，且成效显著。该模式通常由一人或多人翻译，然后交由其他译者润色打磨，最终审核定稿，形成团队合作机制。因此，翻译工作室的建立，更多在于加强学生或师生间的团队合作能力、专业理解能力以及翻译实战能力。再次，加强高校与用人单位的长效合作机制。外语人才培养除满足一定时期内国家中长期发展规划要求外，还应该依照当前社会人才需求规格，量身打造多样化的复合型外语人才。高校与用人单位之间合作形式主要包括建设定期实习基地、共同研发培训课程、打造多元化翻译教学平台等。通过建设高校外语人才培养与用人单位长效合作机制，能够确保所培养的外语人才与用人单位具体需求的高度吻合，学生毕业后适应能力强，高校人才培养成效显著，避免了“劳民伤财”、学非所用的历史教训。

参考文献

一、档案类

［1］吉林省档案馆馆藏：《吉林边务粮饷处存》，全宗号4，卷号1，件号0216。

［2］吉林省档案馆馆藏：《吉林边务承办处存》，全宗号4，卷号2，件号0139。

［3］吉林省档案馆馆藏：《吉林边务文案处档案》，全宗号4，卷号2，件号0208。

［4］中国国家图书馆馆藏：《国家图书馆藏清代孤本外交档案》，第23册。

［5］中国国家图书馆古籍馆藏：《十发盦丛书类稿·强学篇》，光绪二十五年（1899年）。

［6］中国第一历史档案馆馆藏：《呈新疆俄文馆教习并学业有成学徒拟保官阶清单》，档号03-5350-01。

［7］中国第一历史档案馆馆藏：《奏为遵旨议驳署理巡抚饶应祺奏保新疆俄文学馆教习学徒各员事》，档号03-5347-037。

［8］中国第一历史档案馆馆藏：《奏请整顿新疆俄文学堂敬陈管见事》，档号03-7223-057。

［9］中国第一历史档案馆馆藏：《奏为新疆俄文学馆人才造就颇多，教习、学徒桂煜等请旨奖叙事》，档号03-5344-038。

［10］中国第一历史档案馆馆藏：《奏为新疆候补知府桂荣熟悉洋务、谙习俄文，请调归直隶差遣委用事》，档号03-5472-078。

[11] 中国第一历史档案馆馆藏：《奏请整顿新疆俄文学堂敬陈管见事》，档号 03-7223-057。
[12] 中国第一历史档案馆馆藏：《内阁各房各馆（补遗）》，全宗号 2，编号房补 80。
[13] 中国第一历史档案馆馆藏：《内阁各房各馆（补遗）》，全宗号 2，编号房补 81。

二、资料汇编类

[1] 北京大学校史研究室．北京大学史料：第 1 卷（1898—1911）[M]．北京：北京大学出版社，1993.
[2] 宝鋆．筹办夷务始末：同治朝 [M]．北京：中华书局，1981.
[3] 陈学恂．中国近代教育大事记 [M]．上海：上海教育出版社，1981.
[4] 陈学恂．中国近代教育史教学参考资料：上册 [M]．北京：人民教育出版社，1986.
[5] 陈学恂，田正平．中国近代教育史资料汇编：留学教育 [M]．上海：上海教育出版社，1991.
[6] 陈元晖．中国近代教育史资料汇编 [M]．上海：上海教育出版社，1991.
[7] 陈谷嘉，邓洪波．中国书院史资料：下册 [M]．杭州：浙江教育出版社，1998.
[8] 大清会典：卷一百 [M]．台北：文海出版社，1994.
[9] 贾桢．筹办夷务始末：咸丰朝 [M]．北京：中华书局，1981.
[10] 黎难秋．中国科学翻译史料 [M]．合肥：中国科学技术大学出版社，1996.
[11] 李澍田，潘景隆．珲春副都统衙门档案选编 [M]．长春：吉林文史出版社，1991.
[12] 马挺亮．京师同文馆学友会第一次报告书 [M]．北京：京华印书局，1916.

[13] 马玉田，舒乙．文史资料存稿选编：教育［M］．北京：中国文史出版社，2002.

[14] 马大正，吴丰培．清代新疆稀见奏犊汇编：同治、光绪、宣统朝：下册［M］．乌鲁木齐：新疆人民出版社，1997.

[15] 清会典事例：卷三十九．北京：中华书局，1991.

[16]《清会典》，北京：北京：中华书局 1991 年影印.

[17] 璩鑫圭，唐良炎．中国近代教育史资料汇编：学制演变［M］．上海：上海教育出版社，2007.

[18] 璩鑫圭，童富勇．中国近代教育史资料汇编：教育思想［M］．上海：上海教育出版社，2007.

[19] 齐思和，等．第二次鸦片战争：中国近代史丛刊［M］．上海：上海人民出版社，1978.

[20] 沈云龙．近代中国史料丛刊：第 8 辑［M］．台北：文海出版社，1966.

[21] 舒新城．近代中国教育史料：中册．北京：中国人民大学出版社，2012.

[22] 宋原放．中国出版史料：近代部分第 1 卷［M］．汪家熔，辑注．武汉：湖北教育出版社，2004.

[23]《同文馆题名录》，光绪五年（1879）刊印。

[24]《同文馆题名录》，光绪十三年（1887）刊印。

[25]《同文馆题名录》，光绪十九年（1893）刊印。

[26]《同文馆题名录》，光绪二十二年（1896）刊印。

[27]《同文馆题名录》，光绪二十四年（1898）刊印。

[28] 台湾中央研究院近代史研究所．四国新档：英国档：下［M］．台北：台湾中央研究院近代史研究所，1966.

[29] 文庆．筹办夷务始末：道光朝［M］．北京：中华书局，1981.

[30] 王铁崖．中外旧约章程汇编：第 1 册［M］．北京：生活·读书·新知三联书店，1957.

[31] 杨家骆．戊戌变法文献汇编：第 2 册［M］．台北：鼎文书局出版

社，1973.
[32] 中国史学会．中国近代史资料丛刊：洋务运动：五［M］．上海：上海人民出版社，1961.
[33] 朱有瓛．中国近代学制史料：第1辑：上册［M］．上海：华东师范大学出版社，1983.
[34] 朱有瓛．中国近代学制史料：第1辑：下册［M］．上海：华东师范大学出版社，1986.
[35] 中国第一历史档案馆．鸦片战争档案史料［M］．天津：天津古籍出版社，1992.
[36] 中国第一历史档案馆．京师大学堂档案选编［M］．北京：北京大学出版社，2001.
[37] 中国人民政治协商会议全国委员会文史资料委员会．文史资料选辑：第40辑［M］．北京：中国文史出版社，2000.
[38] 中国第一历史档案馆，澳门基金会和暨南大学古籍研究所．明清时期澳门问题档案文献汇编［M］．北京：人民出版社，1992.
[39] 尼古拉：卡缅斯基．俄中两国外交文献汇编（1619—1792）［M］．中国人民大学俄语教研室，译．北京：商务印书馆，1982.

三、文集类

[1] 陈旭麓．陈旭麓文存［M］．上海：上海人民出版社，1990.
[2] 陈学恂．中国近代教育文选［M］．北京：人民教育出版社，1983.
[3] 梁启超．饮冰室合集：三［M］．北京：中华书局，1936.
[4] 冯桂芬．校邠庐抗议［M］．戴杨平，评注．郑州：中州古籍出版社，1998.
[5] 邱迎春，等．李鸿章全集：第12册［M］．长春：时代文艺出版社，1998.
[6] 钱锺书．万国公国文选［M］．北京：生活·读书·新知三联书店，1998.
[7] 梁启超．变法通议：论译书［M］．北京：华夏出版社，2002.

[8] 汤志钧．康有为政论集：上册［M］．北京：中华书局，1981.

[9] 谭承耕，李龙如，校点．张百熙集［M］．长沙：岳麓书社，2008.

[10] 魏允恭．江南制造局记［M］．光绪三十一年编印.

[11] 魏源．魏源全集：第3册［M］．长沙：岳麓书社，2004.

[12] 王国维．王国维文选注释本［M］．姜东赋，刘顺利，选注．天津：百花文艺出版社，2006.

[13] 吴汝伦．李文忠公（鸿章）全集［M］．台北：文海出版社，1974.

[14] 翁同龢．翁同龢日记［M］．陈义杰，点校．北京：中华书局，1997.

[15] 王韬．弢园尺牍续钞：卷五［M］．1889年铅字本.

[16] 夏冬元．郑观应集：上册［M］．上海：上海人民出版社，1988.

[17] 刁书仁．东疆研究论集［M］．长春：吉林文史出版社，1992.

[18] 苑书义，孙华峰，李秉新．张之洞全集：第4册［M］．石家庄：河北人民出版社，1998.

[19] 中山大学历史系中国近代现代史教研组、研究室．林则徐集：公牍［M］．北京：中华书局，1965.

[20] 郑观应．盛世危言［M］．辛俊玲，评注．北京：华夏出版社，2002.

[21] 中国史学会．鸦片战争：第2册［M］．上海：神州国光社，1954.

[22] 马克思，恩格斯．马克思恩格斯选集：第4卷［M］．中共中央翻译局，译．北京：人民出版社，1995.

[23] 尼古拉·卡缅斯基．俄中两国外交文献汇编（1619—1792）［M］．中国人民大学俄语教研室，译．北京：商务印书馆，1982.

[24] 马达汉．马达汉西域考察日记［M］．王家骥，译．北京：中国民族摄影艺术出版社，2004.

[25] 亨特．旧中国杂记［M］．沈正邦，译．广州：广东人民出版社，1992.

[26] 利玛窦，金尼阁．利玛窦中国札记［M］．何高济，等译．北京：中华书局，1993.

四、著作类

[1] 陈学恂．中国教育史研究：近代分卷［M］．上海：华东师范大学出版社，2009.
[2] 陈平原，夏晓虹．北大旧事［M］．北京：北京大学出版社，2009.
[3] 陈国庆．中国近代社会转型研究［M］．北京：社会科学文献出版社，2005.
[4] 陈旭麓．近代中国社会的新陈代谢［M］．上海：上海人民出版社，1992.
[5] 陈原．语言与社会生活——社会语言学札记［M］．北京：生活·读书·新知三联书店，1980.
[6] 蔡鸿生．俄罗斯馆纪事［M］．广州：广东人民出版社，1994.
[7] 蔡鸿生．俄罗斯馆纪事：增订本［M］．北京：中华书局，2006.
[8] 陈青之．中国教育史：上册［M］．福州：福建教育出版社，2009.
[9] 陈福康．中国译学理论史稿［M］．上海：上海外语教育出版社，2000.
[10] 陈向阳．晚清京师同文馆组织研究［M］．广州：广东高等教育出版社，2004.
[11] 陈诗启．中国近代海关史［M］．北京：人民出版社，2002.
[12] 董宝良．中国近现代高等教育史［M］．武汉：华中科技大学出版社，2007.
[13] 董宝良，熊贤君．从湖北看中国教育近代化［M］．广州：广东教育出版社，1996.
[14] 戴炜栋，胡文仲．中国外语教育发展研究（1949—2009）［M］．上海：上海教育出版社，1999.
[15] 付克．中国外语教育史［M］．上海：上海外语教育出版社，1986.

[16] 关晓红．晚清学部研究［M］．广州：广东教育出版社，2000.
[17] 龚怡祖．论大学人才培养模式［M］．南京：江苏教育出版社，1999.
[18] 高晓芳．晚清洋务学堂的外语教育研究［M］．北京：商务印书馆，2006.
[19] 郝林涛，黄仕荣．中国历代学校制度通考［M］．太原：北岳文艺出版社，2008.
[20] 郝世昌，李亚晨．留苏教育史稿［M］．哈尔滨：黑龙江教育出版社，2001.
[21] 季压西，陈伟民．从“同文三馆”起步［M］．北京：学苑出版社，2007.
[22] 季压西，陈伟民．中国近代通事［M］．北京：学苑出版社，2007.
[23] 季压西，陈伟民．来华外国人与近代不平等条约［M］．北京：学苑出版社，2007.
[24] 孔庆茂，张鑫．中华帝国的最后一个遗老辜鸿铭［M］．南京：江苏文艺出版社，1996.
[25] 李明滨．中国与俄苏文化交流志［M］．上海：上海人民出版社，1998.
[26] 黎难秋．中国口译史［M］．青岛：青岛出版社，2002.
[27] 李亚舒，黎难秋．中国科学翻译史［M］．长沙：湖南教育出版社，2000.
[28] 李传松，许宝发．中国近现代外语教育史［M］．上海：上海外语教育出版社，2006.
[29] 李良佑，张昇，刘犁．中国英语教学史［M］．上海：上海外语教育出版社，1988.
[30] 李喜所．近代留学生与中外文化［M］．天津：天津教育出版社年2006.
[31] 李喜所．近代中国的留学生［M］．北京：人民出版社，1987.

[32] 李明滨．中国与苏俄文化交流志［M］．上海：上海人民出版社，1998.
[33] 罗新璋．翻译论集［M］．北京：商务印书馆，1984.
[34] 李娅玲．中国外语教育政策发展研究［M］．北京：北京大学出版社，2012.
[35] 莫再树．基于语言经济学的商务英语教育研究［M］．长沙：湖南大学出版社，2014.
[36] 牛道生．英语对近现代中国的历史性影响［M］．北京：北京大学出版社，2013.
[37] 钱穆．中国历史研究法［M］．北京：生活·读书·新知三联书店，2005.
[38] 钱锺书．万国公报文选［M］．北京：生活·读书·新知三联书店，1998.
[39] 清史编委会．清代人物传稿：下编［M］．沈阳：辽宁人民出版社，1982.
[40] 齐如山．齐如山回忆录［M］．上海：上海文艺出版社，2014.
[41] 孙子和．清代同文馆之研究［M］．台北：嘉新水泥公司，1977.
[42] 苏精．清季同文馆及其师生［M］．台北：上海印刷厂，1985.
[43] 俄罗斯科学院远东研究所，等．十七世纪俄中关系：第1卷：第3册［M］．北京：商务印书馆，1978.
[44] 苏云峰．张之洞与湖北教育改革［M］．台北：台北永裕印刷厂，1976.
[45] 粟进英，易点点．晚清军事需求下的外语教育研究［M］．长沙：湖南大学出版社，2010.
[46] 唐振常．上海史［M］．上海：上海人民出版社，1989.
[47] 田正平．中外教育交流史［M］．广州：广东教育出版社，2004.
[48] 田正平．留学生与中国教育近代化［M］．广州：广东教育出版社，1996.
[49] 田正平．中国教育史研究：近代分卷［M］．上海：华东师范大学

出版社，2009.
［50］王栻．严复集：第1册［M］．北京：中华书局，1986.
［51］吴贻谷．武汉大学校史（1893—1993）［M］．武汉：武汉大学出版社，1993.
［52］王文兵．丁韪良与中国［M］．北京：外语教学与研究出版社，2008.
［53］熊贤君．湖北教育史：上卷［M］．武汉：湖北教育出版社，1999.
［54］熊月之．西学东渐与晚清社会［M］．上海：上海人民出版社，1994.
［55］谢放．中体西用之梦——张之洞传［M］．成都：四川人民出版社，1995.
［56］熊月之．上海通史：第5卷［M］．上海：上海人民出版社，1999.
［57］刁培萼．教育文化学［M］．南京：江苏教育出版社，1992.
［58］薛福成．薛福成选集［M］．上海：上海人民出版社，1987.
［59］徐家林．社会转型论——兼论中国近现代化社会转型［M］．上海：上海人民出版社，2011.
［60］夏东元．盛宣怀传［M］．成都：四川人民出版社，1988.
［61］叶澜．教育概论［M］．北京：人民教育出版社，1998.
［62］杨齐福．科举制度与近代文化［M］．北京：人民出版社，2003.
［63］杨逸．海上墨林广方言馆全案粉墨丛谈［M］．陈正青，标点．上海：上海古籍出版社，1989.
［64］杨东平．通才教育论［M］．沈阳：辽宁教育出版社，1989.
［65］余子侠，刘振宇，张纯．中俄（苏）教育交流的演变［M］．济南：山东教育出版社，2010.
［66］阎国栋．俄国汉学史（迄于1917年）［M］．北京：人民出版社，2006.
［67］郑曦原．帝国的回忆——《纽约时报》晚清观察记［M］．北京：

生活·读书·新知三联书店，2001.
[68] 张美平．晚清外语教学研究［M］．北京：中国社会科学出版社，2011.
[69] 赵蓉晖．国家战略视角下的外语与外语政策［M］．北京：北京大学出版社，2012.
[70] 周积明，张艳国．影响中国文化的一百人［M］．武汉：武汉出版社，1992.
[71] 章开沅，余子侠．中国人留学史（上）［M］．北京：社会科学文献出版社，2013.
[72] 赵蓉晖．国家战略视角下的外语与外语政策［M］．北京：北京大学出版社，2012.
[73] 赵尔巽．清史稿卷一〇七［M］．北京：中华书局，1976.
[74] 郑剑顺．晚清史研究［M］．长沙：岳麓书社，2004.
[75] 张之洞．劝学篇［M］．李凤仙，评注．北京：华夏出版社，2002.
[76] 张海林．王韬评传［M］．南京：南京大学出版社，1993.
[77] 张功臣．洋人旧事——影响近代中国历史的外国人［M］．北京：新华出版社，2008.
[78] 尼·维·鲍戈亚夫连斯基．长城外的中国西部地区［M］．新疆大学外语系俄语教研室，译．北京：商务印书馆，1980.
[79] 斯卡奇科夫．俄国汉学史纲［M］．国家清史编撰委员会译．北京：社会科学文献出版社，2011.
[80] 费正清，刘广京．中国社会科学院历史研究所，编译．剑桥中国晚清史（1800—1911年）：上卷［M］．北京：中国社会科学出版社，2006.
[81] 费正清，刘广京．中国社会科学院历史研究所，编译．剑桥中国晚清史（1800—1911年）：下卷［M］．北京：中国社会科学出版社，2006.
[82] 费正清．观察中国［M］．傅光明，译．北京：世界知识出版社，

2001.
[83] 丁韪良．花甲忆记——一位美国传教士眼中的晚清帝国［M］．沈弘，等译．桂林：广西师范大学出版社，2004.
[84] 理查德·司马富，等．赫德与中国早期现代化［M］．陈绛，译．北京：中国海关出版社，2007.
[85] 丁韪良．中国觉醒：国家地理、历史与炮火硝烟中的变革［M］．沈弘，译．北京：世界图书出版社，2010.
[86] 丁韪良．汉学菁华：中国人的精神世界及其影响力［M］．沈弘，等译．北京：世界图书出版社，2010.
[87] 托尼·邓，等．恭亲王奕䜣传［M］．王纪卿，译．长沙：湖南人民出版社，2013.
[88] 柯文．在传统与现代之间［M］．南京：江苏人民出版社，1994.
[89] 马丁·布思．鸦片史［M］．任华梨，译．海口：海南出版社，1999.
[90] 魏定熙．北京大学与中国政治文化（1898—1920）［M］．金安平，张毅，译．北京：北京大学出版社，1998.
[91] 毕乃德．洋务学堂［M］．曾钜生，译．杭州：杭州大学出版社，1993.
[92] 马士．中华帝国对外关系史［M］．张汇文，等译．北京：商务印书馆，1963.
[93] 马士．东印度公司对华贸易编年史：第3册［M］．区宗华，等译校．广州：中山大学出版社，1991.
[94] 亨特．广州"番话"录［M］．冯树铁，等译．广州：广东人民出版社，1993.
[95] 魏尔特．赫德与中国海关：上册［M］．陆琢成，等译．厦门：厦门大学出版社，1993.
[96] 斯当东．英使谒见乾隆记实［M］．上海：上海书店出版社，1997.
[97] 实藤惠秀．中国人留学日本史［M］．谭汝谦，林启彦，译．北

京：生活·读书·新知三联书店，1983.
[98] 佐藤慎一．近代中国的知识分子与文明［M］．刘岳兵，译．南京：江苏人民出版社，2011.
[99] Biggerstaff Knight. The Earliest Modern Government Schools in China [M]. New York: Cornell University Press, 1961.
[100] Richards, J. C. & Rodgers, T. C. Approaches and Methods in Language Teaching [M]. London: Cambridge University Press, 1986.

五、期刊论文类

[1] 仇云龙，张绍杰．晚清外语人才培养特色及其当下启示［J］．外语教学与研究，2011（2）.
[2] 迟维霞．浅析晚清人才培养模式变革的缘由［J］．中国科技信息，2008（15）.
[3] 蔡永良．关于我国外语战略与外语教育的几点思考［J］．外语界，2011（1）.
[4] 杜瑞清．复合型外语人才的培养及实践［J］．外语教学，1997（2）.
[5] 戴炜栋．关于面向21世纪培养复合型高级外语人才发展战略的几个问题［J］．外语界，1999（4）.
[6] 董泽芳．高校人才培养模式的概念界定与要素解析［J］．大学教育科学，2012（3）.
[7] 顾卫星．晚清“语法一翻译”教学法剖析［J］．苏州大学学报（哲学社会科学版），2002（2）.
[8] 顾卫星．同文馆创办前的中国学校英语教学［J］．解放军外国语学院学报，2003（3）.
[9] 高文风．我国的第一所俄语学校——俄罗斯文馆［J］．黑龙江大学学报，1979（2）.
[10] 黄运红．晚清京师新式学堂教师聘任初探-从京师同文馆到京师

大学堂［J］. 湖南师范大学教育科学学报，2013（3）.
［11］韩莉．中国俄语教育述评［J］. 西伯利亚研究，2010（1）.
［12］刘华．试论中国高等教育近代化初期的基本特征——以京师同文馆为例［J］. 南京师范大学学报（社会科学版，2002（6）.
［13］刘学政．社会外语需求与外语教学法的变革［J］. 国外外语教学，2001（2）.
［14］刘虹，井世洁．试论洋务学堂教育与“中体西用模式”［J］. 河北师范大学学报（教育科学版），1998（1）.
［15］莫再树，欧琼华．晚清商务英语课程史研究［J］. 山东外语教学，2015（6）.
［16］邱志红．京师译学馆英语教育初探［J］. 北京社会科学，2011（6）.
［17］商鸣臣．洋务运动与中国近代化人才的培养［J］. 山东大学学报（哲学社会科学版），1990（2）.
［18］沈骑，夏天．论外语教育政策与规划的价值维度［J］. 新疆师范大学学报（哲学社会科学版），2014（4）.
［19］司佳．从“通事”到“翻译官”——论近代中外语言接触史上的主、被动角色的转移［J］. 复旦学报（社会科学版），2002（3）.
［20］向中银．晚清时期外籍人才引进述论［J］. 史学集刊，2008（3）.
［21］肖玉秋．清季俄罗斯文馆延聘俄人教习研究［J］. 史学月刊，2008（12）.
［22］袁川，董泽芳．在“通才”抑或“专才”之间作何选择——兼谈社会转型期我国高等教育目的价值取向［J］. 现代教育管理，2012（9）.
［23］羽离子．俄罗斯首次对清政府赠书始末［J］. 近代史研究，1991（4）.
［24］余子侠．晚清社会转型的教育需求与教会教育的演变［J］. 华中师范大学学报（哲学社会科学版），1997（3）.
［25］余子侠．晚清经世致用教育思潮论析［J］. 学习与探索，1997

(6).
[26] 李宇明. 中国外语规划的若干思考 [J]. 外国语, 2010 (1).
[27] 罗世平. 也谈 21 世纪复合型外语人才培养模式 [J]. 外语界, 2000 (3).
[28] 庄吉发. 清季出使经费的筹措 [J]. 大陆杂志, 1977 (2).
[29] 邹振环. 晚清同文馆外语教学与外语教科书的编纂 [J]. 学术研究, 2004 (12).
[30] 周振鹤. 中国洋泾浜英语的形成 [J]. 复旦学报 (社会科学版), 2013 (9).
[31] 周俐玲, 段怀清. 京师同文馆与晚清 "学生——译员" 计划 [J]. 北京化工大学学报 (社会科学版), 2006 (2).

六、学位论文类

[1] 陈海燕. 同文馆外语人才培养困境与破解途径的研究 [D]. 北京: 北京外国语大学博士学位论文, 2015.
[2] 陈雪芬. 中国英语教育变迁研究 [D]. 杭州: 浙江大学博士学位论文, 2008.
[3] 顾卫星. 晚清学校英语教学研究 [D]. 苏州: 苏州大学博士学位论文, 2001.
[4] 吕春枝. 中国近代教学方法史论 [D]. 石家庄: 河北大学博士学位论文, 2008.
[5] 莫再树. 晚清商务英语教学源流考镜 [D]. 长沙: 湖南大学博士学位论文, 2012.
[6] 马一. 晚清驻外公使群体研究 (1875—1911) [D]. 广州: 暨南大学博士学位论文, 2012.
[7] 粟高燕. 世界性与民族性的双重变奏——世界化视野中的近代中国基础外语教育研究 [D]. 武汉: 华中师范大学博士学位论文, 2008.
[8] 肖玮萍. 中国近代大学外语专业人才培养研究——通识教育的视

角［D］. 厦门：厦门大学博士学位论文，2013.
［9］张洪萍. 京师大学堂师范馆考论［D］. 北京：北京师范大学博士学位论文，2009.